TEACHERS

THE WORKING ENVIRONMENT AND
PROFESSIONAL DEVELOPMENT OF RURAL TEACHERS

乡村教师工作环境与专业发展

朱桂琴◎著

科学出版社
北 京

内 容 简 介

乡村教育是我国教育体系的重要组成部分。乡村教师是办好乡村教育的基础支撑，也是推进乡村振兴的重要源泉。本书旨在分析近年来我国乡村教师工作环境和专业发展的总体现状与作用机制。本书从数据视角出发，分析了客观工作环境、客观组织环境和主观心理环境之间的相互影响，比较了乡村教师在上述环境中的具体表现；从事实视角出发，通过访谈和典型个案分析，深度剖析了乡村教师对自身所处工作环境和专业发展现状的看法。

本书可供乡村教育研究者、教育管理部门决策者和乡村地区教育从业者参阅。

图书在版编目（CIP）数据

乡村教师工作环境与专业发展 / 朱桂琴著. -- 北京：科学出版社，2024.6.--ISBN 978-7-03-078975-4

I. ①G451.2

中国国家版本馆CIP数据核字第 20249AK759 号

责任编辑：朱丽娜 / 责任校对：王晓茜
责任印制：徐晓晨 / 封面设计：润一文化

科 学 出 版 社 出版
北京东黄城根北街 16 号
邮政编码：100717
http://www.sciencep.com

北京建宏印刷有限公司印刷
科学出版社发行 各地新华书店经销
*
2024 年 6 月第 一 版 开本：720×1000 1/16
2024 年 6 月第一次印刷 印张：15 1/4
字数：250 000
定价：99.00 元
（如有印装质量问题，我社负责调换）

目　　录

第一章

绪　论

受城乡二元经济体制的影响，我国城市和乡村地区教师专业发展存在一定的差距。2022 年 4 月，教育部等八部门印发《新时代基础教育强师计划》，提出优化义务教育教师资源配置，整体提升学校育人能力。该文件的颁布与实施，是国家为提升乡村教师的经济和社会地位、改善乡村教师的生存状况而做出的有力尝试。教育发展的关键在于提升教师的专业素质，这既需要教师自身的努力，也需要外在环境的支持。20 世纪 90 年代以来，有关教师工作环境和专业发展的研究不断增加，但涉及工作环境对乡村教师专业发展的实证研究并不多见，本书研究试图在这方面进行更进一步的探索。

第一节　工作环境的研究现状

一、工作环境的概念界定和内容结构

对工作环境的界定，需要立足于概念的本体论层次。在目前的国外相关研究中，存在三种不同的本体论取向，如表 1-1 所示。

表 1-1　工作环境概念的本体论

项目	内涵	代表人物
主观本体论取向	工作环境是劳动者对个人工作特征、工作环境及相关方面的心理感知	克拉克（Clark, 1998）[1]
客观本体论取向	工作环境是劳动者在个人工作特征、工作环境及相关方面的水平与程度	格林（Green, 2006）[2]
主客观相结合的本体论取向	工作环境是对个体工作状况的综合评价，既包括劳动者的客观工作状况，也包括劳动者的个体主观感受和心理状态等	唐易安（Tangian, 2009）[3]

张彦在国外研究的基础上指出，对于工作环境，可以从客观工作环境、客观组织环境和主观心理环境三个维度进行研究（表 1-2）。客观工作环境是指单位为保障工作正常开展而给员工提供的硬件条件；客观组织环境是指与组织人际关系、组织氛围相关，影响个人工作行为和绩效的客观组织条件；主观心理环境是指人们对客观工作环境及客观组织环境的一种主观感受，且三个维度之间具有显著关联。[4]

---

[1]　Clark A. 1998. Measures of job-satisfaction：What makes a good job？Evidence from OECD countries. https://link.springer.com/chapter/10.1057/9780230378643_2.

[2]　Green F. 2006. Demanding Work：The Paradox of Job Quality in the Affluent Economy. Princeton：Princeton University Press，98.

[3]　Tangian A. 2009. Decent work：Indexing European working conditions and imposing workplace tax. Transfer：European Review of Labour and Research，（3-4）：527-556.

[4]　张彦. 2016. 从个体情绪到总体性情绪的跃迁：中国城镇居民工作环境满意度实证研究. 社会发展研究，（1）：48-79，243.

表 1-2　工作环境内容框架

工作环境结构	维度	内涵
客观工作环境	工作时间	法律规定的劳动者从事劳动的时间
	劳动报酬	人们付出劳动以后得到的报酬
	信息环境	劳动过程中周围的信息技术环境
客观组织环境	工作自主性	员工能够自主决定如何开展工作
	领导支持	来自同事、领导等在工作方法或心理方面的鼓励
主观心理环境	自我效能感	个体对其达到工作目标所需能力的信念
	组织认同	人们以组织成员的身份定义自我的一种状态
	职业认同	个体对职业的态度和认同感
	组织归属感	个人对组织的忠诚度和自觉维护组织利益的意识
	工作压力	由工作或与工作有关的因素造成的紧张状态
	工作满意度	对所从事职业的一种总体的、带有情绪色彩的感受

二、工作环境的热点主题和前沿演进

笔者借助可视化分析软件 CiteSpace，以"中国学术期刊网络出版总库"为引擎，以"工作环境"为关键词，将时间设置为"2012—2023 年"，删除评论、访谈等与主题无关的文献，共获得有效 CSSCI（Chinese Social Sciences Citation Index，中国社会科学引文索引）文献 1670 篇，得出我国工作环境领域的可视化知识图谱，呈现其研究内容和前沿趋势等。

（一）工作环境的关键词共现分析

本书研究利用软件 CiteSpace 对与工作环境相关的文献进行图谱可视化分析，得出我国工作环境领域前 11 个高频关键词统计表，以及工作环境这一领域的共现知识图谱，结果如表 1-3 和图 1-1 所示。在本研究领域知识图谱的绘制中，左上角的参数显示如下：N=393，E=312，Density=0.0041。其中，N 为节点数，E 为节点之间的连线，Density 为网络密度。

表 1-3　我国工作环境领域前 11 个高频关键词（2012—2023 年）

关键词	频次
工作环境	94
影响因素	71

续表

关键词	频次
护士	57
新媒体	33
云计算	26
农民工	21
对策	16
高校	15
网络环境	14
工作流	10
满意度	10

CiteSpace, v. 5.8.R3 (64-bit)
January 13, 2024 6:43:27 PM CST
CSSCI: C:\Users\USER\Desktop\cnk\data
Timespan: 2012-2023 (Slice Length=1)
Selection Criteria: g-index (k=25), LRF=3.0, L/N=10, LBY=5, e=1.0
Network: N=393, E=312 (Density=0.0041)
Largest CC: 183 (46%)
Nodes Labeled: 1.0%
Pruning: Pathfinder

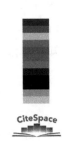

图 1-1　我国工作环境领域的关键词共现图谱（2012—2023 年）

（二）工作环境的关键词聚类分析

笔者运用软件 CiteSpace 进行关键词聚类分析，聚类模块值（Modularity Q）为 0.7705，大于临界值 0.3，说明共词网络聚类结构显著，效果较好。平均轮廓值（Mean Silhouette）为 0.9378，大于临界值 0.5，说明聚类结果合理。笔者采用 LSI（latent semantic indexing，潜在语义索引）算法，共导出 9 个主要聚类，其聚类标签结果如图 1-2 和表 1-4 所示。

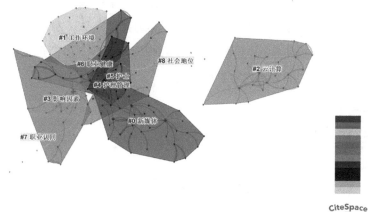

CiteSpace, v. 5.8.R3 (64-bit)
January 13, 2024 9:10:20 PM CST
CSSCI: C:\Users\USER\Desktop\cnki\data
Timespan: 2012-2023 (Slice Length=1)
Selection Criteria: g-index (k=25), LRF=3.0, L/N=10, LBY=5, e=1.0
Network: N=393, E=312 (Density=0.0041)
Largest CC: 183 (46%)
Nodes Labeled: 1.0%
Pruning: Pathfinder
Modularity Q=0.7705
Weighted Mean Silhouette S=0.9378
Harmonic Mean(Q, S)=0.846

图 1-2 我国工作环境领域关键词聚类图谱（2012—2023 年）

表 1-4 我国工作环境领域前 9 个关键词聚类（2012—2023 年）

聚类号	聚类名称	节点数	轮廓	年份	主要关键词
#0	新媒体	34	0.977	2013	网络环境、读者宣传工作、思政教育、流通工作、离职倾向
#1	工作环境	30	0.996	2018	工作环境、工作投入、个体特征、自我效能感、健康状况
#2	云计算	25	1.000	2017	任务调度、科学工作流、任务复制、均衡调度、数据布局
#3	影响因素	24	0.842	2017	影响因素、职业紧张、问卷调查、结构方程模型、医务人员
#4	护理管理	19	0.906	2016	工作环境、磁性医院、离职意愿、重症监护、组织气氛
#5	护士	16	0.812	2017	工作环境、META 整合、岗位吸引力、个人特质、留职意愿
#6	职业健康	16	0.931	2017	职业健康、职业倦怠、工作压力、影响因素、职业病危害
#7	职业认同	7	0.964	2015	职业认同、工作价值观、公共部门、职务序列、执业环境
#8	社会地位	7	0.957	2022	高职教师、自我感知、刺激因素、社会地位、扎根理论

（三）工作环境领域的时间线分析

笔者将关键词聚类图谱转换为时间线图谱，如图 1-3 所示。2012—2016 年，研究者的关注点为"亚健康""职业倦怠""幸福感"等。2017—2019 年，研究者的关注点为"专业发展""云环境""心理弹性"等。2020—2023 年，研究者的关注点为"人机实验""扎根理论""心理资本"等。由此可见，随着时间的推移，工作环境领域的研究内容有所变化。

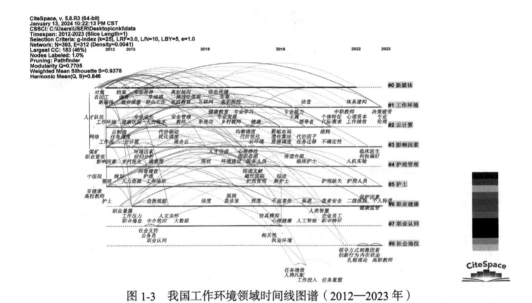

图 1-3　我国工作环境领域时间线图谱（2012—2023 年）

（四）工作环境领域的突现分析

图 1-4 展示了我国工作环境研究的发展脉络和深化趋势，笔者基于对 2012—2023 年样本文献的分析，提取我国工作环境前 10 个突现词，如图 1-4 所示。突现强度最高的是"新媒体"，达到了 7.94，说明该主题在短期内受到较高的关注。突现时间最长的是"网络环境""对策"，长达 4 年，说明这些主题在较长的时间内一直是研究者的关注点。

关键词	年份	突现强度	开始年份	结束年份	2012—2023
高校	2012	5.02	2012	2015	
网络环境	2012	3.7	2012	2016	
对策	2012	2.82	2012	2016	
大学生	2012	2.5	2012	2014	
农民工	2012	4.65	2013	2016	
劳动关系	2012	2.55	2014	2015	
新媒体	2012	7.94	2015	2017	
磁性医院	2012	3.48	2018	2019	
云环境	2012	2.99	2018	2020	
护理管理	2012	2.75	2018	2021	

图 1-4　我国工作环境前 10 个突现词（2012—2023 年）

第二节　教师专业发展的研究现状

一、教师专业发展阶段的研究

富勒（Fuller）开创了教师专业发展阶段这一研究领域；20 世纪 70—80 年代是国外教师专业发展研究的黄金期，伯顿（Burden）、休伯曼（Huberman）等提出了多种教师专业发展理论；20 世纪 90 年代开始，随着美国教师专业发展学校（Professional Development Schools）的实行，关于教师专业发展研究的重心转移到探索教师专业发展的途径上。[①]

国外学者对教师专业发展阶段的研究如表 1-5 所示。我们可以看出，国外研究者对教师专业发展阶段的划分采取了不同标准，研究趋势由单一到多样，逐渐走向全面，能够为教师个人规划自己的教学生涯、政府制定教师继续教育政策提供有益参考。

---

① 罗晓杰. 2006. 国内外教师专业发展阶段研究述评. 教育科学研究，（7）：53-56.

表 1-5　国外学者的教师专业发展阶段研究简表

学者	年份	理论	划分情况	具体内容
富勒[①]	1969	教师关注阶段理论	四阶段论	执教之前关注自己阶段、早期关注求生阶段、关注教学情境阶段、关注学生阶段
伯顿[②]	1986	教师生涯循环发展论	三阶段论	求生阶段、调整阶段、成熟阶段
司特菲（Steffy）等[③]	1989	教师职业生活周期论	七阶段论	入职期、稳定期、实验和歧变期、重新估价期、平静和关系疏远期、保守和抱怨期、离职期
伯林纳（Berliner）[④]	1988	教师经验的形成	五阶段论	新手阶段、高级新手、胜任阶段、能手阶段、专家阶段

20世纪90年代至今，我国学者有关教师专业发展阶段的研究内容不断细化，研究层次逐渐从宏观向微观、从静态向动态、从政策向实践等方向演变，研究范式和方法逐渐多元化，研究视角从外在延伸到内在，如表 1-6 所示。

表 1-6　国内学者的教师专业发展阶段研究简表

学者	年份	划分情况	具体内容
王秋绒[⑤]	1991	三阶段论	师范生阶段、实习教师阶段、合格教师阶段
唐玉光[⑥]	1999	三阶段论	职前专业准备阶段、教师入职辅导阶段、在职教师教育阶段
傅树京[⑦]	2003	五阶段论	适应、探索、建立、成熟、平和
裴跃进[⑧]	2008	八阶段论	准备期、初始期、适应期、胜任期、成熟期、创造期、稳定期、退隐期
钟祖荣[⑨]	2011	四阶段论	准备期（新任教师）、适应期（合格教师）、发展期（骨干教师）、创造期（专家教师）
赵昌木[⑩]	2012	五阶段论	准备阶段、适应阶段、迅速发展和稳定阶段、停滞和退缩阶段、持续发展阶段

①　Fuller F F. 1969. Concerns of teachers: A developmental conceptualization. American Educational Research Journal, 6（2）: 207-226.

②　Burden P R.1986. Teacher development: Implication for teacher education. In J. D. Rath, L. Latz（Eds.）, Advance in Teacher Education. New Jersey: Alex Publishing Corporation, 185-219.

③　Steffy B E, Wolfe M P, Pasch S H, et al. 1999. Life Cycle of the Career Teacher. Thousand Oaks: Corwin, 46.

④　Berliner D C. 1988. The development of expertise in pedagogy. https://files.eric.ed.gov/fulltext/ED298122.pdf.

⑤　王秋绒. 1991. 教师专业社会化理论在教育实习设计上的意蕴. 台北: 师大书苑, 33-48.

⑥　唐玉光. 1999. 教师专业发展的研究. 全球教育展望,（6）:39-43.

⑦　傅树京. 2003. 构建与教师专业发展阶段相适应的培训模式. 教育理论与实践,（6）:39-43.

⑧　裴跃进. 2008. 教师专业发展阶段基本内涵的探究. 重庆文理学院学报（社会科学版）,（1）:17-23.

⑨　钟祖荣. 2001. 现代教师学导论: 教师专业发展指导. 北京: 中央广播电视大学出版社, 52-58.

⑩　赵昌木. 2012. 教师专业发展的技术理性取向. 当代教育科学,（13）:19-21.

二、教师专业发展的影响因素研究

关于教师专业发展影响因素的动态研究虽然起步晚，但非常活跃。国内外许多学者对此进行了积极的探索，提出了许多具有开创性的观点。教师的发展是一个连续的、动态的演变过程，受到多种因素的综合影响。因此，相关部门应该采取全面的、多角度的方法来促进教师的专业发展，实现从"宏观"到"具体"的转变，制定合理的帮扶政策，进一步促进教师专业化的良性发展。

关于教师专业发展影响因素的静态研究，国外较有影响力的成果出自麦克劳林（Maclaurin）和泰尔伯特（Talbert），格拉特霍恩（Glatthorn）进一步补充了麦克劳林和泰尔伯特的研究。我国学者的相关研究也很丰富，由表 1-7 可以发现，绝大部分学者认为教师个人因素会影响其专业发展，以当事人视角来看，这些影响因素可以划分为个人与个人之外两个领域。在个人之外的影响因素中，学校、社会和家庭被认为是重要的影响源。有的学者还强调了"关键事件"等偶发因素对教师专业发展的影响。

表 1-7　教师专业发展影响因素动态研究观点汇总

学者	代表人物	教师专业发展影响因素的主要观点
国外	格拉特霍恩[①]	个人因素、情景因素、特殊介入活动因素
国内	赵昌木等[②]	个人因素、环境因素
	王桂祥[③]	社会因素、家庭因素、职业发展的个人因素、职业发展的组织因素
	刘洁[④]	社会因素、学校和家庭的环境因素、教师个体专业结构特点
	饶见维[⑤]	校内因素、校外因素

① 转引自王桂祥. 2022. 生态学视角下大学外语教师专业发展影响因素研究——以山东省四所高校为例. 邢台学院学报，（1）：56-61.

② 赵昌木，徐继存. 2005. 教师成长的环境因素考察——基于部分中小学实地调查和访谈的思考. 湖南师范大学教育科学学报，（3）：16-22.

③ 王桂祥. 2022. 生态学视角下大学外语教师专业发展影响因素研究——以山东省四所高校为例. 邢台学院学报，（1）：56-61.

④ 刘洁. 2004. 试析影响教师专业发展的基本因素. 东北师大学报，（6）：15-22.

⑤ 饶见维. 1998. 教师专业发展：理论与实践. 台北：五南图书出版公司，133.

三、教师专业发展的热点主题和前沿演进

笔者借助 CiteSpace 可视化分析软件，以"中国学术期刊网络出版总库"为引擎，以"教师专业发展"为关键词，时间设置为"2012—2023 年"，删除评论、访谈等与主题无关的文献，获得有效 CSSCI 文献 3780 篇，得出我国教师专业发展领域的可视化知识图谱，呈现其研究内容和前沿趋势等。

（一）教师专业发展的关键词共现分析

笔者利用 CiteSpace 软件对教师专业发展领域的文献进行图谱可视化分析，然后呈现我国教师专业发展领域前 11 个高频关键词统计表，以及教师专业发展领域的关键词共现图谱，结果如表 1-8 和图 1-5 所示。在这一研究领域的知识图谱中，N=478，E=773，Density=0.0068。

表 1-8　我国教师专业发展领域前 11 个高频关键词（2012—2023 年）

关键词	频次
专业发展	643
教师	146
教师教育	135
教师培训	92
教师发展	81
高校教师	75
乡村教师	66
高职院校	58
农村教师	51
美国	37
教学反思	36

（二）教师专业发展的关键词聚类分析

笔者利用 CiteSpace 软件进行关键词聚类分析，聚类模块值为 0.5744，大于临

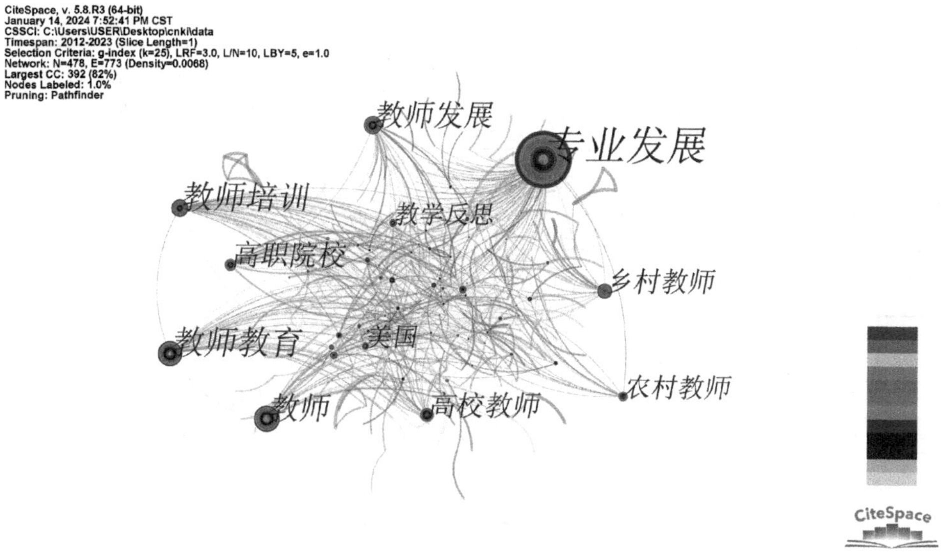

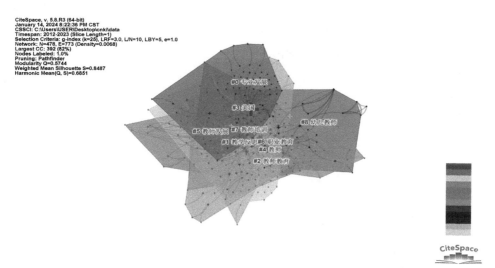

CiteSpace, v. 5.8.R3 (64-bit)
January 14, 2024 7:52:41 PM CST
CSSCI: C:\Users\USER\Desktop\cnki\data
Timespan: 2012-2023 (Slice Length=1)
Selection Criteria: g-index (k=25), LRF=3.0, L/N=10, LBY=5, e=1.0
Network: N=478, E=773 (Density=0.0068)
Largest CC: 392 (82%)
Nodes Labeled: 1.0%
Pruning: Pathfinder
教师发展
专业发展
教师培训
教学反思
高职院校
乡村教师
教师教育
美国
农村教师
教师
高校教师
CiteSpace

图 1-5　我国教师专业发展领域关键词共现图谱（2012—2023 年）

界值 0.3，表明共词网络聚类结构显著，效果较好。平均轮廓值为 0.8487，大于临界值 0.5，表明聚类结果合理。笔者采用 LSI 算法共导出 9 个主要聚类，聚类标签结果如图 1-6 和表 1-9 所示。

CiteSpace, v. 5.8.R3 (64-bit)
January 14, 2024 8:22:36 PM CST
CSSCI: C:\Users\USER\Desktop\cnki\data
Timespan: 2012-2023 (Slice Length=1)
Selection Criteria: g-index (k=25), LRF=3.0, L/N=10, LBY=5, e=1.0
Network: N=478, E=773 (Density=0.0068)
Largest CC: 392 (82%)
Nodes Labeled: 1.0%
Pruning: Pathfinder
Modularity Q=0.5744
Weighted Mean Silhouette S=0.8487
Harmonic Mean(Q, S)=0.6851
#0 专业发展
#3 美国
#8 幼儿教师
#5 教师发展
#7 教师培训
#1 教学反思
#6 职业教育
#4 教师
#2 教师教育
CiteSpace

图 1-6　我国教师专业发展领域关键词聚类图谱（2012—2023 年）

表 1-9　我国教师专业发展领域前 9 个关键词聚类（2012—2023 年）

聚类号	聚类名称	节点数	轮廓	年份	关键词
#0	专业发展	54	0.941	2016	专业发展、职教师资、师资培训模式、技术哲学视域、教学专业发展
#1	教学反思	37	0.908	2015	教师专业发展、人工智能、智慧教育、STEAM 教育、教育信息化
#2	教师教育	37	0.818	2015	教师教育、教师素养、课程智慧、教师文化、教学学术
#3	美国	36	0.848	2014	教师专业发展、职前教师、教育实习、实践场域、表现性评价
#4	教师	35	0.762	2015	专业发展、校企利益共同体、ESP 教师、教师文化、教师评价指标
#5	教师发展	34	0.887	2015	教师发展、信息技术、教育信息化、教师专业能力、课程改革
#6	职业教育	31	0.766	2015	职业教育、高职教师、职业认同、组织承诺、组织支持感
#7	教师培训	30	0.80	2014	教师专业发展、开放大学、实现路径、师资建设、终身教育
#8	幼儿教师	28	0.835	2015	教师专业发展、团队建设、实践反思、大学英语、培训课程

（三）教师专业发展领域的趋势分析

笔者将关键词聚类图谱转换为时间线图谱（图 1-7），结果表明，2012—2016 年，研究者的关注点是"协同创新""信息素养""智慧型"等。2017—2019 年，研究者的关注点是"人工智能""智慧教育"等。2020—2023 年，研究者的关注点是"人与机器""人机协同""技术赋能"等。由此可见，随着时间的推移，教师专业发展领域的研究内容有所变化。

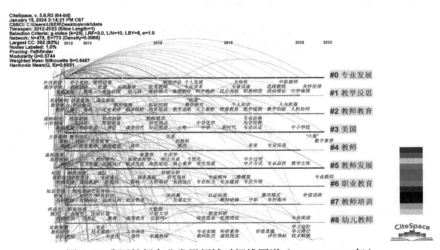

图 1-7　我国教师专业发展领域时间线图谱（2012—2023 年）

（四）教师专业发展领域的前沿分析

图 1-8 展示了我国教师专业发展研究的发展脉络和深化趋势。笔者基于对 2012—2023 年样本文献的分析，提取关于我国教师专业发展的前 10 个突现词。突现强度最高的是"乡村教师"，达到了 16.63，说明该主题在短期内受到较高的关注。突现时间最长的是"乡村教师""人工智能"，长达 5 年，说明这些主题在较长的时间内一直是研究者的关注点。

关键词	年份	突现强度	开始年份	结束年份	2012—2023
策略	2012	3.63	2012	2013	
数学教师	2012	3.71	2016	2017	
乡村教师	2012	16.63	2018	2023	
人工智能	2012	7.26	2018	2023	
核心素养	2012	6.31	2018	2021	
教师研修	2012	4.52	2019	2023	
新时代	2012	3.49	2019	2020	
职业教育	2012	3.43	2019	2023	
教师评价	2012	5.21	2020	2023	
专业素养	2012	3.95	2020	2023	

图 1-8　我国教师专业发展前 10 个突现词（2012—2023 年）

第三节　乡村教师发展政策的研究现状

一、改革开放以来我国乡村教师发展政策的文本

根据乡村教师发展政策文本的层次（体制、机制或具体的意见办法等）及出台的频率，我们可以将改革开放以来乡村教师发展政策的文本大致分为 5 个阶段，即恢复期、起步期、发展期、深化期和凸显期。

（一）恢复期（1978—1984 年）

改革开放以后，我国教育秩序开始恢复和重建，但由于历史原因，合格的教

师严重缺乏，教学质量普遍低下。在这个阶段，国家出台了一些关于乡村教师的政策文件（表 1-10），以恢复其社会地位，改善师资状况。

表 1-10　恢复期的乡村教师政策文件一览

序号	颁布年份	颁布机构	政策文件名称
1	1978	教育部	《关于加强和发展师范教育的意见》
2	1981	教育部	《关于调整中、小学教职工工资中若干具体政策问题的处理意见》
3	1983	中共中央、国务院	《中共中央、国务院关于加强和改革农村学校教育若干问题的通知》
4	1984	国务院	《关于筹措农村学校办学经费的通知》

（二）起步期（1985—1992 年）

随着中国城乡经济体制改革的不断深入，农村的乡镇企业迅速发展，地方财政开始好转。这一阶段，我国确立了"地方管理、分级负责"（实际上演变成乡镇负责）的基础教育管理体制，同时对师资方面提出了相应的要求（表 1-11）。例如，《中华人民共和国义务教育法》指出，"国家建立教师资格考核制度，对合格教师颁发资格证书"。

表 1-11　起步期的乡村教师政策文件一览

序号	颁布年份	颁布机构	政策文件名称
1	1985	中共中央	《中共中央关于教育体制改革的决定》
2	1986	全国人大	《中华人民共和国义务教育法》

（三）发展期（1993—2000 年）

党的十四大以后，为满足社会主义现代化对高素质人才的需求，乡村教师政策越来越强调专业化程度的提升（表 1-12）。《面向 21 世纪教育振兴行动计划》指出，"大力提高教师队伍的整体素质，特别要加强师德建设"。

表 1-12　发展期的乡村教师政策文件一览

序号	颁布年份	颁布机构	政策文件名称
1	1993	中共中央、国务院	《中国教育改革和发展纲要》
2	1994	全国人大	《中华人民共和国教师法》
3	1998	教育部	《面向 21 世纪教育振兴行动计划》
4	1999	教育部	《中小学教师继续教育规定》

（四）深化期（2001—2012 年）

21 世纪以来，为了缩小城乡教育差距，国家出台了乡村师资培养的相关文件。2012 年，《国务院关于深入推进义务教育均衡发展的意见》指出，要努力实现所有适龄儿童少年"上好学"，应吸引优秀高校毕业生和志愿者到农村学校或薄弱学校任教。具体政策如表 1-13 所示。

表 1-13　深化期的乡村教师政策文件一览

序号	颁布年份	颁布机构	政策文件名称
1	2001	国务院	《国务院关于基础教育改革与发展的决定》
2	2006	全国人大	《中华人民共和国义务教育法》
3	2006	教育部、财政部、人事部、中央编办	《农村义务教育阶段学校教师特设岗位计划实施方案》
4	2007	教育部、财政部、人事部、中央编办	《教育部直属师范大学师范生免费教育实施办法（试行）》
5	2010	国家中长期教育改革和发展规划纲要工作小组办公室	《国家中长期教育改革和发展规划纲要（2010—2020 年）》
6	2012	国务院	《国务院关于深入推进义务教育均衡发展的意见》
7	2012	国务院	《国务院关于加强教师队伍建设的意见》

（五）凸显期（2013 年至今）

党的十八大以来，为了加快乡村义务教育教师队伍建设，促进教育公平，国家出台了一系列相关文件，以从根本上解决乡村教育发展的突出问题。2019 年，《教育部办公厅关于开展中西部乡村中小学首席教师岗位计划试点工作的通知》提出，为中西部乡村地区造就一批基础教育领军人才，决定启动实施中西部乡村中小学首席教师岗位计划，2019 年在安徽、河南、陕西、甘肃等四省先行试点。2020 年，《教育部办公厅 财政部办公厅关于做好 2020 年中小学幼儿园教师国家级培训计划组织实施工作的通知》提出精准实施乡村教师培训扶贫攻坚行动，加强民族地区教师的国家通用语言文字应用能力培训。各省（市、区）贫困地区乡村教师校长培训全覆盖任务完成情况将纳入"国培计划"项目绩效评估指标体系。

2022 年，《教育部办公厅关于进一步做好"优师计划"师范生培养工作的通知》提出，强化"优师计划"师范生对国情、省情和乡土文化的了解，开展返乡社会实践活动，帮助"优师计划"师范生到欠发达地区为党育人、为国育才。2023 年，《教育部办公厅 财政部办公厅关于做好 2023 年农村义务教育阶段学校教师特设岗位计划实施工作的通知》提出，切实做好特岗教师待遇保障。具体政策如表 1-14 所示。

表 1-14　凸显期的乡村教师政策文件一览

序号	颁布年份	颁布机构	政策文件名称
1	2013	教育部	《教育部 2013 年工作要点》
2	2014	教育部	《教育部 2014 年工作要点》
3	2015	教育部	《教育部 2015 年工作要点》
4	2015	国务院办公厅	《乡村教师支持计划（2015—2020 年）》
5	2016	教育部	《教育部 2016 年工作要点》
6	2016	教育部	《教育脱贫攻坚"十三五"规划》
7	2017	教育部	《教育部 2017 年工作要点》
8	2018	教育部	《教育部 2018 年工作要点》
9	2018	教育部、国务院扶贫办	《深度贫困地区教育脱贫攻坚实施方案（2018—2020 年）》
10	2019	教育部	《教育部办公厅关于开展中西部乡村中小学首席教师岗位计划试点工作的通知》
11	2020	教育部办公厅、财政部办公厅	《教育部办公厅 财政部办公厅关于做好2020年中小学幼儿园教师国家级培训计划组织实施工作的通知》
12	2022	教育部办公厅	《教育部办公厅关于进一步做好"优师计划"师范生培养工作的通知》
13	2023	教育部办公厅、财政部办公厅	《教育部办公厅 财政部办公厅关于做好2023年农村义务教育阶段学校教师特设岗位计划实施工作的通知》

二、乡村教师政策的热点主题和前沿演进

笔者借助 CiteSpace 可视化分析软件，以"中国学术期刊网络出版总库"为引擎，以"乡村教师""政策"为关键词，时间设置为"2012—2023 年"，删除评论、访谈等与主题无关的文献，获得有效 CSSCI 文献 309 篇，得出我国乡村教师政策领域的可视化知识图谱，呈现其研究内容和前沿趋势等。

（一）乡村教师政策的关键词共现分析

笔者利用 CiteSpace 软件对乡村教师政策领域的文献进行图谱可视化分析，

随后呈现我国乡村教师政策前 11 个高频关键词统计表，以及乡村教师政策这一领域的共现知识图谱，结果如图 1-9 和表 1-15 所示。在对本研究领域知识图谱的绘制中，具体参数如下：N=249，E=323，Density=0.0105。

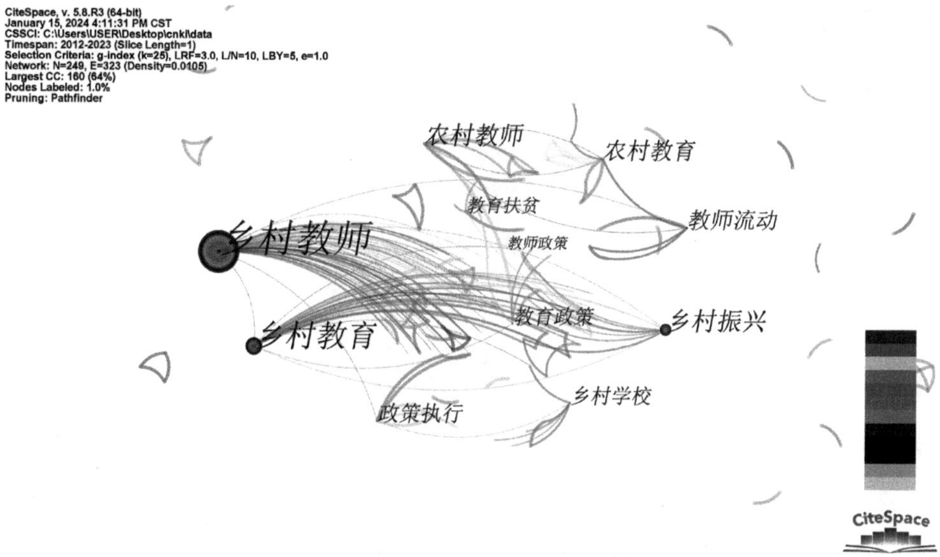

图 1-9 我国乡村教师政策领域关键词共现图谱（2012—2023 年）

表 1-15 我国乡村教师政策领域前 11 个高频关键词（2012—2023 年）

关键词	频次
乡村教师	108
乡村教育	28
乡村振兴	20
政策执行	10
农村教师	8
乡村学校	8
教育政策	8
农村教育	7
教育扶贫	7
教师政策	6
教师流动	6

（二）乡村教师政策的关键词聚类分析

笔者利用 CiteSpace 软件进行关键词聚类分析，聚类模块值为 0.7644，大于临界值 0.3，表明共词网络聚类结构显著，效果较好。平均轮廓值为 0.9806，大于临界值 0.5，表明聚类结果合理。笔者采用 LSI 算法进行分析，前 9 个关键词聚类标签结果如图 1-10 和表 1-16 所示。

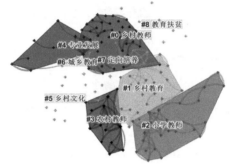

图 1-10　我国乡村教师政策领域关键词聚类图谱（2012—2023 年）

表 1-16　我国乡村教师政策领域前 9 个关键词聚类（2012—2023 年）

聚类号	聚类名称	节点数	轮廓	年份	主要关键词
#0	乡村教师	44	1.000	2018	乡村教师、支持性政策、政策现状、政策目标、制度设计
#1	乡村教育	27	0.984	2019	乡村教育、发展经验、历史成就、教育现代化、乡村振兴
#2	小学教师	26	0.957	2017	教师流动、缓解路径、乡村学校、师资困境、县管校聘
#3	农村教师	16	0.964	2018	农村教师、公开招考、政策工具、补充政策、公共政策
#4	专业发展	11	0.982	2019	乡村教师、政策工具、政策支持、教师流动、专业发展
#5	乡村文化	9	0.966	2018	乡村学校、乡村文化、乡村教育、乡村社会、多重制度逻辑
#6	城乡教育	8	0.979	2016	城乡教育、乡村教师、乡村振兴战略、专项计划、乡村教师政策

续表

聚类号	聚类名称	节点数	轮廓	年份	主要关键词
#7	定向培养	8	0.969	2018	教师教育、I-E-O 模型、乡村教师、地方乡村定向师范生、制度优化
#8	教育扶贫	8	0.993	2017	教育扶贫、精准扶贫、黑龙江省、贫困县教育、贫困地区

（三）乡村教师政策领域的趋势分析

　　笔者将关键词聚类图谱转换为时间线图谱（图 1-11）。结果表明，2012—2016 年，研究者的关注点为"乡村文化""文化引领"等；2017—2019 年，研究者的关注点为"乡村建设""政策隔离"等；2020—2023 年，研究者的关注点为"师资困境""人工智能"等。由此可见，随着时间的推移，乡村教师政策领域的研究内容有所变化。

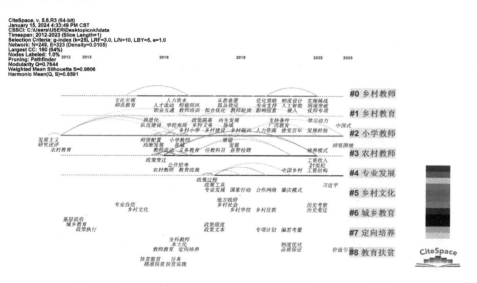

图 1-11　我国乡村教师政策领域时间线图谱（2012—2023 年）

（四）乡村教师政策领域的前沿分析

　　图 1-12 展示了我国教师专业发展研究的发展脉络和深化趋势。基于对 2012—2023 年样本文献的分析，笔者提取了我国教师专业发展领域的前 10 个突现词。

突现强度最高的是"教师政策""教师流动"，达到 1.53，说明该主题在短期内受到较高的关注。突现时间最长的是"师范教育""建党百年"，长达 2 年，说明这些主题在较长的时间内一直是研究者的关注点。

关键词	年份	突现强度	开始年份	结束年份	2012—2023
师范教育	2012	0.93	2015	2017	
教师政策	2012	1.53	2016	2017	
教师流动	2012	1.53	2016	2017	
精准扶贫	2012	1.46	2016	2017	
均衡发展	2012	0.97	2016	2017	
政策过程	2012	1.41	2018	2019	
政策建议	2012	1.08	2019	2020	
政策变迁	2012	1.07	2020	2021	
教育扶贫	2012	1.01	2020	2021	
建党百年	2012	1.15	2021	2023	

图 1-12　我国乡村教师政策前 10 个突现词（2012—2023 年）

第四节　工作环境与教师专业发展关系的研究

一、不同维度的工作环境与教师专业发展关系的研究

关于工作环境与教师专业发展的关系，学者从不同维度进行了研究。

一是以不同研究对象为视角，对幼儿园、中小学、高中、大学教师的工作环境与教师专业发展关系进行了研究。蔡迎旗等对幼儿园工作环境与教师自主学习的关系进行了调查。[1]他们通过回归分析发现，教师个体变量对自主学习的解释率都很低，仅为 1.1%，而增加了幼儿园工作环境这一变量之后，解释率大大提高，达到 46.9%，说明工作环境因素对教师自主学习产生了很大影响。在教师自主学习水平影响因素的阶层回归分析中，资源条件、学习机会、精神环境、管理制度的值均是正数，表明它们对自主学习产生了正向影响。同时，根据相关分析

---

① 蔡迎旗，冯慧，何婷婷. 2019. 幼儿园工作环境对教师自主学习的影响. 学前教育研究，（11）：22-34.

的决定系数可以看出，工作环境中的因素按影响力大小可以依次排序为管理制度、精神环境、学习机会和资源条件，说明幼儿园工作环境是影响教师自主学习的重要因素，且规章制度的影响力最大，精神环境、学习机会和资源条件的影响力相对较小。高平等采用问卷调查和结构性访谈两种方法，考察了乡村小学教师专业发展环境的影响因素，以及获得环境支持的愿望。问卷分为三个部分，分别为"个人基本情况""工作环境""专业环境"。结构访谈内容主要涉及乡村教师未来发展的规划和对社会支持的期待。高平等选取了浙江、河南、河北等地区的小学乡村学校教师作为研究对象，共获取有效问卷539份。[①]调查结果表明：①职称、学校类型等因素对乡村小学教师专业环境和工作环境存在显著影响；②乡村教师认为，自身的努力方向主要包括向名师学习、积极参加培训、丰富自己的专业知识、加强实践锻炼、促进自我反思等；③乡村教师对社会支持的诉求主要包括名师下乡支教、提高工资待遇、提升教职工住宿条件、增加教师编制等。斯克里布纳（Scribner）采用案例研究的方法，探究了激发中学教师参与专业发展活动的因素，以及教师体验到的专业发展活动和工作环境是如何影响他们的学习经历的。[②]基于对访谈、观察和案例素材的分析，他发现，教师参与专业发展活动会受到内外动机的共同影响；合作、个人探究、经验中学习、学术会议和工作坊、基于学校的在职和研究生课程是主要的学习活动；教师学习经历受到了很多因素的影响，学校层面的领导力、组织及资源分配、教师规范影响了专业发展活动的质量、可及性和教师感知；地区层面的改革议程和专业发展优先项则限制了教师的自主性。这反映出教师学习与发展体验是学校与地区因素共同作用的结果。张莲以问卷（包含量表问题和开放式问题）为工具，通过对某外语类高校83名教师的调查，探究了制约高校外语教师专业发展的因素。[③]该项研究反映出国内教师专业发展受阻碍的现实困境。教学、科研、学习与发展是教师职业生活中比较重要的内容维度，体现了教师生存和发展的质量水平，因而对教师教学、科研、学习与发展实践与环境因素的相互作用进行探究，有助于提升教师的职业生

---

① 高平，王小凤，郭晓莉，等. 2017. 乡村小学教师专业发展环境的影响因素. 中小学教师培训，（7）：17-20.

② Scribner J P. 1999. Teacher efficacy and teacher professional learning: Implications for school leaders. Journal of School Leadership，（3）：209-234.

③ 张莲. 2013. 高校外语教师专业发展的制约因素及对策：一项个案调查报告. 中国外语，（1）：81-88，102.

活质量和幸福感。

二是以不同的理论为视角，对教师的工作环境与教师专业发展关系进行了研究。李硕豪等基于赫茨伯格（Herzberg）的双因素理论，将教师专业发展的基础环境划分为两类，即保障性环境、激励性环境，并以高校理科教师为例进行了实证研究。①研究发现，我国高校理科教师专业发展的基础环境不理想，在保障性环境上，理科教师对其工作条件的满意度不高，对其工作待遇的满意度一般，对其组织政策与管理的满意度较低，仅在人际环境上表现出较高的满意度；在激励性环境方面，我国高校理科教师的职业期望普遍不高，理科教师的责任感一般，对工作激励的满意程度较低。因此，中国高校理科教师生存的保障性环境和激励性环境会影响教师潜心于专业发展的积极性与耐受性。张艳芳等通过"工作要求–控制""付出–回报失衡"两个相关理论研究了心理工作环境与化工院校教师职业倦怠之间的联系。②研究表明，参与调查的教师中有 13.77% 的人会感受到不同程度的职业压力，40.77% 的人觉得从工作中得到的回报低于自己的付出，这导致他们的心理工作环境相对较差，易使其产生职业倦怠感，不利于其专业能力的发展。赵恒山等基于心理契约理论，从学校与学生两个方面对造成教师职业倦怠的影响因素进行了分析。③由于教师这一职业具有相对稳定的特性，在工作中教师容易受到薪资较为固定、工作内容比较单一，以及职业发展受职称制度、管理制度、校园文化制约等因素的影响，久而久之，教师就容易丧失工作的动力和激情，从而产生职业倦怠。在具体的教学活动中，就体现为学校能否为教师开展教学工作创造良好的工作环境和营造和谐的校园文化，使教师能够在出色完成教学工作的同时得到物质与精神层面的激励、在教学过程中赢得充分的尊重与肯定、得到更多的提升机会；能否给予教师足够的关怀与理解，使教师感受到人文关怀与提高归属感。反之，则会导致教师工作的热情和主动性受到影响，对教学任务和工作产生排斥与畏惧心理，进而产生职业倦怠。

三是以教师职业发展阶段为视角，对教师的工作环境与教师专业发展的关系进行了研究。操太圣等从繁重的任务、模糊的期待、孤独的人脉、冲突的角色及

---

① 李硕豪，杨海燕. 2015. 基于双因素理论的高校教师专业发展基础环境研究——以我国高校理科教师为例. 中国大学教学，（9）：71-76，90.

② 张艳芳，张红梅. 2019. 化工院校教师心理工作环境对职业倦怠的影响实证. 粘接，（11）：161-164.

③ 赵恒山，廉加. 2023. 心理契约理论下教师职业倦怠的成因及对策. 亚太教育，（16）：43-45.

现实的落差等几个方面分析了初任教师的工作环境对其专业发展的影响。[1]他们认为，大部分初任教师进入学校时都怀抱着协助学生成功而快乐学习的期望，只是由于自身的经验不足、教学能力不够成熟而无法开展有效教学，更无法面对学校对其提出的更多复杂要求。因此，当初任教师不得不承担各种远超出自己想象的责任时，他们就会怀疑自己的能力与职业选择，甚至出现信心危机，自我效能感降低，从而对其专业发展产生不利影响。罗凌等对 M 市两位音乐教师进行访谈，共同探讨了内外部工作环境对卓越教师专业发展的影响。[2]研究表明，行业专家的引领和激励、良好的对外教学展示与交流平台、专业的职前教育和职后研修等，为教师专业发展创设了良好的工作环境，强化了教育教学实践能力培养，促使教师的专业能力不断提升。

二、工作环境和教师专业发展关系研究的核心内容、思路与方法

本书依据社会学理论，以教育精准扶贫为切入点，从教育行政部门、乡村学校、社会相关主体等层面对乡村教师专业发展支持服务的现状进行全景式的梳理、分析、研究。希望本书研究成果在加强乡村教师队伍建设、推进乡村教育发展方面略尽绵薄之力。

本书研究的对象是工作环境对乡村教师专业发展的影响及作用机制。笔者遵循调查现状—发现问题—分析问题—解决问题—形成特色的思路，从地方政府、教育行政部门、乡村学校、社会相关主体等多层面，在调查分析乡村学校工作环境、乡村教师专业发展现状的基础上，基于社会学的视角，探索以合力方式支持服务乡村教师专业发展的途径。本书的主要研究方法有如下几种：①文献分析法，即搜集相关资料，查阅文献，系统整理国家有关乡村教师的系列政策文件和乡村教师专业发展支持服务的研究成果，明确政策目标和内容；②问卷调查法，即根据文献研究结果及专家的建议编制了"乡村教师工作环境与专业发展问

① 操太圣，卢乃桂. 2007.高校初任教师的教学专业发展探析. 高等教育研究，（3）：52-57.
② 罗凌，张蜀仙，欧冬梅. 2023. 卓越音乐教师专业发展的阶段性与影响因素分析——基于个案访谈的质性研究. 绵阳师范学院学报，（7）：66-73.

卷",通过线上线下相结合的方式发放问卷;③访谈法,即深入教育行政部门、代表性学校等,搜集更直观、可靠的资料,弥补问卷调查的不足,深化研究的深度。笔者以较广泛的问卷调查和深度访谈方式,调查乡村教师专业发展的现状,掌握各方的预期效果,为本书研究提供了现实依据。

本书研究不仅将教师工作环境研究内容拓展到工作环境对乡村教师专业发展的影响及作用机制方面,而且在方法层面进行了有益的探索和创新,希望能为共同推进教师工作环境研究的深入发展贡献一份力量。

第二章

我国乡村教师工作环境
与专业发展研究设计

　　本章主要介绍调查的工具及研究方法。首先，阐明乡村教师工作环境与专业发展问卷维度的划分、题目的设计及信效度检验；其次，说明乡村教师工作环境与专业发展质性访谈提纲的编制情况；最后，介绍本次调查与质性访谈的实施情况，包括研究对象的选取、抽样方法、数据收集的过程及样本基本情况等。

第一节　我国乡村教师工作环境与专业发展现状调查问卷设计

笔者通过编制相关的量表来构建"乡村教师工作环境与专业发展问卷"。问卷包括三大部分：第一部分为教师基本信息，包括性别、年龄、教龄、学历、编制、学校类型等；第二部分为乡村教师工作环境部分；第三部分为乡村教师专业发展部分。

一、乡村教师工作环境量表编制及信效度检验

在本次调查研究中，笔者借助田野调查、实地访谈等方法，参考欧洲工作环境调查（European Working Conditions Surveys，EWCS）、中国社会科学院中国城镇居民工作环境调查量表，编制乡村教师工作环境调查量表，包括乡村教师的客观工作环境、主观心理环境、客观组织环境3个部分，共计11个分量表。

（一）客观工作环境

客观工作环境是单位为保障正常开展工作而给员工提供的最基础的硬件条件。人们对工作的最直接感受首先源于客观工作环境，包括工作场所、劳动报酬、工作时间、工作与生活的平衡。[①]本次调查结合张彦对中国城镇居民工作环境的研究[②]及乡村教师工作特点，从三个方面考察乡村教师对其所处的客观工作环境的态度及评价，包括信息环境、劳动报酬、工作时间。客观工作环境部分初始问卷由3个分量表组成，共16个题项。其中，信息环境维度包括6个题项，劳

[①]　Eurofound. 2011. Fourth European Working Conditions Survey. Luxembourg：Office for Official Publications of the European Communities.

[②]　张彦. 2016. 中国城镇居民工作环境研究（2015）. 北京：中国社会科学出版社，21-23.

动报酬维度包括 4 个题项，工作时间维度包括 6 个题项（表 2-1）。

表 2-1　客观工作环境量表的维度划分和题项设置

一级维度	二级维度	题项
客观工作环境	信息环境	A1. 我所在学校教室的信息化设备能满足教学需要
		A2. 我所在学校给每个老师都配备了电脑
		A3. 学校配备了支持信息化教学的多媒体教室
		A4. 学校配备了支持信息化教学的网络平台，如网络课程、教育资源公共服务平台等
		A5. 学校配备了支持信息化教学的教研平台，如集体备课平台或名师工作室
		A6. 学校为教师进行信息化教学或在教学中应用信息技术给予设备和资金支持
	劳动报酬	B1. 我有较高的工资收入和福利待遇
		B2. 我的单位有住房和住房补贴
		B3. 我的付出与回报合理
		B4. 我的收入能基本满足生活需要
	工作时间	C1. 我每天的留校时间经常超过 8 小时
		C2. 每天的教学占用了我大部分工作时间
		C3. 每天留给我的个人专业发展时间有很多
		C4. 在工作中，经常会被临时安排一些事务性工作，并且时间很长
		C5. 在工作中，经常会有来自家长的电话或来访
		C6. 在工作中，经常会有学校管理层安排的工作

工作场所是指员工在劳动过程中涉及的，包括设施、建筑物等在内的自然条件和人工环境构成的物质系统。随着教育信息化的推进，乡村学校营造或创设的信息化教学环境，成为乡村教师工作场所的主要环境。该环境能够满足情境创设、启发思考、信息获取、资源共享、多重交互、自主探究、协作学习等多方面的教与学要求。本次调查中，笔者更为关注学校是否为教师提供了支持其教学、教研工作的硬件设备和平台，因此该维度命名为"信息环境"。该维度参考了"信息技术支持乡村小学教师专业发展研究量表"[①]，并结合乡村教师工作实际对其进行了修订。该量表共包含 6 个题项，采用利克特 5 点评分法，从 1（表示"非常不符合"）到 5（表示"非常符合"）来描述乡村教师所在学校信息化建设水平及学校对教师信息化教学环境的支持程度，分数越高，表示教师所处的学校信息化教学设备、信息环境建设得越好，对教师的支持越高。基于本书研究对象的不同，笔者对该量表的信效度进行了再次验证。

---

① 刘冉. 2020. 信息技术支持陕北乡村小学教师专业发展现状与对策研究. 延安大学.

由表 2-2 可知，信息环境量表的 α 系数为 0.869，同时删除任何一个项目，α 系数并未出现明显上升的情况，说明该量表的信度较高。同时，每一项的校正后项与总计相关性（corrected item-total correlation，CITC）均大于 0.4，说明该量表的信度良好，可以进行下一步分析。

表 2-2 信息环境量表信度分析

题项	校正后项与总计相关性（CITC）	项已删除的 α 系数	α 系数
A1	0.649	0.850	
A2	0.560	0.873	
A3	0.643	0.852	0.869
A4	0.736	0.836	
A5	0.721	0.837	
A6	0.749	0.833	

注：标准化 α 系数为 0.875

信息环境量表为单维度量表，因此笔者对信息环境进行了因子分析。由表 2-3 可知，信息环境量表的 KMO（Kaiser-Meyer-Olkin）检验值为 0.862，$p<0.001$，可以使用因子分析对量表的结构效度进行探索。

表 2-3 信息环境量表 KMO 检验和巴特利特球形度检验

KMO		0.862
巴特利特球形度检验	近似卡方	8122.484
	df	15
	p	0.000

由表 2-4 可以发现，各题项的因子载荷均大于 0.4，因子最小标准化载荷系数为 0.593，最大值为 0.831，累计方差解释比例为 61.817%，高于 60%，表明信息环境量表的结构效度良好。

表 2-4 信息环境量表各题项标准化载荷系数

题项	标准化载荷系数
A1	0.683
A2	0.593
A3	0.675
A4	0.799
A5	0.814
A6	0.831
解释总方差/%	61.817

劳动报酬是员工付出体力或者脑力劳动所得的补偿，体现的是员工创造的社

会价值。本书研究关注教师在工作中付出劳动获得的直接的、间接的报酬，包括工资和社会保障两部分。工资包括基本工资、绩效工资和住房及住房补贴等，社会保障包括为教职工缴纳的各类社会保险。对于该维度的题项，笔者对胥兴春编制的教师工作价值观量表①进行了适当的改编，以符合乡村教师的实际。该量表的信效度均非常好，目前已成为国内通用量表。改编后的量表共包含 4 个题项，采用利克特 5 点评分，从 1（表示"非常不符合"）到 5（表示"非常符合"）来描述乡村教师获得劳动报酬的多少及其满意程度。分数越高，表明乡村教师获得的劳动报酬越高，满意度也越高。基于本书研究对象的不同，笔者对该量表的信效度进行了再次验证。

由表 2-5 可知，劳动报酬量表的 α 系数为 0.803，同时删除任何一个项目，α 系数并未出现明显上升的情况，说明该量表的信度较高。同时，每一项的校正后项与总计相关性值均大于 0.4，表明信度水平良好，可以进行下一步分析。

表 2-5　劳动报酬量表信度分析

题项	校正后项与总计相关性（CITC）	项已删除的 α 系数	α 系数
B1	0.699	0.715	
B2	0.510	0.811	0.803
B3	0.713	0.706	
B4	0.567	0.777	

注：标准化 α 系数为 0.807

劳动报酬量表为单维度量表，因此对劳动报酬进行因子分析。由表 2-6 可知，劳动报酬量表的 KMO 检验值为 0.779，$p<0.001$，可以使用因子分析对量表的结构效度进行探索。

表 2-6　劳动报酬量表 KMO 检验和巴特利特球形度检验

KMO		0.779
巴特利特球形度检验	近似卡方	3770.173
	df	6
	p	0.000

由表 2-7 可以发现，各题项的因子载荷均大于 0.4，因子最小标准化载荷系数为 0.577，最大值为 0.832，累计方差解释比例为 63.697%，高于 60%，表明劳动报酬量表的结构效度良好。

---

① 胥兴春. 2007. 教师工作价值观及其影响效应研究. 西南大学.

表 2-7　劳动报酬量表各题项标准化载荷系数

题项	标准化载荷系数
B1	0.807
B2	0.577
B3	0.832
B4	0.662
解释总方差/%	63.697

工作时间是指员工根据劳动合同的约定，在用人单位工作消耗的时间。从整体上观察，学校中的工作时间都是有周期性的，如学年、学期、周计划、日计划、课堂计划等。米歇尔·康奈利（M. Connelly）、简·克伦德宁（J. Clandinin）和米里亚姆·本·皮瑞茨（M. B. Peretz）将教师工作时间划分为常规时间和意外时间。①常规时间有固定的时间安排、独特的序列，教师按照常规时间组织工作，如课堂教学时间、周例会、研讨会、休息日等，它使得教师的生活更有规律和周期性。相较于常规时间而言的时间分配则被看作意外时间，它嵌入教师生活的所有时刻。本次调查关注教师的常规工作时间和意外工作时间的工作时长及工作内容。本书中工作时间量表共包含 6 个题项，采用利克特 5 点评分法，从 1（表示"非常不符合"）到 5（表示"非常符合"）来描述乡村教师的工作时间长短。分数越高，表明乡村教师的工作时间越长。

由表 2-8 可知，工作时间量表的 α 系数为 0.570，低于 0.6，表明信度不可靠。其中，C2 和 C3 题项的校正后项与总计相关性值均小于 0.3，同时删除题项 C3 后，α 系数出现明显上升的情况，因此考虑删除题项 C2 和 C3，重新检验信度。

表 2-8　工作时间量表信度分析

题项	校正后项与总计相关性（CITC）	项已删除的 α 系数	α 系数
C1	0.332	0.518	
C2	0.297	0.530	
C3	−0.006	0.670	
C4	0.410	0.474	0.570
C5	0.441	0.461	
C6	0.465	0.450	

注：标准化 α 系数为 0.807

由表 2-9 可知，修订后的工作时间量表的 α 系数为 0.679，同时删除任何一个

---

① 转引自范宁雪. 2017. 基于教师专业发展视角下的教师碎片时间实证研究. 河北师范大学.

项目，α系数并未出现明显上升的情况，说明该量表的信度较高，因此将这 4 个题项确定为正式施测时的量表题目，并将题项重新编号为 C1—C4。

表 2-9 工作时间量表删除 C2 和 C3 题项后的信度分析

题项	校正后项与总计相关性（CITC）	项已删除的 α 系数	α 系数
C1	0.311	0.696	
C4	0.552	0.548	0.679
C5	0.414	0.644	
C6	0.579	0.531	

注：标准化 α 系数为 0.672

由表 2-10 可知，对工作时间进行因子分析，工作时间量表的 KMO 检验值为 0.675，$p < 0.001$，表明可以使用因子分析对量表的结构效度进行探索。

表 2-10 工作时间量表 KMO 检验和巴特利特球形度检验

KMO		0.675
巴特利特球形度检验	近似卡方	1947.831
	df	6
	p	0.000

由表 2-11 可以发现，各题项的因子最小标准化载荷系数为 0.343，最大值为 0.791，累计方差解释比例为 51.220%，表明工作时间量表的结构效度一般。

表 2-11 工作时间量表各题项标准化载荷系数

题项	标准化载荷系数
C1	0.343
C4	0.737
C5	0.477
C6	0.791
解释总方差/%	51.220

（二）主观心理环境

主观心理环境是指个体在工作的动态变化过程中表现出来的心理现象，是被人的心理觉知到的、被人的心理理解到的、被人的心理创造出的、被人的心理把握到的环境。[①]有研究者认为，主观心理环境才是员工一切工作行为和工作体验

---

① 葛鲁嘉. 2006. 心理环境论说——关于心理学对象环境的重新理解. 陕西师范大学学报（哲学社会科学版），（1）：103-108.

的内在驱动力，对个体工作行为起着决定性作用，被视为内部环境。笔者参考张彦针对中国城镇居民工作环境研究的维度划分①，结合乡村教师工作实际，从六个方面来调查乡村教师主观心理环境的现状，即组织认同、自我效能感、职业认同、工作压力、工作满意度和组织归属感。乡村教师主观心理环境初始量表由 6 个分量表组成，共计 44 个题项（表 2-12），其中自我效能感量表有 8 个题项，组织认同量表有 8 个题项，组织归属感量表有 7 个题项，工作压力量表有 7 个题项，职业认同量表有 10 个题项，工作满意度量表有 4 个题项。

表 2-12　主观心理环境量表的维度划分和题项设置

一级维度	二级维度	题项
主观心理环境	自我效能感	D1. 假如努力工作的话，我通常都能解决困难
		D2. 我有信心能从容应对任何突发状况
		D3. 凭我的智商，肯定能够处理各种意外状况
		D4. 假如付出适当的努力，我肯定会解决绝大部分问题
		D5. 在我看来，坚持信念及实现目标很容易
		D6. 我会理智地应对问题，因为我对自己解决问题的能力很自信
		D7. 当遇到困难时，我一般都能想到或寻找到许多应对措施
		D8. 不管出现什么事情，我解决起来都绰绰有余
	组织认同	E1. 当有人指责我的学校时，我会感觉就像是在指责我一样
		E2. 我认为学校的成功就是我的成功
		E3. 当别人称赞我的学校时，我感觉就像是在称赞我一样
		E4. 我很想知道别人是怎么看待我的学校的
		E5. 我经常用"我们"这个词而不是"他们"来描述我所在的学校
		E6. 假如我的学校因某事被媒体批评，我会感到很尴尬
		E7. 我感觉学校的事情就是自己的事情
		E8. 我对自己所在的学校有强烈的归属感
	组织归属感	F1. 我为自己在本学校工作而感到自豪
		F2. 在工作中，我处处为学校的发展和声誉着想
		F3. 教师个人能力、价值在学校这个平台能得到很好的展示
		F4. 与同类型的学校比较，我的学校具有更强的竞争力
		F5. 学校经常关心教师的家庭，并提供实际的帮助
		F6. 直属领导经常鼓励教师提出建设性的建议，而且这些建议大多会被采纳
		F7. 直属领导不会直接批评教师的错误，而是把错误看作改进工作和学习的机会，认为避免重复犯错才是最重要的

① 张彦. 2016. 中国城镇居民工作环境研究（2015）. 北京：中国社会科学出版社，26-29.

续表

一级维度	二级维度	题项
主观心理环境	工作压力	G1. 我需要在工作上花费较长的时间
		G2. 我经常感到时间的紧迫性
		G3. 教学工作中，我承担的责任较大
		G4. 我的岗位需要自己履行非常多的责任
		G5. 日常中被安排了许多与教学无关（或无益于）的工作
		G6. 完成工作需要很多程序
		G7. 我的职业生涯或专业发展似乎遇到了瓶颈
	职业认同	H1. 我认为教师的工作对人类社会发展有重要作用
		H2. 我认为教师对促进人类个体的发展十分重要
		H3. 作为一名教师，我时常觉得受人尊重
		H4. 从事教师职业能够实现我的人生价值
		H5. 我关心别人如何看待教师职业
		H6. 我为自己是一名教师而自豪
		H7. 当看到或听到颂扬教师职业的话语时，我会有一种欣慰感
		H8. 我能认真对待职业范围内的各种工作
		H9. 为了维护学校的正常教学秩序，我会遵守那些非正式的制度
		H10. 我能够认真完成教学工作
	工作满意度	I1. 我对自己在教师职业生涯中取得的成功感到满意
		I2. 我对实现收入目标取得的进展感到满意
		I3. 我对实现晋升目标取得的进展感到满意
		I4. 我对实现新技能发展目标取得的进展感到满意

自我效能感是美国心理学家班杜拉（Bandura）的社会学习理论中的重要概念。他认为自我效能感是指个体对影响自己生活的事件，以及对自己的活动水平施加控制能力的信念。[1]教师的自我效能感是指教师在进行某种教育教学活动之前，对自己能够在什么程度上完成该活动具有的信念、判断或把握的感受能力，是教师对自己的教育教学水平及影响学生行为和学习成绩的能力方面的一种主观判断。[2]本次调查中的量表参考施瓦策尔（Schwarzer）等编制的一般自我效能感量表（General Self-Efficacy Scale）[3]的中文版，共有 10 个题项。王才康等通过检

① Bandura A. 1997. Self-efficacy: The Exercise of Control. NewYork: Worth Publishers, 133-134.

② 杨翠娥. 2011. 自我效能感：教师成长力的内在动因. 教育探索, (8): 99-101.

③ Zhang J X, Schwarzer R. 1995. Measuring optimistic self-beliefs: A Chinese adaptation of the general self-efficacy scale. Psychologia: An International Journal of Psychology in the Orient, (3): 174-181.

验发现，中文版量表具有很好的预测效度。①笔者根据本书研究对象对该量表进行了简单的修订，选取其中 8 个题项进行测量，以适应乡村教师的工作实际。基于本书研究对象的不同，笔者对该量表的信效度进行了再次验证。

由表 2-13 可以看出，自我效能感量表的 α 系数为 0.908，同时也可以看到任何一个项目被删掉，α 系数并未出现明显上升的情况，表明该量表的信度较高。同时，每一项的校正后项与总计相关性值均大于 0.4，表明该量表的信度水平良好，可以进行下一步分析。

表 2-13　自我效能感量表信度分析

题项	校正后项与总计相关性（CITC）	项已删除的 α 系数	α 系数
D1	0.605	0.907	
D2	0.747	0.893	
D3	0.761	0.892	
D4	0.675	0.899	0.908
D5	0.674	0.899	
D6	0.752	0.893	
D7	0.725	0.895	
D8	0.728	0.897	

注：标准化 α 系数为 0.910

自我效能感量表仅有一个维度，因此需要对自我效能进行因子分析。由表 2-14 可知，自我效能感量表的 KMO 检验值为 0.914，$p<0.001$，可以使用因子分析对该量表的结构效度进行探索。

表 2-14　自我效能感量表 KMO 检验和巴特利特球形度检验

KMO		0.914
巴特利特球形度检验	近似卡方	12684.255
	df	28
	p	0.000

由表 2-15 可以发现，各题项的因子标准化载荷系数均大于 0.4，最小值为 0.627，最大值为 0.808，累计方差解释比例为 61.613%，高于 60%，表明自我效能感量表的结构效度较好。

表 2-15　自我效能感量表各题项标准化载荷系数

题项	标准化载荷系数
D1	0.627

① 王才康，胡中锋，刘勇. 2001. 一般自我效能感量表的信度和效度研究. 应用心理学，（1）：37-40.

续表

题项	标准化载荷系数
D2	0.785
D3	0.808
D4	0.696
D5	0.707
D6	0.805
D7	0.778
D8	0.775
解释总方差/%	61.613

组织认同是指个体与其所属组织心理联结的水平，即个体依据所属组织的独特的、核心的、持久的特征来进行自我定义的程度。[1]梅尔（Mael）等将组织认同定义为与组织一致或是从属于组织的感知，是个体以组织成员的身份来定义自我的一种心理状态。[2]组织认同是组织内的一种社会归类，个体将自己所在组织的成败与自己的个人成败紧密地联系在一起，认为组织与自己一荣俱荣、一损俱损。组织认同使成员倾向于按照组织的规范行事，其行为往往以维护组织的价值和利益为准则。本书研究中采用范·德·维格特（van der Vegt）编制的组织认同量表[3]，共有 8 个题项。基于本书研究对象的不同，笔者对该量表的信效度进行了再次验证。

由表 2-16 可以看到，组织认同量表的 α 系数为 0.913，删掉任何一个项目，α 系数并未出现明显上升的情况，说明该量表的信度较高。同时，每一项的校正后项与总计相关性值均大于 0.4，表明该量表的信度水平良好，可以进行下一步分析。

表 2-16　组织认同量表信度分析

题项	校正后项与总计相关性（CITC）	项已删除的 α 系数	α 系数
E1	0.678	0.905	
E2	0.707	0.903	0.913
E3	0.802	0.895	
E4	0.666	0.906	

① 申继亮，李永鑫，张娜. 2009. 教师人格特征和组织认同与工作倦怠的关系. 心理科学，（4）: 774-777.

② Mael F，Ashforth B E. 1992. Alumni and their alma mater: A partial test of the reformulated model of organizational identification. Journal of Organizational Behavior，（2）: 103-123.

③ van der Vegt G S，Bunderson J S. 2005. Learning and performance in multidisciplinary teams: The importance of collective team identification. Academy of Management Journal，（3）: 532-547.

续表

题项	校正后项与总计相关性（CITC）	项已删除的 α 系数	α 系数
E5	0.740	0.901	
E6	0.647	0.907	0.913
E7	0.778	0.897	
E8	0.734	0.900	

注：标准化 α 系数为 0.915

组织认同量表仅有一个维度，因此要对组织认同进行因子分析。由表 2-17 可知，组织认同量表的 KMO 检验值为 0.919，p<0.001，可以使用因子分析对该量表的结构效度进行探索。

表 2-17　组织认同量表 KMO 检验和巴特利特球形度检验

KMO		0.919
巴特利特球形度检验	近似卡方	13275.230
	df	28
	p	0.000

由表 2-18 可以发现，各题项的因子标准化载荷系数均大于 0.4，最小值为 0.682，最大值为 0.834，累计方差解释比例为 62.736%，高于 60%，表明组织认同量表的结构效度较好。

表 2-18　组织认同量表各题项标准化载荷系数

题项	标准化载荷系数
E1	0.709
E2	0.747
E3	0.834
E4	0.698
E5	0.779
E6	0.682
E7	0.820
E8	0.785
解释总方差/%	62.736

组织归属感是个体对组织的承诺和依赖，以及肯定性的态度或心理倾向。[①] 组织归属感包括三个层次：认同、投入、忠诚。本书研究采用陈文编制的员工组

---

① Porter L W，Steers R M，Mowday R T，et al. 1974. Organizational commitment，job satisfaction，and turnover among psychiatric technicians. Journal of Applied Psychology，（5）：603-609.

织归属感测量量表①，共有 12 个题项。笔者结合研究实际情况对其进行了简单修订，实际量表包含 7 个题项。基于本书研究对象的不同，笔者对该量表的信效度进行了再次验证。

由表 2-19 可以看到，组织归属感量表的 α 系数为 0.915，同时也可以看到任何一个项目被删掉，α 系数并未出现明显上升的情况，说明该量表的信度较高。同时，每一项的校正后项与总计相关性值均大于 0.4，表明该量表的信度水平良好，可以进行下一步分析。

表 2-19 组织归属感量表信度分析

题项	校正后项与总计相关性（CITC）	项已删除的 α 系数	α 系数
F1	0.753	0.902	
F2	0.604	0.917	
F3	0.781	0.899	
F4	0.706	0.907	0.915
F5	0.795	0.897	
F6	0.815	0.895	
F7	0.772	0.899	

注：标准化 α 系数为 0.917

组织归属感量表仅有一个维度，因此要对组织归属感进行因子分析。由表 2-20 可知，组织归属感量表的 KMO 检验值为 0.893，$p<0.001$，可以使用因子分析对该量表的结构效度进行探索。

表 2-20 组织归属感量表 KMO 检验和巴特利特球形度检验

KMO		0.893
巴特利特球形度检验	近似卡方	13922.332
	df	21
	p	0.000

由表 2-21 可以发现，各题项的因子标准化载荷系数均大于 0.4，最小值为 0.607，最大值为 0.881，累计方差解释比例为 67.040%，高于 60%，表明组织归属感量表的结构效度较好。

表 2-21 组织归属感量表各题项标准化载荷系数

题项	标准化载荷系数
F1	0.752
F2	0.607

① 陈文. 2013. 员工激励、组织归属感与工作绩效的关系研究. 华南理工大学.

续表

题项	标准化载荷系数
F3	0.789
F4	0.725
F5	0.856
F6	0.881
F7	0.836
解释总方差/%	67.040

　　工作压力是一个多维度的概念。研究者将压力分为积极压力和消极压力，积极压力是指能带来挑战和成就感的压力，消极压力是指会带来苦恼且不会伴随挑战或成就感的压力。后来，卡瓦诺（Cavanaugh）等将其分为挑战性压力与阻碍性压力。[①]其中，挑战性压力，即个体认为自身能够克服，且对自己的工作和成长具有积极意义的工作压力，主要来源于工作负荷量、工作时间与工作责任等方面。阻碍性压力，即个体认为难以克服，对自己的工作目标的实现和职业生涯的发展会产生阻碍的工作压力，如角色模糊、角色冲突、不安全感等刺激。本书研究采用卡瓦诺[②]编制、李巧灵等翻译的"挑战性-阻碍性压力源量表"[③]，共有 11 个题项。笔者结合本书研究的实际情况选取 7 个题项，包括挑战性压力和阻碍性压力两个维度。基于本书研究对象的不同，笔者对该量表的信效度进行了再次验证。

　　由表 2-22 可以看到，工作压力量表的 α 系数为 0.756，同时也可看到删掉任何一个项目，α 系数并未出现明显上升的情况，表明该量表的信度较高。同时，每一项的校正后项与总计相关性值均大于 0.4，表明该量表的信度水平良好，可以进行下一步分析。

表 2-22　工作压力量表信度分析

题项	校正后项与总计相关性（CITC）	项已删除的 α 系数	α 系数
G1	0.427	0.736	
G2	0.483	0.727	0.756
G3	0.478	0.729	
G4	0.471	0.731	

---

① Cavanaugh M A, Boswell W R, Roehling M V, et al. 2000. An empirical examination of self-reported work stress among U. S. managers. Journal of Applied Psychology, （1）: 65-74.

② Cavanaugh M A, Boswell W R, Roehling M V, et al. 2000. An empirical examination of self-reported work stress among U. S. managers. Journal of Applied Psychology, （1）: 65-74.

③ 李巧灵, 李茜茜, 李宗波, 等. 2014. 中文版挑战性-阻碍性压力源量表在民营企业员工中应用的效度和信度. 中国心理卫生杂志, （7）: 530-534.

续表

题项	校正后项与总计相关性（CITC）	项已删除的 α 系数	α 系数
G5	0.562	0.706	
G6	0.511	0.721	0.756
G7	0.471	0.728	

注：标准化 α 系数为 0.776

对工作压力进行因子分析，工作压力量表的 KMO 检验值为 0.750，$p<0.001$，可以使用因子分析对该量表的结构效度进行探索，结果如表 2-23 所示。

表 2-23 工作压力量表 KMO 检验和巴特利特球形度检验

KMO		0.750
巴特利特球形度检验	近似卡方	7941.581
	df	21
	p	0.000

由表 2-24 可以发现，各题项的因子标准化载荷系数均大于 0.4，最小值为 0.653，最大值为 0.877，累计方差解释比例为 70.210%，高于 60%，表明工作压力量表的结构效度较好。

表 2-24 工作压力量表各题项标准化载荷系数

题项	标准化载荷系数
G1	0.679
G2	0.737
G3	0.836
G4	0.779
G5	0.784
G6	0.877
G7	0.653
解释总方差/%	70.210

职业认同是由自我同一性发展而来的一个概念，是指个体逐渐从成长经验中确认的在职业世界中的自我概念，是个体在职业世界中的定位。关于职业认同的测量，笔者采用魏淑华等编制的教师职业认同量表[1]，原量表共计 18 个题项，笔者结合实际情况选取 10 个题项，并进行适当的改编，同时对该量表的信效度进行了再次验证。

---

[1] 魏淑华，宋广文，张大均. 2013. 我国中小学教师职业认同的结构与量表. 教师教育研究，（1）：55-60，75.

由表 2-25 可以发现，职业认同量表的 α 系数为 0.876，同时也可看到任何一个项目被删掉，α 系数并未出现明显上升的情况，说明该量表的信度较高。同时，每一项的校正后项与总计相关性值均大于 0.4，表明该量表的信度水平良好，可以进行下一步分析。

表 2-25　职业认同量表信度分析

题项	校正后项与总计相关性（CITC）	项已删除的 α 系数	α 系数
H1	0.591	0.866	
H2	0.614	0.864	
H3	0.542	0.874	
H4	0.709	0.855	
H5	0.536	0.869	0.876
H6	0.719	0.854	
H7	0.743	0.853	
H8	0.678	0.861	
H9	0.450	0.875	
H10	0.574	0.867	

注：标准化 α 系数为 0.886

职业认同量表仅有一个维度，因此需要对职业认同进行因子分析。由表 2-26 可知，职业认同量表的 KMO 检验值为 0.862，$p<0.001$，可以使用因子分析对该量表的结构效度进行探索。

表 2-26　职业认同量表 KMO 检验和巴特利特球形度检验

KMO		0.862
巴特利特球形度检验	近似卡方	15699.595
	df	45
	p	0.000

由表 2-27 可以发现，职业认同量表各题项的因子标准化载荷系数均大于 0.4，最小值为 0.498，最大值为 0.797，累计方差解释比例为 65.028%，高于 60%，表明职业认同量表的结构效度较好。

表 2-27　职业认同量表各题项标准化载荷系数

题项	标准化载荷系数
H1	0.667
H2	0.688
H3	0.558
H4	0.705
H5	0.565

续表

题项	标准化载荷系数
H6	0.748
H7	0.797
H8	0.747
H9	0.498
H10	0.655
解释总方差/%	65.028

教师工作满意度是教师的一种主观价值判断，既包含了个体对自我期望、自我实现的内在满意度，也包含了个体对工作条件、工作环境、薪资报酬等各方面的外在满意度[1]，与教师的职业承诺、工作主动性、职业倦怠、教学效能感等的联系十分密切。本书研究采用陈云英等编制的教师工作满意度量表。[2]原量表共计40个题项，笔者结合实际情况选取4个题项进行适当改编，同时对该量表的信效度进行了再次验证。

由表2-28可以发现，工作满意度量表的 α 系数为0.854，也可看到任何一个项目被删掉，α 系数并未出现明显上升的情况，说明该量表的信度较高。同时，每一项的校正后项与总计相关性值均大于0.4，证明该量表的信度水平良好，可以进行下一步分析。

表2-28　工作满意度量表信度分析

题项	校正后项与总计相关性（CITC）	项已删除的 α 系数	α 系数
I1	0.537	0.876	
I2	0.742	0.798	0.854
I3	0.789	0.774	
I4	0.768	0.788	

注：标准化 α 系数为0.856

由表2-29可以发现，对工作满意度进行因子分析，工作满意度量表的KMO检验值为0.780，$p < 0.001$，可以使用因子分析对该量表的结构效度进行探索。

---

① 武向荣. 2019. 义务教育教师工作满意度影响因素的实证研究. 教育研究, (1): 66-75.
② 陈云英, 孙绍邦. 1994. 教师工作满意度的测量研究. 心理科学, (3): 146-149, 193.

表 2-29　工作满意度量表 KMO 检验和巴特利特球形度检验

KMO		0.780
巴特利特球形度检验	近似卡方	5543.788
	df	6
	p	0.000

由表 2-30 可以发现，工作满意度量表各题项的因子标准化载荷系数的最小值为 0.698，最大值为 0.834，累计方差解释比例为 70.213%，高于 60%，表明工作满意度量表的结构效度较好。

表 2-30　工作满意度量表各题项标准化载荷系数

题项	标准化载荷系数
I1	0.709
I2	0.747
I3	0.834
I4	0.698
解释总方差/%	70.213

（三）客观组织环境

张彦等从治理的角度分析了组织中的工作环境，认为客观组织环境由工作自主性、组织支持、工作歧视三个方面组成。[①]在客观组织环境中，虽然外在的领导支持很重要，但是内部的工作自主性也很关键。本书研究以乡村学校内部环境对教师专业发展的影响为主，对内部环境要素进行细分。领导支持与工作自主性体现了客观组织环境中的制度与管理，因此本次调查通过工作自主性、领导支持两个维度来考察乡村教师对其所属客观组织环境的态度与评价。客观组织环境部分的初始问卷由两个分量表组成，共计 10 个题项（表 2-31），其中工作自主性量表包括 5 个题项，领导支持量表包括 5 个题项。

表 2-31　客观组织环境量表的维度划分和题项设置

一级维度	二级维度	题项
客观组织环境	工作自主性	J1. 我可以根据教学实际情况自行调整教学
		J2. 我能根据自己的意愿决定由谁跟我搭档带班
		J3. 我能够自己承担工作结果的责任
		J4. 我对工作有最后抉择的话语权
		J5. 我能根据自己的精力，安排自己工作和休息的时间

① 张彦. 2016. 中国城镇居民工作环境研究（2015）. 北京：中国社会科学出版社，23-26.

续表

一级维度	二级维度	题项
客观组织环境	领导支持	K1. 在单位，有能够关照我的领导
		K2. 我的工作能力经常得到领导的肯定和赞扬
		K3. 总的来说，我对学校领导很信任
		K4. 我的领导常常邀请我参与决策
		K5. 在工作上，我和领导之间能够做到畅所欲言

工作自主性是指个体在工作方法、工作安排和工作标准上能自行控制与决定的程度，可以分为 3 类，包括工作方法自主性、工作安排自主性、工作标准自主性。本次调查中工作自主性的测量参考基尔迈尔（Kirmeyer）等编制的工作自主性量表[①]，笔者对该量表进行了简单的修订以适用乡村教师的实际情况。基于本书研究对象的不同，笔者对该量表的信效度进行了再次验证。

由表 2-32 可知，工作自主性量表的 α 系数为 0.756，也可看到任何一个项目被删掉，α 系数并未出现明显上升的情况，表明该量表的信度较高。同时，每一项的校正后项与总计相关性值均大于0.3，证明该量表的信度水平良好，可以进行下一步分析。

表 2-32　工作自主性量表信度分析

题项	校正后项与总计相关性（CITC）	项已删除的 α 系数	α 系数
J1	0.387	0.756	
J2	0.588	0.688	
J3	0.374	0.758	0.756
J4	0.664	0.656	
J5	0.613	0.678	

注：标准化 α 系数为 0.749

工作自主性量表仅有一个维度，因此对工作自主性进行因子分析。由表 2-33 可知，工作自主性量表的 KMO 检验值为 0.755，$p<0.001$，可以使用因子分析对该量表的结构效度进行探索。

---

① Kirmeyer S L，Shirom A. 1986. Perceived job autonomy in the manufacturing sector：Effects of unions，gender，and substantive complexity. The Academy of Management Journal，（4）：832-840.

表 2-33　工作自主性量表 KMO 检验和巴特利特球形度检验

KMO		0.755
巴特利特球形度检验	近似卡方	3570.986
	df	10
	p	0.000

由表 2-34 可以发现，工作自主性量表各题项的因子标准化载荷系数的最小值为 0.374，最大值为 0.836，累计方差解释比例 50.764%，表明工作自主性量表的结构效度一般。

表 2-34　工作自主性量表各题项标准化载荷系数

题项	标准化载荷系数
J1	0.382
J2	0.729
J3	0.374
J4	0.836
J5	0.713
解释总方差/%	50.764

领导支持是指员工在工作过程中获得来自上级领导在生活、工作、情感归属、价值认同方面的支持程度。正向的领导支持会提高员工对组织的满意程度，因此员工也会以自己对组织的承诺和忠诚作为回报。本次调查采用张彦在中国城镇居民工作环境状况调查量表[①]中提出的关于领导支持的题目。基于本书研究对象的不同，笔者对该量表的信效度进行了再次验证。

由表 2-35 可知，领导支持量表的 α 系数为 0.871，也可以看到任何一个项目被删掉，α 系数并未出现明显上升的情况，表明该量表的信度较高。同时，每一项的校正后项与总计相关性值均大于0.4，证明该量表的信度水平良好，可以进行下一步分析。

表 2-35　领导支持量表信度分析

题项	校正后项与总计相关性（CITC）	项已删除的 α 系数	α 系数
K1	0.668	0.853	0.871
K2	0.682	0.850	

① 张彦. 2016. 从个体情绪到总体性情绪的跃迁：中国城镇居民工作环境满意度实证研究. 社会发展研究，（1）：48-79，243.

续表

题项	校正后项与总计相关性（CITC）	项已删除的 α 系数	α 系数
K3	0.691	0.847	
K4	0.698	0.845	0.871
K5	0.769	0.826	

注：标准化 α 系数为 0.874

领导支持量表仅有一个维度，因此要对领导支持进行因子分析。由表 2-36 可知，领导支持量表的 KMO 检验值为 0.849，$p<0.001$，可以使用因子分析对该量表的结构效度进行探索。

表 2-36　领导支持量表 KMO 检验和巴特利特球形度检验

KMO		0.849
巴特利特球形度检验	近似卡方	6699.706
	df	10
	p	0.000

由表 2-37 可以发现，领导支持量表各题项的因子标准化载荷系数均大于 0.4，最小值为 0.716，最大值为 0.846，累计方差解释比例为 66.516%，高于 60%，表明该量表的结构效度较好。

表 2-37　领导支持量表各题项标准化载荷系数

题项	标准化载荷系数
K1	0.716
K2	0.733
K3	0.747
K4	0.768
K5	0.846
解释总方差/%	66.516

二、乡村教师专业发展量表编制及信效度检验

由前文可知，教师专业发展的内容涵盖多个方面，不仅包括教师职业必须具备的专业结构，还包括理念对教师专业发展的重要性。基于工作环境的视角，笔

者拟在已有研究从内容体系结构出发将教师专业发展分为专业知识、专业能力、专业情意的基础上，增加"专业行为"维度，构成专业知识、专业能力、专业情意、专业行为四者的有机统一。笔者通过编制乡村教师专业发展量表（包括专业情意、专业知识、专业能力、专业行为 4 个维度），分析乡村教师专业发展状况，把握当前乡村教师专业发展实践的方法、路径、成效等，并深度剖析教师专业发展的工作环境需求。教师专业发展部分的初始问卷由 4 个分量表组成，共计 45 个题项（表 2-38）。其中，专业情意量表有 8 个题项，专业知识量表有 17 个题项，专业能力量表有 6 个题项，专业行为量表有 14 个题项。

表 2-38　教师专业发展量表的维度划分和题项设置

一级维度	二级维度	题项
教师专业发展	专业情意	L1. 在工作中，我一直保持较高的积极性
		L2. 我对教学充满激情
		L3. 我非常热爱学生，能体会教师工作给我带来的快乐
		L4. 我对自己的专业发展有清晰的认识和规划
		L5. 我从未带着负面情绪进入教室
		L6. 我认为教学中教师应当引导学生以探究方式获取知识
		L7. 我认为教师的教育教学应该建立在学生"已知""已会"和心理发展特点的基础上
		L8. 我希望并正在努力使自己成为一名优秀教师甚至名师
	专业知识	M1. 我会创设具有挑战性的任务，提高学生的思维能力
		M2. 我会引导学生选择适宜的学习策略
		M3. 我会引导学生对自身的学习过程进行监控
		M4. 我会引导学生对自身的学习策略进行反思
		M5. 我会设计小组学习活动
		M6. 我能通过适切的策略诱导学生积极参与讨论
		M7. 我对所教学科拥有丰富的知识
		M8. 我会像学科专家一样反思教学内容
		M9. 我对所教内容有深入而又准确的理解
		M10. 我会制作多媒体课件
		M11. 我会使用社会化媒体，如博客、论坛等
		M12. 我会使用 QQ、微信等网络社交软件
		M13. 我会应用合作学习工具，如在线工具等
		M14. 针对某一教学内容，我能提出诱发深度讨论的问题，并利用合适的在线工具（如博客、QQ 或微信群等）促进学生间的合作

续表

一级维度	二级维度	题项
教师专业发展	专业知识	M15. 针对某一教学内容，我能合理地使用技术创设真实情境的问题，以吸引学生学习
		M16. 我会通过创设活动和运用适宜的信息技术工具（如思维导图）帮助学生建构知识
		M17. 针对某一教学内容，我能合理运用技术工具组织自主学习活动
	专业能力	N1. 我能熟练地运用信息技术收集信息实施教育教学
		N2. 我总能灵活、妥善地应对课堂突发事件，发挥教学机智
		N3. 我能比较客观、准确地评价学生及他们的学习
		N4. 我常常对自身的教学进行自我反思，以便及时发现其中存在的问题
		N5. 我善于主动与他人交流合作、分享教育教学经验
		N6. 针对教学中存在的问题，我能开展一些研究
	专业行为	O1. 一学期内，我时常会参加培训（如校培、乡县培训、国培等）
		O2. 我能经常得到专家（如乡县教研员、学科专家等）的指导
		O3. 我会经常参加学校组织的集体教学研修
		O4. 我会经常参加集体备课、评课
		O5. 我主持或参加过教学研究或课题研究
		O6. 我会经常对日常教学中存在的问题进行反思
		O7. 我会经常对培训内容进行反思
		O8. 我平时借助阅读、上网、外出进修、培训、读书会或沙龙等渠道拓宽自身的知识面
		O9. 在评价学生时，我会尊重学生多方面（不仅是学习方面）的创新表现
		O10. 我会经常采用互联网等信息技术手段进行教学
		O11. 在日常教学中，我总是会探索新的授课方法
		O12. 我会经常了解所教学科的新进展，以充实自己的教学内容
		O13. 我总能产生独特的解决教学问题的办法
		O14. 我经常阅读教育、心理、教育科研方法等方面的书籍或资料

专业情意是指教师对教育事业的情感态度与价值观的融合，是教师职业道德的集中体现，也是促进教师专业发展的根本动力。教育部师教育范司组织编写的《教师专业化的理论与实践》将教师专业情意分为专业理想、专业情操、专业性向和专业自我等方面[1]；叶澜等认为专业情意强调的是教师的教育信念、专业态度和动机，以及自我发展需要与意识等情感因素[2]；吴宝发认为教师专业情意包

---

[1] 教育部师范教育司. 2003. 教师专业化的理论与实践. 北京：人民教育出版社，64.
[2] 叶澜，白益民，王坤，等. 2001. 教师角色与教师发展新探. 北京：教育科学出版社，44.

含教师职业道德、对教育的情感态度价值观等①。总体上而言，学者对教师专业情意内涵的理解与结构的研究虽然有所不同，但意义上又有交叉。笔者在参考大量有关教师专业发展的书籍、文献及政策的基础上，编制了关于乡村教师的专业情意量表，共计 8 个题项，并对量表的信效度进行了检验。

由表 2-39 可知，专业情意量表的 α 系数为 0.904，也可以看到任何一个项目被删掉，α 系数并未出现明显上升的情况，表明该量表的信度较高。同时，每一项的校正后项与总计相关性值均大于0.4，表明该量表的信度水平良好，可以进行下一步分析。

表 2-39　专业情意量表信度分析

题项	校正后项与总计相关性（CITC）	项已删除的 α 系数	α 系数
L1	0.750	0.887	
L2	0.793	0.882	
L3	0.779	0.884	
L4	0.720	0.889	0.904
L5	0.533	0.911	
L6	0.725	0.890	
L7	0.656	0.895	
L8	0.675	0.893	

注：标准化 α 系数为 0.909

专业情意量表仅有一个维度，因此要对专业情意进行因子分析。由表 2-40 可知，专业情意量表的 KMO 检验值为 0.899，$p<0.001$，可以使用因子分析对该量表的结构效度进行探索。

表 2-40　专业情意量表 KMO 检验和巴特利特球形度检验

KMO		0.899
巴特利特球形度检验	近似卡方	14077.964
	df	28
	p	0.000

由表 2-41 可以发现，各题项的因子标准化载荷系数均大于 0.4，最小值为 0.545，最大值为 0.876，累计方差解释比例为 61.443%，高于 60%，表明该量表的结构效度较好。

---

① 吴宝发. 2016. 乡村中小学教师成长的专业情意及培养途径——基于中西部地区县市中小学教师培训课堂创新的视角. 教育理论与实践，（17）：31-33.

表 2-41　专业情意量表各题项标准化载荷系数

题项	标准化载荷系数
L1	0.825
L2	0.876
L3	0.847
L4	0.770
L5	0.545
L6	0.715
L7	0.654
L8	0.690
解释总方差/%	61.443

　　专业知识是指教师职业区别于其他职业的理论体系和经验系统。舒尔曼（Shulman）提出了 7 类知识：学科内容知识、一般教学法知识、课程知识、学科教学法知识（pedagogical content knowledge，PCK）、有关学生及其特性的知识（即教育对象的知识）、教育情境的知识（包括班级、学区、社区等）、教育目标与价值的知识。国外有研究者借鉴舒尔曼提出 PCK 的思路，提出了一种将技术整合到教师专业知识结构中的新框架——整合技术的学科教学知识（technological pedagogical content knowledge，TPACK）。随着现代教育环境技术化程度的不断提高，教师也必须将新技术纳入自身的专业知识结构之中才能胜任现代教育环境下的教学工作。因此，笔者结合整合技术的学科教学法知识，选取"教学方法""教学内容""技术理解""技术、教学方法、教学内容三者的结合"四个维度测量教师的专业知识。由表 2-42 可以看到，专业知识量表的 α 系数为 0.939，四个维度的 α 系数分别为 0.929、0.837、0.787、0.900，也可看到任何一个项目被删掉，α 系数并未出现明显上升的情况，表明该量表的信度较高。同时，每一项的校正后项与总计相关性值均大于 0.4，证明该量表的信度水平良好，可以进行下一步分析。

表 2-42　专业知识量表信度分析

名称	题项	校正后项与总计相关性（CITC）	项已删除的 α 系数	α 系数
教学方法	M1	0.748	0.917	0.929
	M2	0.833	0.912	
	M3	0.796	0.915	
	M4	0.835	0.910	
	M5	0.732	0.924	
	M6	0.791	0.916	

续表

名称	题项	校正后项与总计相关性（CITC）	项已删除的 α 系数	α 系数
教学内容	M7	0.723	0.752	0.837
	M8	0.670	0.811	
	M9	0.716	0.762	
技术理解	M10	0.650	0.710	0.787
	M11	0.656	0.706	
	M12	0.510	0.777	
	M13	0.595	0.737	
技术、教学方法、教学内容三者的结合	M14	0.704	0.904	0.900
	M15	0.786	0.870	
	M16	0.826	0.852	
	M17	0.816	0.857	

注：专业知识量表的 α 系数为 0.939；标准化 α 系数为 0.944

专业知识量表的 KMO 检验值为 0.950，$p<0.001$，"教学方法""教学内容""技术理解""技术、教学方法、教学内容三者的结合"4 个子维度的 KMO 检验值分别为 0.902、0.722、0.766、0.837，$p<0.001$，累计方差解释比例为 63.876%，表明该量表的结构效度良好。

专业能力是指从事某一职业所需具备的与职业相关的能力。叶澜认为，教师专业能力包括理解他人和与他人交往的能力、组织管理能力、教育科研的能力等[1]；王宪平等认为，教师专业能力包括教学选择能力、教学设计和实施能力、教学评价及创新能力[2]；刘洁认为，除了特殊专业能力，智力也是教师专业能力的组成部分，它既包含教师在教学实践中最直接的特殊能力（语言表达能力、教学组织能力等），也包括科研能力[3]。本书研究重点关注乡村教师的教学能力和教研能力。

由表 2-43 可知，专业能力量表的 α 系数为 0.865，也可以看到删除题项 N1，α 系数出现明显上升的情况，同时题项 N1 的校正后项与总计相关性值小于 0.4，因此考虑删除 N1，重新进行信度测试。

表 2-43　专业能力量表信度分析

题项	校正后项与总计相关性（CITC）	项已删除的 α 系数	α 系数
N1	0.342	0.893	0.865
N2	0.694	0.835	
N3	0.766	0.824	

---

① 叶澜. 2000. 未来教师的新形象. 上海教育科研，（2）：62.
② 王宪平，唐玉光. 2006. 课程改革视野下的教师教学能力结构. 集美大学学报（教育科学版），（1）：27-32.
③ 刘洁. 2004. 试析影响教师专业发展的基本因素. 东北师大学报，（6）：15-22.

题项	校正后项与总计相关性（CITC）	项已删除的 α 系数	α 系数
N4	0.777	0.823	
N5	0.756	0.824	0.865
N6	0.667	0.841	

注：标准化 α 系数为 0.866

由表 2-44 可知，删除题项 N1 后，专业能力量表的 α 系数为 0.895，也可看到任何一个项目被删除，α 系数并未出现明显上升的情况，说明该量表的信度较高。同时，每一项的校正后项与总计相关性值均大于0.4，证明该量表的信度水平良好，可以进行下一步分析。因此，正式量表剔除题项 N1，并将各题项重新编码为 N1—N5。

表 2-44　删除题项 N1 后的专业能力量表信度分析

题项	校正后项与总计相关性（CITC）	项已删除的 α 系数	α 系数
N2	0.714	0.879	
N3	0.768	0.867	
N4	0.783	0.865	0.895
N5	0.780	0.864	
N6	0.691	0.887	

注：标准化 α 系数为 0.899

专业能力量表仅有一个维度，因此需要对专业能力进行因子分析。由表 2-45 可知，专业能力量表的 KMO 检验值为 0.870，$p<0.001$，可以使用因子分析对量表的结构效度进行探索。

表 2-45　专业能力量表 KMO 检验和巴特利特球形度检验

KMO		0.870
巴特利特球形度检验	近似卡方	8199.625
	df	10
	p	0.000

由表 2-46 可以发现，专业能力量表各题项的因子标准化载荷系数均大于 0.4，最小值为 0.728，最大值为 0.852，累计方差解释比例为 71.272%，高于 60%，表明该量表的结构效度较好。

表 2-46　专业能力量表各题项标准化载荷系数

题项	标准化载荷系数
N2	0.752

题项	标准化载荷系数
N3	0.825
N4	0.852
N5	0.839
N6	0.728
解释总方差/%	71.272

连榕在《教师专业发展》一书中谈到影响教师专业发展的因素不仅来自教师自身，还来自教师所处的环境，以及教师和环境的交互作用。[①]在教师专业行为方面，本书研究关注乡村教师参与专业发展的行为及教学创新行为。

由表 2-47 可以看到，专业行为量表的 α 系数为 0.897，参与专业发展行为和教学创新行为两个子维度的 α 系数分别为 0.846、0.891，也可以看到任何一个项目被删掉，α 系数并未出现明显上升的情况，说明该量表的信度较高。同时，每一项的校正后项与总计相关性值均大于0.4，证明该量表的信度水平良好，可以进行下一步分析。

表 2-47　专业行为量表信度分析

名称	题项	校正后项与总计相关性（CITC）	项已删除的 α 系数	α 系数
参与专业发展行为	O1	0.535	0.833	0.846
	O2	0.509	0.839	
	O3	0.635	0.822	
	O4	0.641	0.821	
	O5	0.513	0.840	
	O6	0.616	0.829	
	O7	0.652	0.824	
	O8	0.612	0.826	
	O9	0.522	0.834	
教学创新行为	O10	0.700	0.876	0.891
	O11	0.658	0.890	
	O12	0.813	0.851	
	O13	0.827	0.849	
	O14	0.716	0.873	

注：专业行为量表的 α 系数为 0.897；标准化 α 系数为 0.913

专业行为量表的 KMO 检验值为 0.928，参与专业发展行为和教学创新行为两

---

① 连榕. 2007. 教师专业发展. 北京：高等教育出版社，43.

个子维度的 KMO 检验值分别为 0.862、0.873，$p<0.001$，累计方差解释比例为 60.797%，表明该量表的效度良好。

综上所述，删除初始问卷的题项 C2、C3 和 N1，重新编码用于正式施测，乡村教师工作环境与专业发展正式问卷的各个分量表信效度良好。正式施测问卷分为三部分，第一部分涉及性别、年龄等人口学变量，共计 13 个题项；第二部分涉及乡村教师工作环境的测量，其中客观工作环境包括信息环境（6 个题项）、劳动报酬（4 个题项）、工作时间（4 个题项）；主观心理环境包括自我效能感（8 个题项）、组织认同（8 个题项）、组织归属感（7 个题项）、工作压力（7 个题项）、职业认同（10 个题项）、工作满意度（4 个题项）；客观组织环境包括工作自主性（5 个题项）、领导支持（5 个题项）。第三部分是乡村教师专业发展的测量，主要包括专业情意（8 个题项）、专业知识（17 个题项）、专业能力（5 个题项）、专业行为（14 个题项）。整个问卷共计 125 个题项，整体信效度良好。

第二节　我国乡村教师工作环境与专业发展质性访谈提纲编制

访谈是一种有特定目的和一定规则的研究性交谈。相较于问卷调查法而言，访谈法具有更大的灵活性，对意义进行解释有更大的空间。访谈可以直接询问受访者本人对问题的看法和感受，可以用自己的语言和概念表达观点。此外，在研究关系和具体情境许可的情况下，访谈者还可以与受访者探讨问卷中无法处理的一些较敏感性的话题。在相对开放的访谈结构下，访谈者也可以通过让受访者讲故事或举例的方式对问题的细节进行比较细致的描述。

从乡村教师工作环境角度关注新时代乡村教师专业发展现状，了解一线教师真实的想法，是非常必要的。为了深入了解并搜集更直观、可靠的资料，本书研究从乡村教师所处的客观工作环境、主观心理环境与客观组织环境三个维度出发，分别选取乡村教育场域中的不同对象进行深入访谈，如教育行政部门、代表性学校、乡村教师等，深入探究乡村教师工作环境与其专业发展之间的联系，总结乡村教师专业发展的特征，以为其提供支持性服务。通过质性访谈与实证的问卷调查数据相互补充，研究的深度得到了提高，进一步验证了扩展调查数据的数量及可靠性。本书研究全部采用半结构性访谈，事先设计访谈提纲，列出研究者认为在访谈中应该了解的问题和应该覆盖的内容范围，并且尽量使受访者有较大的表达自由。

一、乡村教师工作环境质性访谈提纲类目系统

本书研究最终形成了二级类目系统，其中一级类目为"初拟访谈提纲""修订访谈提纲"；二级类目包括"源自现有研究成果""源自研究者的经验性知识""源自他人指导""预访谈"四个方面。其中，现有研究成果即在研究者将要探讨的研究现象与问题的范围内，目前学术界已完成的有关研究及其发现，如前人的理论或发现、前人的访谈提纲、质性研究相关指南、书籍，现有的文件、流程、规范；研究者本人前期的调查、研究成果等。研究者的经验性知识即研究者本人与研究问题有关的个人经历，以及自己对该问题的了解与看法，如与研究问题相关的工作经验、学习生活经历与被访谈对象的交流接触、实地考察、观察等；他人指导及除研究者本人之外的其他人（包括专业技术人员和非专业技术人员）为初拟访谈提纲提供的指导。预访谈即在正式访谈前进行的专门的质性访谈（即有目的性的交谈对话）。

二、乡村教师工作环境访谈提纲设计依据

（一）初步访谈提纲的设计依据

学术界针对乡村教师工作环境进行的相关研究、研究者的经验性知识和专业人员的指导是初拟访谈提纲的主要依据。

1. 相关研究成果

笔者对乡村教师工作环境、专业发展及其关系做了详尽的文献分析，在参考前人的理论或相关研究成果的基础上，并结合乡村教师实际进行了访谈提纲的设

计。同时，依据调查数据的分析结果，笔者希望求证是否和数据结论一致或了解出现这种结果的原因。

2. 研究者的经验性知识

参与本研究访谈的成员都具备丰富的一线教学经验，因此在准备针对乡村教师进行访谈时，特别关注到了乡村教师的独特性和面临的实际情况。在设计访谈问题时，我们充分考虑了哪些话题是乡村教师可以自由、开放地讨论的，比如，他们的教学心得、遇到的挑战、学生的特点等，同时也识别出了哪些话题可能需要乡村教师保持较为保守或谨慎的态度，比如，涉及学生隐私、敏感的教育政策、个人职业规划等。这样的设计旨在确保访谈能够既深入又恰当地反映乡村教师的真实情况和需求。

3. 专业人员的指导

专业人员主要包括教育学、教育技术学、教育管理及心理学方面的专家教授。在初步访谈提纲设计过程中，专家提出了以下几个问题：第一，需要明确访谈目的，围绕核心问题设置三个问题；第二，每一个访谈问题之间需要有逻辑关系，并围绕核心问题展开；第三，做好充足的准备应对访谈中的突发状况，更好地完成任务。另外，在初步访谈提纲的设计过程中，我们还参考了部分乡村教师的意见或建议。

（二）修订访谈提纲的依据

访谈发生在社会互动的情境中，并受这种情境的影响。初拟访谈提纲是否合适、是否适用于研究情境，需要在实际访谈中进行检验，因此预访谈对于修订访谈提纲尤为重要。预访谈的对象应与正式访谈对象来自同一地点，这样才有助于研究者发现访谈提纲是否存在问题。同时，专业人员的指导对于初拟访谈提纲的修改也非常重要。本书研究选择 3 名一线乡村教师进行预访谈，通过 3 名访谈对象的反馈，适时适当地调整访谈提纲的结构和题目，最终形成正式访谈提纲。在正式访谈过程中，我们也会在正式提纲的基础上，根据具体情境和访谈的具体内容进行临时性的、生成性的调整，以挖掘访谈对象的真实想法，为本书研究提供支持。

第三节　实证问卷调查与质性访谈实施情况

一、乡村教师工作环境与专业发展问卷调查实施情况

（一）研究对象的选择及问卷发放情况

本书研究选择的调查对象是在乡镇任教的中小学教师，选择随机抽样的方法，即在抽样之前，对总体不做任何分组、排序等处理，完全按随机原则直接从总体中抽取样本。抽样过程受到时间、人力、财力与物力等客观条件的限制，部分地区采用纸质问卷进行现场施测，对一些偏远地区的乡村教师采用电子问卷进行网上施测，保证了问卷的回收率和精准性。

调查范围涉及全国25个省份，具体包括安徽、福建、甘肃、广东、广西、贵州、海南、河北、河南、黑龙江、湖北、湖南、吉林、江苏、内蒙古、宁夏、青海、山东、陕西、四川、天津、西藏、新疆、云南、重庆。正式施测共发放问卷3836份，剔除无效问卷后，得到有效样本2762份，有效回收率为72.0%。

（二）研究对象基本情况

在回收的有效问卷中，对样本数据进一步筛选，最终呈现的乡村中小学教师个人基本情况统计如表2-48所示。具体而言，在性别上，女性教师1865人，占比67.5%，男性教师897人，占比32.5%，说明乡村中小学教师的性别比例不合理，男性教师严重短缺，乡村教师队伍性别结构严重失衡。在年龄上，30岁及以下的教师706人，31—40岁的教师778人，41—50岁的教师857人，50岁及以上的教师421人，占比分别为25.6%、28.2%、31.0%、15.2%，其中青年教师所占比例过高，而中老年教师占比过低，整体呈现出年轻化的特点，再加上年轻教师离职的可能性更大，总体状况让人担忧。在教龄层次上，教龄为5年及以下的教师766人，教龄为6—10年的教师429人，教龄为11—20年的教师411人，教龄

为 20 年以上的教师 1156 人，占比分别为 27.7%、15.5%、14.9%、41.9%，其中教龄为 20 年以上的教师占比最高，表明乡村学校教师队伍教龄结构不合理，不利于乡村教师队伍的稳定发展。在学历上，中专及以下学历的教师 101 人，大专学历的教师 972 人，大学本科学历的教师 1663 人，研究生及以上学历的教师 26 人，占比分别为 3.7%、35.2%、60.2%、0.9%。其中，大专和本科学历的教师占比较高，高达 95.4%，可见整体学历层次可以满足国家的需求，研究生及以上学历教师占比虽低，但已经进入乡村教育场域中，高质量教师是促进教育高质量发展的中坚力量。在是否为师范院校毕业上，师范院校毕业教师 2123 人，非师范院校毕业教师 639 人，占比分别为 76.9%、23.1%，可见乡村教师队伍整体上接受过系统的职前训练，整体上而言专业化程度能够达标。在职称上，未评职称的教师 529 人，三级教师 46 人，二级教师 821 人，一级教师 913 人，高级教师 453 人，占比分别为 19.2%、1.7%、29.7%、33.1%、16.4%。在任教科目上，主科教师 2087 人，非主科教师 675 人，占比分别为 75.6%、24.4%，可见乡村学校缺乏音乐、体育、美术等教师。在任教班级数量上，承担 1 个班级教学任务的教师 1433 人，承担 2 个班级教学任务的教师 752 人，承担 3 个班级教学任务的教师 203 人，承担 4 个班级教学任务的教师 374 人，占比分别为 51.9%、27.2%、7.3%、13.5%，任教班级数量与任教科目反映的情况基本一致，主科教师多承担 1—2 个班级的教学，非主科教师则承担多个班级的教学。在学校类型上，小学教师 2039 人，初中教师 684 人，高中教师 39 人，占比分别为 73.8%、24.8%、1.4%。在是否原籍任教上，在原籍任教的教师 2192 人，非原籍任教的教师 570 人，占比分别为 79.4%、20.6%。在编制上，有编教师 2445 人，无编教师 317 人，占比分别为 88.5%、11.5%。

表 2-48　乡村中小学教师个人基本情况统计表

项目	选项	频数	占比/%
性别	男	897	32.5
	女	1865	67.5
年龄	30 岁及以下	706	25.6
	31—40 岁	778	28.2
	41—50 岁	857	31.0
	50 岁及以上	421	15.2
教龄	5 年及以下	766	27.7
	6—10 年	429	15.5

续表

项目	选项	频数	占比/%
教龄	11—20 年	411	14.9
	20 年以上	1156	41.9
学历	中专及以下	101	3.7
	大专	972	35.2
	大学本科	1663	60.2
	研究生及以上	26	0.9
是否为师范院校毕业	是	2123	76.9
	否	639	23.1
职称	未评	529	19.2
	三级教师	46	1.7
	二级教师	821	29.7
	一级教师	913	33.1
	高级教师	453	16.4
任教科目	主科	2087	75.6
	非主科	675	24.4
任教班级数量	1 个	1433	51.9
	2 个	752	27.2
	3 个	203	7.3
	4 个	374	13.5
学校类型	小学	2039	73.8
	初中	684	24.8
	高中	39	1.4
是否原籍任教	是	2192	79.4
	否	570	20.6
是否有编制	是	2445	88.5
	否	317	11.5

注：因四舍五入，个别数据之和不等于 100。下同

（三）统计工具

本书研究运用 SPSS26.0 软件对调查数据进行统计，主要运用描述性统计、相关性分析、独立样本 t 检验、单因素方差分析及回归分析等，挖掘数据的内在关联和价值。

二、乡村教师工作环境与专业发展质性访谈实施情况

（一）访谈对象选择

本书研究选择教育行政部门领导、乡村教师进行深度访谈，选择代表性学校进行个案分析。访谈人员分为 3 个访谈小组，其中 A 组主要侧重乡村教师客观工作环境与专业发展关系的访谈，B 组主要侧重乡村教师主观心理环境与专业发展关系的访谈，C 组主要侧重乡村教师客观组织环境与专业发展关系的访谈。乡村学校实践案例部分涉及的访谈在第七章论述。

（二）访谈对象基本情况

A 组访谈对象基本情况如表 2-49 所示。A 组共访谈两名教师，均为女性特岗教师，通过当地政府招考进入乡村小学任教。在年龄层次上，两位教师的年龄均在 20—30 岁，属于青年教师行列；在学历层次上，均为本科学历，且初始学历也为本科；在教龄层次上，5 年及以下为新手教师，6—10 年为成熟教师，这两个层次各 1 人；在职称上，中级教师与高级教师各 1 人；在职务层次上，数学教师未担任职务，语文教师担任班主任职务；在学科层次上，均为主科教师；在月收入层次上，均在 3000 元左右。

表 2-49　A 组访谈对象基本情况统计表

编号	姓名	性别	年龄/岁	初始学历	最高学历	教龄/年	职称	职务	学校类型	学科	月收入/元
A1	唐×	女	24	本科	本科	2	中级	无	乡村小学	数学	2000+
A2	张×	女	30	本科	本科	6	高级	班主任	乡村小学	语文	3000+

B 组访谈对象基本情况如表 2-50 所示。B 组共访谈了 8 名乡村教师，在性别层次上，女性教师、男性教师各 4 人，性别比例均衡；在年龄层次上，20—30 岁的教师 2 人，40—50 岁的教师 3 人，50—60 岁的教师 3 人，涵盖青年、中年等层次；在最高学历层次上，大专学历教师 2 人，占比 25.0%，本科学历教师 6 人，占比 75.0%，其中多数为职后取得的本科学历，初始学历多数为中师层次；在教

龄上，教龄为 5—10 年的教师 2 人，占比 25.0%，教龄为 20 年以上的教师 6 人，占比 75.0%；在职称层次上，无职称教师 1 人，中级职称教师 4 人，高级职称教师 3 人；在职务层次上，未担任职务的教师 4 人，担任教育教学负责人的教师 2 人，担任教师工会主席、后勤主任等非教学岗位的教师 2 人；在学科层次上，涵盖语文、数学、英语、历史及书法等；在月收入上，月收入在 3000—4000 元的教师 3 人，占比 37.5%，在 4000—5000 元的教师 2 人，占比 25%，在 5000 元以上的教师 3 人，占比 37.5%。

表 2-50 B 组访谈对象基本情况统计表

编号	姓名	性别	年龄/岁	初始学历	最高学历	教龄/年	职称	职务	学校类型	学科	月收入/元
B1	李×	女	26	高中	大专	5	中级	后勤主任	乡村幼儿园		约3000
B2	苏×	女	27	大专	本科	7	中级	教育教学负责人	乡村幼儿园		约3100
B3	蒲×	女	41	中师	本科	21	中级	无	乡村中学	英语转数学	约3500
B4	谭×	男	48	中师	本科	27	中级	无	乡村中学	语文	约4800
B5	李×	男	58	大专	本科	36	高级	教师工会主席	乡村中学	语文转书法	约6000
B6	黄×	男	53	中师	本科	34	高级	教学科研负责人	乡村中学	语文转历史	约6300
B7	王×	男	58	中师	大专	38	高级	无	乡村小学	语文转科学	约5000
B8	郭×	女	47	大专	本科	23	无	无	乡村小学	数学转英语	约4000

C 组访谈对象基本情况如表 2-51 所示。C 组共访谈两名教师，均为女性。在年龄层次上，两名教师的年龄均在 20—30 岁，属于青年教师行列；在学历层次上，均为本科学历，且初始学历也为本科；在教龄层次上，教龄均为 5 年及以下，属于新手教师；在职称上，由于教龄的限制，均未评定职称；在职务层次上，均担任班主任；在学科层次上，均为主科教师；在月收入层次上，月收入均约为 3000 元。

表 2-51 C 组访谈对象基本情况统计表

编号	姓名	性别	年龄/岁	初始学历	最高学历	教龄/年	职称	职务	学校类型	学科	月收入/元
C1	向×	女	23	本科	本科	2	无	班主任	乡村初级中学	英语	约 3 000
C2	袁×	女	24	本科	本科	2	无	班主任	乡村初级中学	数学	约 3 800

第三章

客观工作环境与乡村教师
专业发展关系探赜

　　乡村教师的专业发展与其所处的客观工作环境紧密相连。在研究乡村教师专业发展的过程中，笔者借鉴了张彦对工作环境维度划分的理论框架，并结合乡村教师的独特实际情况，对乡村教师所处的客观工作环境进行了重新定义。这一环境主要是指学校为确保教学工作正常开展而提供给教师的最基础的硬件条件。经过深入分析，笔者认为支持教师完成创造性任务的主要资源，不仅仅包括学校提供的硬件设施，更重要的是外部给予的劳动报酬及信息环境等软件支持。因此，笔者将客观工作环境的研究聚焦于三个核心维度：信息环境、工作时间和劳动报酬。通过这一划分，笔者期望能更全面地探讨这些要素如何影响乡村教师的专业发展，并为优化乡村教师的工作环境、促进其专业发展提供有价值的参考。

第一节　客观工作环境的研究综述

一、客观工作环境的概念界定和结构维度

研究者对工作环境的研究始于管理学领域。随着社会经济的发展，人力资源管理者发现，除了可以通过营造融洽的工作氛围提高生产积极性，还可以通过优化客观工作环境增强员工的能动性。班贝格（Bamberger）指出，对于那些试图解释组织中个人表现的人来说，情境因素可能包括工作场所的物理条件。[1]综合目前对客观工作环境的研究可以发现，客观工作环境这一经典变量是在西方情境下提出的。研究初期，国内外学者大多聚焦于如空间布局、办公设备等传统的客观物理空间因素。学者麦考伊（Mccoy）等指出，客观工作环境是指自然植物、色彩、视觉获取等关键要素构成的物理工作环境。[2]杜尔（Dul）等认为，客观工作环境是指员工感知到的存在于工作环境中的支持创造力等产出的各项客观元素的总和，其测量主要集中在布局、亮度、色彩、办公设备等空间角度的物理环境方面。[3]国内学者对客观工作环境的研究起步较晚，刘原君将客观工作环境划分为工作设施、室内（外）环境和生态环境3类。[4]其中，工作设施是指工作需要的设备、工具，包括办公桌、椅子、电话、电脑、传真、打印设备等；室内（外）环境是指工作地点和不同类型的办公室；生态环境是指工作人员周围环境的温度、湿度、照明度、震动、噪声、异味粉尘、空间、油渍及工作人员每天与这些因素接触的时间等。张学和将客观工作环境划分为会对工作的进度、成效和知识型员工的创新过程产生直接影响的室内环境，以及能缓解创新的压力、舒缓心

---

① Bamberger P. 2008. From the editors beyond contextualization: Using context theories to narrow the micro-macro gap in management research. Academy of Management Journal, 51（5）: 839-846.

② Mccoy J M, Evans G W. 2002. The potential role of the physical environment in fostering creativity. Creativity Research Journal,（3-4）: 409-426.

③ Dul J, Ceylan C, Jaspers F. 2011. Knowledge workers' creativity and the role of the physical work environment. Human Resource Management,（6）: 715-734.

④ 刘原君. 2008. 物理环境对工作绩效的影响分析. 企业科技与发展,（24）: 37-38, 42.

情、对知识型员工的创新绩效产生间接影响的室外环境。①孙道银等将客观工作环境划分为有利于行业交流的企业处所、帮助员工产生灵感的自然环境、可供员工放松的休闲娱乐场所和可供员工随意涂画的书写设施四部分。②

上述对客观工作环境的定义及划分均忽略了客观资源层面的环境因素,而办公室或工厂布局是一种战略性的人力资源实践,旨在创造一种理想的创造和创新的组织文化。学者注意到传统的物理空间已不能完全涵盖工作场所的客观因素,例如,有国外学者将客观工作环境划分为两类:一是家具、颜色、照明、隐私、窗口视图、声音和气味等元素;二是设备和设施等能帮助员工完成创造性任务的资源。③国内学者张彦在梳理了工作环境问题的缘起、阐释理论后,以个体工作界线为依据,把工作环境划分为客观工作环境、客观组织环境及主观心理环境。其中,客观工作环境是指单位为保障正常开展工作而给员工提供的最基础的硬件条件,主要包括工作时间、工作报偿、工作场所和工作参与四个维度。④

本书研究借鉴张彦对工作环境的维度划分,结合乡村教师的实际情况,将乡村教师所处的客观工作环境定义为学校为保障正常开展教学工作而给教师提供的最基础的硬件条件。综上所述,帮助教师完成创造性任务的资源主要还是外部给予的劳动报酬和信息环境等设施设备,因此本书研究将客观工作环境划分为信息环境、工作时间和劳动报酬。

二、客观工作环境的影响研究

自霍桑实验以来,学者一直试图探寻客观工作环境如何影响工作者的工作行为和态度。国内外学者多以煤矿工人、护理人员和科技人员为研究对象,围绕其工作场所中可能面临的环境风险因素进行测量与安全评估,进而分析上述物理工作环境中的风险因素对工作者的工作行为和健康安全产生的影响。一些学者认为,物理工作环境可以提高员工的创造力,比如,克洛茨(Klotz)等的研究表

---

① 张学和. 2012. 科技组织情境下知识型员工创新绩效实证研究. 中国科学技术大学.

② 孙道银,金永花. 2017. 知识密集型企业内部创新环境建设. 企业管理,(6):51-53.

③ Yeh S S, Huan T C. 2017. Assessing the impact of work environment factors on employee creative performance of fine-dining restaurants. Tourism Management,58:119-131.

④ 张彦. 2016. 中国城镇居民工作环境研究(2015). 北京:中国社会科学出版社,21-23.

明，客观工作环境是通过影响人的认知、情感、亲社会及身体等多方面的潜在能量进而影响员工的身心健康和创新绩效的。[①]国内学者孙道银等认为，客观工作环境通过影响情感或认知等因素直接或间接影响个体的创新绩效。具体来说，工作场所通常是与自然相分离的，但建筑设计的趋势表明，组织越来越多地投入精力去设计办公空间，创建新的亲自然工作场域，以促进员工与自然界产生更深入、更频繁的联系，而拥有自然视野的员工会对工作表现出更高的热情，并报告了更高的满意度。[②]有研究者以注意力恢复理论为基础进行了研究，发现员工在办公场所与自然环境的接触有助于使其从疲劳中恢复机能，有利于增强员工的认知、情感、亲社会及身体等方面的潜在能量。得到良好客观工作环境支持的员工更有可能感到精力充沛、富有活力。当他们的活力处于较高水平，以及表现出更多的亲社会意向时，则会更倾向于积极参与工作等相关内容的讨论。

随着管理学与教育学的深度融合，国内外学者都将目光聚焦于教师这一群体。研究表明，改善环境可以有效促进教师的专业发展，例如，弋文武通过回归分析指出学习环境与资源、学习时间等是影响乡村教师专业发展的因素。[③]但系统探究客观工作环境影响教师专业发展的研究甚少，大都只涉及了客观工作环境的部分要素，主要有以下三个方面。

其一，信息环境影响教师的专业发展。信息素养的发展既是教师个人成长的需求，也是教育发展的要求。2018 年，中共中央、国务院印发《关于全面深化新时代教师队伍建设改革的意见》，提出转变培训方式，推动信息技术与教师培训的有机融合。同年，教育部等五部门印发《教师教育振兴行动计划（2018—2022 年）》，提出充分利用云计算、大数据、虚拟现实、人工智能等新技术，开展"互联网+教师教育"创新行动。教育部于 2018 年和 2021 年先后开展了两批人工智能助推教师队伍建设试点工作，深入推进人工智能等新技术与教师队伍建设的融合。可见，在教育现代化背景下，国家从政策和行动上积极构建信息环境，赋能教师专业发展。

其二，工作时间影响教师的专业发展。研究表明，工作时间过长会损害教师

① Klotz A C，Bolino M C. 2021. Bringing the great outdoors into the workplace: The energizing effect of biophilic work design. Academy of Management Review，（2）：231-251.

② 孙道银，王卿云. 2021. 组织物理环境对员工创造力影响的研究现状及展望——基于一个多维度理论框架. 技术经济，（6）：93-101.

③ 弋文武. 2008. 农村教师学习问题研究. 西北师范大学.

的身心健康①，使其陷入工作和家庭冲突②，增加职业倦怠感③，降低留任意愿④。李小红等认为，乡村教师身兼数职而任务整合度低，使其无法抽出时间与同事交流学习，大部分在职乡村教师都属于非专业从业者，教师专业化水平整体偏低，无法通过与同伴深入交流解决教学专业问题。⑤长此以往，教师的专业知识信息只向学生单向传递，弱化了其教学文化建构和生成意识，进而阻碍了乡村教师的专业能力提升。闵慧祖的研究发现，一些乡村学校在师资短缺的情况下强制要求部分教师兼任额外的行政职务，变相挤占了教师追求专业发展的空间。大量的事务性工作成了一些教师工作时间的"收割机"，使得教师的时间运用显得捉襟见肘。⑥齐亚静等的研究发现，工作时间并不完全是一个负面的变量，适当长度的工作时间反而对教师是一种工作挑战。⑦

其三，劳动报酬影响教师的专业发展。有研究者基于经济合作与发展组织等发布的 2018 年教学与学习国际调查报告，发现教师较常获得的专业发展支持包括因工作时间内的专业发展活动而取消教学任务（48%）、提供活动所需的资源（38%）、偿还或支付专业发展费用（34%）、提高工资（10%）。上海的一些教师报告在因工作时间内的专业发展活动而取消教学任务、偿还或支付专业发展费用上获得支持的比例显著低于经济合作与发展组织的平均水平（$p<0.001$），这极大地阻碍了教师的专业发展意向及行为。⑧也有研究表明，随着中国乡村学校的工作条件和工资待遇逐步改善，教师能在具有良好文化的学校中任教，获得相对较高的工资薪酬，有助于教师更好地投入教学工作，实现组织目标，并弱化其离职倾向。⑨

① Garrick A，Mak A S，Cathcart S，et al. 2018. Non-work time activities predicting teachers' work-related fatigue and engagement：An effort-recovery approach. Australian Psychologist，（3）：243-252.

② Ilies R，Huth M，Ryan A M，et al. 2015. Explaining the links between workload，distress，and work-family conflict among school employees：Physical，cognitive，and emotional fatigue. Journal of Educational Psychology，（4）：1136-1149.

③ van Droogenbroeck F，Spruyt B，Vanroelen C. 2014. Burnout among senior teachers：Investigating the role of workload and interpersonal relationships at work. Teaching and Teacher Education，43：99-109.

④ Hughes G D. 2012. Teacher retention：Teacher characteristics，school characteristics，organizational characteristics，and teacher efficacy. The Journal of Educational Research，（4）：245-255.

⑤ 李小红，郭琪琪，杨苏梦. 2022. 乡村教师专业发展的困境与纾解. 当代教育科学，（1）：77-85.

⑥ 闵慧祖. 2022. 组织赋能：乡村教师专业发展何以化"忧"为"优". 当代教育论坛，（4）：117-124.

⑦ 齐亚静，伍新春，胡博. 2016. 教师工作要求的分类——基于对职业倦怠和工作投入的影响研究. 教育研究，（2）：119-126.

⑧ 叶颖. 2020. 不同成长阶段教师专业发展的现实困境与对策——基于 TALIS 2018 上海数据结果的实证分析. 上海教育科研，（9）：58-62.

⑨ 孙冉，杜屏. 2023. 工作特征与深度贫困乡村地区新教师的离职倾向：基于中国特岗教师的分析. 教育科学研究，（3）：46-54.

第二节　工作环境内部结构与客观
工作环境的关系讨论

一、主观心理环境与客观工作环境的关系讨论

（一）主观心理环境与客观工作环境的相关性分析

由表 3-1 可以发现，本书研究讨论的主观心理环境（涵盖自我效能感、组织认同、组织归属感、职业认同、工作压力和工作满意度 6 个因素）与客观工作环境均呈现显著的正相关。

表 3-1　主观心理环境与客观工作环境的相关性分析

	1	2	3	4	5	6	7
1. 自我效能感	—						
2. 组织认同	0.530***	—					
3. 组织归属感	0.576***	0.666***	—				
4. 职业认同	0.551***	0.662***	0.621***	—			
5. 工作压力	0.001	0.141***	−0.077***	0.135***	—		
6. 工作满意度	0.501***	0.470***	0.632***	0.593***	−0.081***	—	
7. 客观工作环境	0.316***	0.301***	0.466***	0.355***	0.083***	0.485***	—

注：*$p<0.05$，**$p<0.01$，***$p<0.001$。下同

本书研究讨论的客观工作环境，实质上是乡村教师工作的物质条件，是其一切工作行为和工作体验的外在驱动力。我们试图从以下几点进行进一步解释。

其一，相关实证研究证实，工作时间的增加会影响员工的心理、生理及工作–生活冲突等幸福感相关指标。[1]工作时间的增加会导致员工消极情绪增多，进

---

[1] Adkins C L，Premeaux S F. 2012. Spending time：The impact of hours worked on work-family conflict. Journal of Vocational Behavior，（2）：380-389.

而引发焦虑、工作倦怠等问题。①同时，工作时间的增加会导致员工难以平衡工作角色和家庭角色的时间需求，导致工作–家庭冲突增加、教师心理压力增加。②工作时间紧凑的乡村教师，除承担正常的教学工作外，还需要承担如负责寄宿学生的生活、安全、全天候管理、联系家长等一系列非教学性事务，这些不得不做的非教学性事务严重压缩了教师进行自我发展的时间，极易导致教师的工作倦怠，进而降低其工作满意度。例如，教师A2说道："教师的工作其实并不轻松，因为教师除了承担教育教学的任务之外，还有一些其他的工作，比如，负责管理学校的一些教育资助，以及帮助各部门宣传，如反诈骗、防溺水等。"对于教师自身发展而言，乡村教师教学相关的时间投入较少，管理相关的时间投入过多，这会使教师对专业行为的关注较少，进而导致教师的专业性退化，降低教师自身的职业认同感。③

其二，近年来，国内的相关研究发现，工资满意度成为影响教师流失的首要因素。现有的农村教师生活津贴较低，不能起到留住教师的作用。④根据补偿差异理论，薪酬既是对劳动者生产率贡献的支付，也是对劳动者承受负面工作条件的补偿。当员工处于较差的工作条件时，他们会希望得到更高的薪酬作为回报。在教师劳动力市场中，这种情况同样存在。⑤宋乃庆等的调查显示，尽管我国各区域义务教育办学条件有了较大的改善和提高，但城乡办学条件差距依然存在，部分地区教学设备和生活条件存在缺口。⑥乡村教师的工作条件不及市区教师，他们可能希望从薪酬中获得一定的补偿。姜金秋等的研究表明，虽然政府对在边远地区工作的乡村教师予以补贴，但在某些区县内，分配教师工资时并没有向办学条件较差的艰苦学校倾斜；相反，办学条件较好学校教师的总收入更高，造成

① Haines III V Y, Marchand A, Genin E, et al. 2012. A balanced view of long work hours. International Journal of Workplace Health Management, (2): 104-119.

② Barnett R C, Gareis K C. 2002. Full-time and reduced-hours work schedules and marital quality: A study of female physicians with young children. Work and Occupations, (3): 364-379.

③ Ballet K, Kelchtermans G. 2009. Struggling with workload: Primary teachers' experience of intensification. Teaching & Teacher Education, (8): 1150-1157.

④ 赵忠平, 秦玉友. 2016. 谁更想离开?——机会成本与义务教育教师流动意向的实证研究. 教育与经济, (1): 53-62.

⑤ Antos J R, Rosen S. 1975. Discrimination in the market for public school teachers. Journal of Econometrics, (2): 123-150.

⑥ 宋乃庆, 肖林, 辛涛. 2019. 改革开放以来义务教育办学条件建设：成就、反思与建议——基于数据分析的视角. 教育学报, (1): 47-55.

了"马太效应"。①如果乡村教师在对比工作条件和实际薪酬时，感受到自己没有获得足够的补偿薪酬，其对生活状况的满意度可能会降低，从而对教师职业的积极情绪产生不利影响。

其三，乡村学校对教育信息化的重视程度不足，信息化建设规划与落实不到位②，信息化基础设施设备"重购置，轻运维"的现象较为普遍，学校提供的信息化教学资源难以满足教师的实际教学需求。③教师 A2 在接受访谈时说道："互联网时代要求教师能够使用现代化信息技术，与传统的讲授式教学相互连接。相对于城市学校来说，乡村学校互联网的运用及信息化技术的使用比较欠缺，由于经费的问题，乡村学校的这种信息技术设备还不是很完善。"当信息环境不够完善时，教师会认为自己在信息技术教学上需要付出更多的努力，容易生发"巧妇难为无米之炊"之感，逐渐对信息化教学产生畏难情绪甚至抗拒心理，降低了教师的工作满意度。

（二）主观心理环境对客观工作环境的影响研究

由图 3-1 可以发现，本书研究中受访教师的自我效能感、组织认同、组织归属感、工作压力和工作满意度均对客观工作环境存在不同程度的影响，职业认同对客观工作环境的影响不显著。对此，我们试图从两个方面进行进一步解释。第一，客观工作环境会直接或间接地影响个体的主观心理感受。相反，教师的工作态度、情绪及认知状态也会影响客观工作环境的改善与再生产。当乡村教师的行为和内在心理想法趋于一致时，个体在教育工作中拥有积极的情绪体验，比如，更高、更强的自我效能感，这使得他们更善于挖掘工作环境中的有利因素，以更积极的目光看待客观工作环境，从而有效减少对乡村教师薪酬及工作时长的消极评价。第二，主观心理环境较好的乡村教师，能够获得更多的情感支持，拥有更强的心理韧性，同时也更乐观，工作更积极。他们对乡村教育事业表现出更高的

① 姜金秋，杜育红. 2012. 西部农村学校教师的供求与激励——基于补偿性工资差别理论的分析与验证. 教师教育研究，(1): 35-41.

② 王志军，余新宇，齐梦梦. 2021. "互联网+"背景下我国农村教育信息化发展着力点分析. 中国电化教育，(10): 91-97.

③ 李毅，杨淏璇. 2022. 城乡义务教育信息化发展的困境与对策. 湖南师范大学教育科学学报，(3): 97-108，114.

热情，认为自身的付出与回报完全匹配，在工作中会全力投入乡村教育事业的建设中，通过提高专业水平，高效地完成工作任务，在很大程度上压缩了自身的工作时间，能实现从积极的认知到积极的行为的转化。

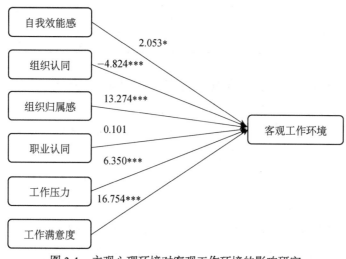

图 3-1　主观心理环境对客观工作环境的影响研究

二、客观组织环境与客观工作环境的关系讨论

（一）客观组织环境与客观工作环境的相关性分析

本书研究讨论的客观组织环境涵盖工作自主性和领导支持，以上两种因素与客观工作环境呈现显著的正相关（表 3-2）。对此，笔者试图从以下两点进行进一步解释。其一，高工作自主性和领导支持的学校的民主氛围能使教师产生较强的信任感、安全感和归属感，从而调动教师产生高绩效所需的积极情感，有利于提高教师对薪酬、工时及信息环境的满意度。[①]其二，当教师所处的客观工作环境良好时，他们会感受到业余的个人专业发展时间十分充裕，政府和学校配置的信息设备能够满足教师教学及个人信息素养提升的需求，工作付出与回报合理，以上积极的教学体验有助于提升教师的工作自主性，例如，他们能根据自己的精力

---

① 张墨涵，周林芝，季诚钧. 2022. 内在薪酬对乡村教师工资满意度的影响机制研究. 教育科学研究，（8）：78-84.

安排自己工作和休息的时间。

表 3-2　客观组织环境与客观工作环境的相关性分析

	1	2	3
1. 工作自主性	—		
2. 领导支持	0.559***	—	
3. 客观工作环境	0.427***	0.472***	—

（二）客观组织环境对客观工作环境的影响研究

本书研究中的受访教师认为，工作自主性、领导支持均对其客观工作环境存在不同程度的影响（图 3-2）。对此，笔者试图从两个方面进行进一步解释。一方面，当个体在工作中拥有较高的自由度，可以自由地安排工作进程时，就容易感觉到被重视或尊重，提高工作积极性，愿意为工作付出更多的时间和精力，从而提升工作效率和效益，使工作时间得到合理分配和高效利用。可见，教师的工作自主性使得他们在工作中的工作效率更高，从而会缩短工作时间。另一方面，研究表明，领导支持会增强教师的归属感和职业认同感，从而使教师的自我价值感得到提升。[1]反之，恶劣的客观组织环境只会导致失衡感，使教师认为自身在工作中的付出和回报不对等，这种失衡感会使得教师对工作条件和实际薪酬进行比较，感受到自己没有获得足够的薪酬，对客观工作环境的满意度可能会降低。总的来说，笔者认为主观心理环境极有可能成为客观组织环境影响客观工作环境的中介，这也是未来值得我们进一步探讨的方向。

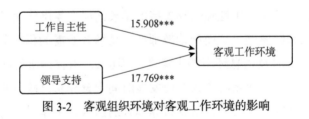

图 3-2　客观组织环境对客观工作环境的影响

---

① 申继亮，翁洁. 2008. 关注教师心理健康　创设和谐工作氛围. 人民教育，（19）：30-32.

第三节　乡村教师客观工作环境现状

一、乡村教师客观工作环境整体水平

如表3-3所示，乡村教师客观工作环境各维度的均值都大于中间值（2.5），说明乡村教师的客观工作环境整体水平较高。

表 3-3　乡村教师客观工作环境整体水平（ N=2762 ）

项目	M	SD
信息环境	3.555	0.895
工作时间	3.702	0.552
劳动报酬	2.765	0.888

在信息环境方面，72.9%的教师认为所在学校教室的信息化设备能满足教学需要；45.1%的教师指出所在学校给每名教师配备了电脑；82.1%的教师指出学校配备了支持信息化教学的多媒体教室；73%的教师指出学校配备了支持信息化教学的网络平台，如网络课程、教育资源公共服务平台等；56.1%的教师指出学校配备了支持信息化教学的教研平台，如集体备课平台或名师工作室；57.4%的教师指出学校为教师进行信息化教学或在教学中应用信息技术给予了设备和资金支持。各个题项的结果都表明，被试对信息环境总体较为满意。

在工作时间方面，87.6%的教师指出自己每天的留校时间经常超过 8 小时；57.9%的教师指出在工作中经常会被临时安排一些事务性工作，并且时间很长；59.7%的教师指出在工作中经常会有来自家长的电话或来访；63.5%的教师指出在工作中经常会有来自学校管理层安排的工作。总体而言，乡村教师普遍认为工作时间较长，并且非教学性事务占用的时间较多。

在劳动报酬方面，19.2%的教师认为有较高的工资收入和福利待遇；29.2%的教师认为单位有住房和住房补贴；33.4%的教师认为付出与回报合理；52.4%的教师认为收入能基本满足生活需要。总体而言，乡村教师普遍认为劳动报酬较低。

如表 3-4 所示，就问卷的具体内容而言，乡村教师在题项"学校配备了支持信息化教学的多媒体教室"上的得分为 3.98，在所有题项中得分最高；在题项"学校配备了支持信息化教学的网络平台，如网络课程、教育资源公共服务平台等"上的得分为 3.79；在题项"我所在学校教室的信息化设备能满足教学需要"上的得分为 3.74，在题项"学校为教师进行信息化教学或在教学中应用信息技术给予设备和资金支持"上的得分为 3.45；在题项"学校配备了支持信息化教学的教研平台，如集体备课平台或名师工作室"上的得分为 3.37；在题项"我所在学校给每个教师都配备了电脑"上的得分为 3.01，在所有题项中得分最低，说明乡村学校的多媒体教室普及率较高，但未做到为每名教师配备电脑，这也是未来政策改进的要点。

表 3-4　乡村教师信息环境各维度得分

项目	题项	M
信息环境	我所在学校教室的信息化设备能满足教学需要	3.74
	我所在学校给每个教师都配备了电脑	3.01
	学校配备了支持信息化教学的多媒体教室	3.98
	学校配备了支持信息化教学的网络平台，如网络课程、教育资源公共服务平台等	3.79
	学校配备了支持信息化教学的教研平台，如集体备课平台或名师工作室	3.37
	学校为教师进行信息化教学或在教学中应用信息技术给予设备和资金支持	3.45

如表 3-5 所示，就问卷的具体内容而言，乡村教师在题项"我每天的留校时间经常超过 8 小时"上的得分为 4.32，在所有题项中得分最高；在题项"在工作中，经常会有来自学校管理层安排的工作"上的得分为 3.66；在题项"在工作中，经常会被临时安排一些事务性工作，并且时间很长"上的得分为 3.61；在题项"在工作中，经常会有来自家长的电话或来访"上的得分为 3.57，在所有题项中得分最低，表明由于乡村学校管理方式偏传统，教学安排大多由上级决定，工作任务繁杂，工作安排紧凑，进而影响了教师的专业发展。总之，无论是专业知识的扩充，还是专业能力的深造，都需要一定的时间和精力投入，所以乡村学校应避免教师工作时间过长，归还其自我沉淀的空间。

表 3-5　乡村教师工作时间各维度得分

项目	题项	M
工作时间	我每天的留校时间经常超过 8 小时	4.32
	在工作中，经常会被临时安排一些事务性工作，并且时间很长	3.61

项目	题项	M
工作时间	在工作中，经常会有来自家长的电话或来访	3.57
	在工作中，经常会有来自学校管理层安排的工作	3.66

如表 3-6 所示，就问卷的具体内容而言，乡村教师在题项"我的收入能基本满足生活需要"上的得分为 3.23，在所有题项中得分最高；在题项"我的付出与回报合理"上的得分为 2.89；在题项"我的单位有住房和住房补贴"上的得分为 2.56；在题项"我有较高的工资收入和福利待遇"上的得分为 2.38，在所有题项中得分最低，说明乡村教师整体认为劳动报酬较低，只能满足基本生活，付出和回报不成正比。

表 3-6 乡村教师劳动报酬各维度得分

项目	题项	M
劳动报酬	我有较高的工资收入和福利待遇	2.38
	我的单位有住房和住房补贴	2.56
	我的付出与回报合理	2.89
	我的收入能基本满足生活需要	3.23

二、乡村教师客观工作环境各维度之间的相关性分析

如表 3-7 所示，从变量之间的相关性来看，客观工作环境中的信息环境、工作时间和劳动报酬三个维度相关性检验的 $p<0.001$，相关系数依次从 0.008 到 0.429（相关系数 $r<0.4$ 为低度相关，$r>0.7$ 为高度相关，$r=0.4—0.7$ 为中度相关），说明客观工作环境中的信息环境、工作时间和劳动报酬三个维度呈不同程度的正相关，大部分呈中度相关。由此可见，客观工作环境是一个完整的多维度结构，各个维度相互作用、相互关联。

表 3-7 乡村教师客观工作环境相关性分析

	1	2	3
1. 信息环境	—		
2. 工作时间	0.008***	—	
3. 劳动报酬	0.429***	0.089***	—

研究表明，教师的工作时间既是劳动供给的体现，也反映了教师的工作负荷、工作角色和工作任务结构。①在国家政策的支持下，乡村教师的工资对其工作时间付出不仅有补偿功能，还具有激励作用，因此工作时间与劳动报酬呈正相关。林剑认为，人工智能与智能制造使得生产效率有了极大提升，生产成本大幅降低，为人的自由时间的增加与自由而全面的发展提供了物质基础，将对人的劳动解放与社会解放产生革命性意义。②信息环境使得教师能够精简教学环节，打造具有创造性的课堂，这一过程本质上就是解放劳动的过程，有效提升了劳动生产率，有助于提升工作时间满意度，进而缓解工作倦怠。

三、乡村教师客观工作环境人口学差异

（一）乡村教师客观工作环境的性别差异

由表 3-8 可知，不同性别教师在信息环境和劳动报酬维度上不存在显著差异，在工作时间上存在差异，其中男教师在工作时间维度上的得分显著高于女教师。与以往大多数研究不同的是，男教师比女教师对客观工作环境的满意度更低，面临更为严重的工作失衡问题。近年来，我国家庭迅速向规模微型化、结构扁平化、类型特殊化方向发展，家庭规模缩小，代际数不断下降。③同时，老龄化发展非常迅速，照顾老年人的压力增大。这些变化对劳动者的影响表现在：家庭照护工作在增加，生育政策的变化又给劳动者带来了新的家庭照料问题，社会政策不足、家庭照护资源短缺和儿童教育资源不平衡等问题也增加了家庭照护困难。在社会中，人们传统的性别意识形态是将女性的角色定义为从事家务和照顾事务的"妻子"或"母亲"，暗示女性的职责是做好家庭服务；男性的代表性角色则是公司职员或办公人士，昭示男性的职责是以自身能力展现个人价值，实现人生理想。在此背景下，男性的人力资本和职业阶层更高，这就要求他们在工作

---

① 杜屏，刘斌. 2020. 乡村教师多劳多得吗？——乡村教师的工作时间与工资的关系探究. 教师教育研究，（3）：98-106.

② 林剑. 2019. 论人工智能的发展对人的劳动解放与社会解放的意义. 人文杂志，（11）：19-24.

③ 周长洪. 2013. 中国家庭结构变化的几个特征及其思考——基于"五普"和"六普"数据的比较. 南京人口管理干部学院学报，（4）：3-8.

角色上投入更多的时间和精力，在事业成功和养家责任上，社会也对男性寄予了更高的期望。男性面临更多的工作要求和家庭要求，工作和家庭的双重负荷会使男性更容易体验到两者之间的冲突。因此，男性教师需要在有限的时间内兼顾职业与家庭，处于传统社会文化环境下的乡村教师更甚，这使得他们在面对时间分配时更容易产生消极情绪，所以乡村男教师对工作时间的满意度显著低于女教师。

表 3-8　乡村教师客观工作环境的性别差异

项目	男（$n=897$）	女（$n=1865$）	t
信息环境	3.570 ± 0.885	3.548 ± 0.899	0.622
工作时间	3.965 ± 0.646	3.707 ± 0.701	9.577***
劳动报酬	2.785 ± 0.942	2.755 ± 0.860	0.810

（二）乡村教师客观工作环境的编制差异

由表 3-9 可知，在编教师在工作时间维度上的得分显著高于非在编教师，在信息环境和劳动报酬维度上不存在显著差异。一方面，由于管理机制不健全等原因，非在编教师的基本权利、义务、待遇等各项管理缺乏相应的法律保障，他们的工资发放标准、水平和基本保险的缴纳具有不稳定性，非在编教师的基本待遇得不到切实的保障。同时，"同工不同酬"的问题突出。相对于在编教师，非在编教师的待遇、福利等物质回报更低，而且没有正式的身份，他们极易产生不公平感，甚至对自己的职业感到失望，所以不太愿意把时间花在学校的工作中。另一方面，与教师晋升直接相关的是职称评定，还包括教师评奖评优等。职称的评定与教师的编制身份息息相关，相比在编教师，非在编教师的晋升更为困难，他们只能承担一般的教学工作，而在编教师除了负责正常的教学，还需要完成学校及相关部门下达的行政工作。

表 3-9　乡村教师客观工作环境的编制差异

项目	在编（$n=2445$）	非在编（$n=317$）	t
信息环境	3.557 ± 0.897	3.543 ± 0.879	0.251
工作时间	3.825 ± 0.687	3.525 ± 0.697	7.304***
劳动报酬	2.755 ± 0.885	2.839 ± 0.910	−1.585

（三）乡村教师客观工作环境的教龄差异

由表 3-10 可知，不同教龄的教师在工作时间和劳动报酬维度上存在显著差异，在信息环境维度上不存在显著差异。具体而言，拥有 20 年以上教龄的成熟教师在工作时间维度上的得分显著高于其他教龄群体的教师。拥有 5 年及以下教龄的新手教师在劳动报酬维度上的得分显著高于其他教龄群体的教师。

表 3-10　乡村教师客观工作环境的教龄差异

项目	5 年及以下 （n=766）	6—10 年 （n=429）	11—20 年 （n=411）	20 年以上 （n=1156）	F
信息环境	3.520 ± 0.906	3.612 ± 0.921	3.552 ± 0.926	3.558 ± 0.866	0.984
工作时间	3.615 ± 0.713	3.765 ± 0.709	3.863 ± 0.672	3.891 ± 0.660	26.854***
劳动报酬	2.837 ± 0.876	2.771 ± 0.938	2.687 ± 0.860	2.742 ± 0.888	2.985*

教龄不仅代表不同的出生队列，也代表不同的职业发展阶段。纵观已有的研究，"新手—熟手—专家"作为一个动态发展的过程，不同阶段的教师在知识结构、教学技能、教学问题解决、教学行为等方面存在显著的差异，在专业情意、处理职业压力等方面也有自己独特的表现。作为时间指标的教龄既表达了一种动态的变化，也承载了社会赋予教师的与年龄相匹配的责任和义务，以及社会寄予的相应期望。教龄为 10—20 年、20 年以上的教师很多已成为教学中的骨干，占据学校的领导地位，不仅要面对正常的教学，还要负责各类行政事务、应对教育行政部门的检查与督导，时间、体力、精力和工作量等各个层面的得分都显著高于其他教龄的教师。

个体对薪酬的满意度存在较大差异，因为劳动报酬更多会受到事业和家庭的影响。拥有 5 年及以下教龄的乡村教师多为初入职场的年轻人，这可能是因为青年教师正处于专业发展初期，对教育事业抱着一腔热血，对教学工作及周围环境充满新鲜感，收获了更多的积极体验，有更多的正性情感。访谈中，年轻教师吐露在就业环境如此严峻的社会里，有编制的工作有着非常强的稳定性，并且拥有较高福利待遇。相反，41—50 岁的年长教师面临着沉重的家庭任务，例如，子女上学、家人看病和买房，微薄的收入在此时可能只是杯水车薪。因此，教龄较长的教师对劳动报酬的满意度显著低于其他年龄的教师。

（四）乡村教师客观工作环境的学历差异

由表 3-11 可知，不同学历层次的教师在工作时间、劳动报酬上存在显著差异，在信息环境上并不存在显著差异。其中，在工作时间上，中专及以下学历教师的得分最低，本科学历教师的得分最高。在劳动报酬上，中专及以下学历教师的得分最高，本科学历教师的得分最低。值得注意的是，教师在以上两个维度的得分随着学历的升高呈现倒 U 形或 U 形曲线。

表 3-11　乡村教师客观工作环境的学历差异

项目	中专及以下（n=101）	大专（n=972）	本科（n=1663）	研究生及以上（n=26）	F
信息环境	3.589 ± 0.859	3.508 ± 0.913	3.578 ± 0.887	3.737 ± 0.837	1.651
工作时间	3.535 ± 0.675	3.798 ± 0.701	3.803 ± 0.687	3.750 ± 0.825	4.828**
劳动报酬	3.052 ± 0.884	2.779 ± 0.884	2.736 ± 0.888	2.981 ± 0.827	4.739**

工作时间一方面体现了教师的工作负荷，另一方面也体现了教师的工作角色和工作任务结构。有调查发现，乡村教师特别是村小、教学点的教师大多是 50 岁以上的老教师，而 30 岁以下的年轻教师数量很少，偏远地区乡村教师的平均年龄为 50 岁。[①]大专及以下学历的教师大多属于这个年龄阶段，他们即将面临退休，承担的教学和非教学任务较少，因此其工作时间比较短。本科学历教师正处于职业发展的上升期，在承受工作时间增加、工作任务增多带来的压力的同时，不断地精进自己的专业水平，因此其工作时间最长。

在劳动报酬上，《教育部关于做好义务教育学校教师绩效考核工作的指导意见》强调了绩效考核结果是绩效工资分配的主要依据，并指出做好教师绩效考核工作是义务教育学校实施绩效工资制度的必然要求。文件中指出了建立符合教育教学规律和教师职业特点的教师绩效考核制度的重要性，以确保绩效工资分配能更好地体现教师的实绩和贡献，并发挥激励功能。同时，文件也强调了绩效考核工作对于加强教师队伍建设、提高教师队伍整体素质、促进教师队伍科学发展的重要作用。基础性绩效工资主要反映了教师所在地区的经济发展水平、物价水平和岗位职责；奖励性绩效工资主要反映了教师本人的工作量和实际贡献。但很多

---

① 庞丽娟，金志峰，杨小敏，等. 2020. 完善教师队伍建设 助力乡村振兴战略——制度思考和政策建议. 北京师范大学学报（社会科学版），（6）：5-14.

地区的绩效工资以教师的职称作为主要依据进行分配，造成基础性绩效工资与工作量和工作业绩不匹配。大部分中专及以下学历教师的教龄在20年以上，其职称和工龄都占优势，并且大部分已经进入学校管理层，因此其劳动报酬得分的均值相对较高。另外，中专及以下学历教师由于学历限制，难以从事高收入、高稳定性的职业，而对比低收入的体力劳动，教师职业是他们的最佳选择，因此中专及以下学历教师的工作满意度较高。乡村地区的高学历教师较为稀少，学校和教育行政部门较为重视研究生学历教师，部分地区还为研究生学历教师提供额外的住房补贴，并且本科学历教师在教龄、职称和学历等方面均不占优势，因此本科学历教师劳动报酬维度的得分最低。杜屏等的研究证实了教龄对各类工资均呈现显著正向影响，教龄越长，各项工资均越高，学历对税后月薪具有显著负向影响，对奖励性工资有正向影响。①

第四节　乡村教师专业发展现状

一、乡村教师专业发展整体水平

如表3-12所示，乡村教师专业发展各维度的均值都大于中间值（2.5），表明乡村教师的专业发展整体水平较高。其中，得分最高的是专业情意，均值为4.200，与一直以来被人们认可的乡村教师职业倦怠严重的观点有所不同。90.5%的教师认为自己在工作中一直保持较高的积极性；88.9%的教师认为自己对教学充满激情；90.2%的教师认为自己非常热爱学生，能体会教师工作带给自己的快乐；81.0%的教师认为对自己的专业发展有清晰的认识和规划；75.6%的教师认为自己从未带着负面情绪进入教室；94.9%的教师认为在教学中应当引导学生以探究方式获取知识；93.8%的教师认为教育教学应该建立在学生"已知""已会"和心理发展特点的基础上；92.0%的教师希望并正在努力使自己成为一名优秀教师

---

① 杜屏，刘斌. 2020. 乡村教师多劳多得吗？——乡村教师的工作时间与工资的关系探究. 教师教育研究，（3）：98-106.

甚至名师。由此可见，随着近几年对乡村教师专业发展的扶持力度加大，教师对
自身工作的情感及观念都得到了很大改观。

表 3-12　乡村教师专业发展整体水平（N=2762）

项目	M	SD
专业情意	4.200	0.545
专业知识	4.021	0.541
专业能力	4.092	0.537
专业行为	3.922	0.535

专业知识维度的得分均值为 4.021。在专业知识方面，87.9%的教师认为自己
会创设具有挑战性的任务，提高学生的思维能力；94.6%的教师认为自己会引导
学生选择适宜的学习策略；90.5%的教师认为自己会引导学生对自身的学习过程
进行监控；92.9%的教师认为自己会引导学生对自身的学习策略进行反思；88%
的教师认为自己会设计小组学习活动；90.3%的教师认为自己能通过适切的策略
诱导学生积极参与讨论；84.9%的教师认为自己对所教学科拥有丰富的知识；
77.3%的教师认为自己会像学科专家一样反思教学内容；85.4%的教师认为自己对
所教内容有深入而又准确的理解；81.3%的教师认为自己会制作多媒体课件；
91.9%的教师认为自己会使用 QQ、微信等网络社交软件；68.0%的教师认为针对
某一教学内容，自己能提出诱发深度讨论的问题，并利用合适的在线工具（如博
客、QQ 或微信群等）促进学生间的合作；83.8%的教师认为针对某一教学内容，
自己能合理使用技术创设真实情境的问题，以吸引学生学习；77.8%的教师认为
自己会通过创设活动和运用适宜的信息技术工具（如思维导图）帮助学生建构知
识；80.1%的教师认为针对某一教学内容，自己能合理运用技术工具创设自主学
习活动。然而，仅有 61.4%的教师表示能够使用社会化媒体，如博客、论坛等，
65.9%的教师能够应用合作学习工具，如在线工具等，近 30.0%的教师不能将教学
内容与信息技术工具相结合。在专业知识的"教学内容""技术理解""技术、教
学方法、教学内容三者的结合"方面，统计结果不够理想。

专业能力维度的得分均值为 4.092。在专业能力方面，81.6%的教师认为自己
能灵活、妥善地应对课堂突发事件，发挥教学机智；91.7%的教师认为自己能比
较客观、准确地评价学生及他们的学习；93.3%的教师认为自己常常对自身的教
学进行反思，以及时发现其中存在的问题；90.0%的教师认为自己善于主动与他
人交流合作、分享教育教学经验；81.2%的教师认为针对教学中存在的问题，自

已能开展一些研究。这说明乡村教师的专业能力整体较高，但信息技术运用能力有待加强，需要进行相关培训加以提升。

专业行为维度的得分均值为 3.922。在专业行为方面，67.5%的教师认为自己一学期内时常会参加培训（如校培、乡县培训、国培等）；35.7%的教师认为自己经常得到专家（如乡县教研员、学科专家等）的指导；81.6%的教师认为自己经常参加学校组织的集体教学研修；82.5%的教师认为自己经常参加集体备课、评课；57.1%的教师说自己主持或参加过教学研究或课题研究；92%的教师认为自己会经常对日常教学中存在的问题进行反思；87.8%的教师认为自己经常对培训内容进行反思；85.3%的教师平时借助阅读、上网、外出进修、培训、读书会或沙龙等渠道拓宽自身的知识面；94.5%的教师认为自己在评价学生时，尊重学生多方面（不仅是学习方面）的创新表现；84.2%的教师经常采用互联网等信息技术手段进行教学；90.2%的教师认为在日常教学中，自己能够探索新的授课方法；90.9%的教师认为自己经常了解所教学科的新进展，以充实教学内容；78.8%的教师认为自己能产生独特的解决教学问题的办法；82.0%的教师经常阅读教育、心理、教育科研方法等方面的相关书籍或资料。这表明乡村教师有较强的自学意识，但得不到相关培训，特别是乡镇、国家层面的大型培训，而且很少得到行业专家的指导。专业能力维度、专业行为维度结合阐释了乡村教师急需系统化、专业化、现代化的高水平集体研修，以所在乡镇、省市为单位，由权威专家莅临指导，涉及现代信息技术运用、终身学习发展等内容。这应是相关部门在制定乡村教育振兴文件及政策时应重点考虑的方向。

如表 3-13 所示，就问卷的具体内容而言，在题项"我认为教学中教师应当引导学生以探究方式获取知识"上的得分为 4.33，在所有题项中得分最高；在题项"我希望并正在努力使自己成为一名优秀教师甚至名师"上的得分为 4.30；在题项"我认为教师的教育教学应该建立在学生'已知''已会'和心理发展特点的基础上"上的得分为 4.29；在题项"我非常热爱学生，能体会教师工作给我带来的快乐"上的得分为 4.25；在题项"在工作中，我一直保持较高的积极性"上的得分为 4.22；在题项"我对教学充满激情"上的得分为 4.20；在题项"我对自己的专业发展有清晰的认识和规划"上的得分为 4.06；在题项"我从未带着负面情绪进入教室"上的得分为 3.94，在所有题项中得分最低。这说明随着近几年对乡村教师专业发展的扶持力度加大，教师对自身工作的情感及观念都得到了很大提升。

表 3-13 乡村教师专业情意各维度得分

项目	题项	M
专业情意	在工作中，我一直保持较高的积极性	4.22
	我对教学充满激情	4.20
	我非常热爱学生，能体会教师工作给我带来的快乐	4.25
	我对自己的专业发展有清晰的认识和规划	4.06
	我从未带着负面情绪进入教室	3.94
	我认为教学中教师应当引导学生以探究方式获取知识	4.33
	我认为教师的教育教学应该建立在学生"已知""已会"和心理发展特点的基础上	4.29
	我希望并正在努力使自己成为一名优秀教师甚至名师	4.30

如表 3-14 所示，就问卷的具体内容而言，在题项"我会使用 QQ、微信等网络社交软件"上的得分为 4.27，在所有题项中得分最高；在题项"我会使用社会化媒体，如博客、论坛等"上的得分为 3.61，在所有题项中得分最低。这说明乡村教师掌握了一定的教学技巧，但不能将教学内容与信息技术工具相结合，需要进行相关的培训。

表 3-14 乡村教师专业知识各维度得分

项目	题项	M
专业知识	我会创设具有挑战性的任务，提高学生的思维能力	4.15
	我会引导学生选择适宜的学习策略	4.25
	我会引导学生对自身的学习过程进行监控	4.17
	我会引导学生对自身的学习策略进行反思	4.23
	我会设计小组学习活动	4.12
	我能通过适切的策略诱导学生积极参与讨论	4.17
	我对所教学科拥有丰富的知识	4.06
	我会像学科专家一样反思教学内容	3.93
	我对所教内容拥有深入而又准确的理解	4.09
	我会制作多媒体课件	4.00
	我会使用社会化媒体，如博客、论坛等	3.61
	我会使用 QQ、微信等网络社交软件	4.27
	我会应用合作学习工具，如在线工具等	3.70
	针对某一教学内容，我能提出诱发深度讨论的问题，并利用合适的在线工具（如博客、QQ 或微信群等）促进学生间的合作	3.74
	针对某一教学内容，我能合理使用技术创设真实情境的问题，以吸引学生学习	4.02
	我会通过创设活动和运用适宜的信息技术工具（如思维导图）帮助学生建构知识	3.91
	针对某一教学内容，我能合理运用技术工具组织自主学习活动	3.95

　　如表 3-15 所示，就问卷的具体内容而言，在题项"我常常对自身的教学进行自我反思，以便及时发现其中存在的问题"上的得分为 4.20，在所有题项中得分最高；在题项"针对教学中存在的问题，我能开展一些研究"上的得分为 3.98，在所有题项中得分最低。这说明乡村教师具有很强的反思意识，但研究能力有待提高，需要进行相关方面的培训。

表 3-15　乡村教师专业能力各维度得分

项目	题项	M
专业能力	我总能灵活、妥善地应对课堂突发事件，发挥教学机智	3.99
	我能比较客观、准确地评价学生及他们的学习	4.15
	我常常对自身的教学进行自我反思，以便及时发现其中存在的问题	4.20
	我善于主动与他人交流合作、分享教育教学经验	4.15
	针对教学中存在的问题，我能开展一些研究	3.98

　　如表 3-16 所示，就问卷的具体内容而言，在题项"在评价学生时，我会尊重学生多方面（不仅是学习方面）的创新表现"上的得分为 4.26，在所有题项中得分最高；在题项"我主持或参加过教学研究或课题研究"上的得分为 3.40，在所有题项中得分最低。这说明乡村教师注重培养学生的创新意识，但参与课题研究的机会较少，需要进行相关方面的补充。

表 3-16　乡村教师专业行为各维度得分

项目	题项	M
专业行为	一学期内，我时常会参加培训（如校培、乡县培训、国培等）	3.69
	我能经常得到专家（如乡县教研员、学科专家等）的指导	2.99
	我会经常参加学校组织的集体教学研修	3.96
	我会经常参加集体备课、评课	4.01
	我主持或参加过教学研究或课题研究	3.40
	我会经常对日常教学中存在的问题进行反思	4.16
	我会经常对培训内容进行反思	4.07
	我平时借助阅读、上网、外出进修、培训、读书会或沙龙等渠道拓宽自身的知识面	4.04
	在评价学生时，我会尊重学生多方面（不仅是学习方面）的创新表现	4.26
	我会经常采用互联网等信息技术手段进行教学	4.05
	在日常教学中，我总是会探索新的授课方法	4.14
	我会经常了解所教学科的新进展，以充实自己的教学内容	4.17
	我总能产生独特的解决教学问题的办法	3.97
	我经常阅读教育、心理、教育科研方法等方面的书籍或资料	3.99

二、乡村教师专业发展相关性分析

如表 3-17 所示，从变量之间的相关性来看，教师专业发展的专业情意、专业知识、专业能力和专业行为四个维度的 $p<0.001$，相关系数依次从 0.637 到 0.702（相关系数 $r<0.4$ 为低度相关，$r>0.7$ 为高度相关，$r=0.4—0.7$ 为中度相关），说明教师专业发展的专业情意、专业知识、专业能力和专业行为四个维度呈不同程度的正相关，大部分呈中度相关。

表 3-17　乡村教师专业发展各维度相关性分析

	1	2	3	4
1. 专业情意	—			
2. 专业知识	0.702***	—		
3. 专业能力	0.637***	0.751***	—	
4. 专业行为	0.637***	0.757***	0.723***	—

教师专业发展是指在职业生涯中，教师的专业情意不断深化、专业知识不断更新、专业能力不断拓展、专业行为不断发展的过程。专业情意是专业发展的情感助力，专业知识是专业发展的坚实基础，专业能力是专业发展的直接表现，专业行为是专业发展的内在动力。它们形成了一个有机整体，相互联系，互相影响。

第五节　乡村教师客观工作环境
与教师专业发展影响关系浅析

一、乡村教师客观工作环境与教师专业发展的相关性分析

从变量之间的相关性来看，客观工作环境中的信息环境、工作时间和劳动报酬三个维度与教师专业发展的专业情意、专业知识、专业行为、专业能力四个维

度相关性检验的 $p<0.001$，相关系数为 0.131—0.757（表 3-18），大部分分布在 0.3 左右（相关系数 $r<0.4$ 为低度相关，$r>0.7$ 为高度相关，$r=0.4$—0.7 为中度相关），说明客观工作环境与教师专业发展呈不同程度的相关，大部分呈低度相关。

表 3-18　客观工作环境与教师专业发展相关性分析

	1	2	3	4	5	6	7
1. 信息环境	—						
2. 工作时间	0.008	—					
3. 劳动报酬	0.429***	−0.089***	—				
4. 专业情意	0.245***	0.143***	0.169***	—			
5. 专业知识	0.319***	0.233***	0.178***	0.702***	—		
6. 专业能力	0.215***	0.216***	0.131***	0.673***	0.751***	—	
7. 专业行为	0.383***	0.198***	0.259***	0.637***	0.757***	0.723***	—

变量之间的相关性只能初步说明各因素之间的相关关系及方向，相关的变量之间不一定存在因果关系，因此还不足以验证假设，需要进行进一步的回归分析来确定哪些变量能够预测教师专业发展的变化。

二、客观工作环境对教师专业发展的回归分析

（一）客观工作环境对教师专业情意发展的影响

表 3-19 显示，客观工作环境总体上可以解释和预测教师专业情意发展变异量的 12.2%。信息环境、工作时间与劳动报酬三个维度显著正向影响教师的专业情意发展，工作时间对专业情意的影响程度最高，信息环境对专业情意的影响程度较高，与预期不同的是，劳动报酬对专业情意的解释力度偏低。

表 3-19　客观工作环境对教师专业情意发展的影响

变量	专业情意		
	β	t	VIF
信息环境	0.183	9.213***	1.239
工作时间	0.241	13.395***	1.018
劳动报酬	0.072	3.623***	1.226
R^2	0.122		

变量	专业情意		
	β	t	VIF
调整 R^2	0.121		
F	127.979***		

注：VIF 为方差扩大因子（variance inflation factor）

1）工作时间对专业情意的影响。劳动者的工作日是一个可变量，但它不能延长到超出某个界限。这个最高界限取决于两点：一是必须有一部分时间满足身体体力恢复和其他需要；二是必须有时间满足精神需要和社会需要，即道德界限。当工作时间大规模地侵蚀了生活时间时，工作与生活的平衡就会遭到破坏，如果人们长期处于这样一种不平衡状态，就会在工作中产生不同程度的焦虑与压力，在很大程度上会损害人们的身体健康，失眠、烦躁、抑郁、心血管疾病的出现会变得频繁，会使人们在工作中的满意度和创造力受到严重的影响，工作倦怠就不可避免地会出现。韦伯斯特（Webster）等的研究证实，当压力增加时，乡村教师会产生疲惫、焦虑等负面情绪，教师为保存自身资源而降低工作投入，消磨专业情意。①

2）信息环境对专业情意的影响。张彦认为，工作场所无论是工作物理环境，还是工作服务设施，如果这些工作的物质条件让个人感到是安全的、舒适的、吸引人的，那么这种积极的、美好的心理氛围就预示着人们对工作和组织的未来有良好的期待和信心，反之，组织中的各种设施严重缺乏或不完备，那么这样低劣的工作场所物质条件会导致员工产生消极的心理情绪，很容易让人产生一种烦躁、疲惫、抱怨的情绪，不可能产生激情、愉悦与创造性的劳动。如果一个单位内建设有促进职工素质提升的学习设施，如先进的信息设备、发达的网络条件、高科技的教学环境，那么这一层次的组织设施能够实现帕森斯（Parsons）的系统"模式维持"功能，尽管其不归属于人们直接的工作过程，却与劳动过程中的物理环境一起对劳动者的社会化、全面发展产生了较大影响。所以，当学校的信息化程度较高，教学方式便捷、先进时，教师会有更高的工作积极性和教学热情。

3）劳动报酬对专业情意的影响。马尔托奇奥（Martocchio）将总薪酬体系划分为"外部薪酬""内在薪酬"。本书研究提及的劳动报酬不仅局限于工资、奖金等外部薪酬，还包括教师工作付出与回报平衡带来的尊严感等内在薪酬。教师职

① Webster J R, Beehr T A, Love K. 2011. Extending the challenge-hindrance model of occupational stress: The role of appraisal. Journal of Vocational Behavior, (2): 505-516.

业带来的自我实现是教育学的使命，教师更容易在工作中感受到工作意义和社会价值，这就是乡村教育事业带来的内在薪酬。研究表明，较高的责任感、使命感、荣誉感会让教师主动承担较多的工作量，增强教师的自我效能感，提高教师的职业认同，促进其专业成长。

（二）客观工作环境对教师专业知识发展的影响

表 3-20 显示，客观工作环境可以解释和预测教师专业知识发展变异量的20.2%，信息环境、工作时间和劳动报酬三个维度正向影响教师专业知识的发展。工作时间对专业知识的影响程度最高，信息环境对专业知识的影响程度较高，劳动报酬对专业知识的影响程度最低。

表 3-20　客观工作环境对教师专业知识发展的影响

变量	专业知识		
	β	t	VIF
信息环境	0.260	13.719***	1.239
工作时间	0.316	18.390***	1.018
劳动报酬	0.041	2.201*	1.226
R^2	0.202		
调整后 R^2	0.201		
F	232.113***		

1）工作时间对专业知识发展的影响。工作时间的增加会给教师带来工作压力和工作负荷。卡瓦诺（Cavanaugh）等将工作压力分为挑战性压力与阻碍性压力，其中，挑战性压力包括增加的工作量、时间压力、工作范围和责任等因素，尽管压力很大，但这些类型的压力被员工认为是学习和实现自我的机会[①]，齐亚静等的研究也证实了这一点[②]。因此，可以说适当的工作时间有助于促进教师的专业知识发展。

2）信息环境对专业知识发展的影响。根据叶澜等学者的研究，专业知识可以分为教学方法、教学内容、技术理解、实践性知识等。随着信息化的全面发

① Cavanaugh M A, Boswell W R, Roehling M V, et al. 2000. An empirical examination of self-reported work stress among U.S. managers. Journal of Applied Psychology，（1）：98-104.

② 齐亚静，伍新春，胡博. 2016. 教师工作要求的分类——基于对职业倦怠和工作投入的影响研究. 教育研究，（2）：119-126.

展，乡村教师的信息化素养已经成了专业知识中不可缺少的一部分，这就需要教师将教学内容、方法与多媒体技术融会贯通应用于课堂教学中。德林（Doering）认为，环境会影响教师的实践及其掌握的知识。[①]因此，乡村学校通过建设优质的信息环境可以使教师跨越时间和空间的限制，改善自身的知识结构，拓展知识资源，促进其有效学习；乡村学校也要为教师提供运用现代人工智能技术的途径和机会，如 ChatGPT 中存储的大量信息能够为教师提供丰富的教育资源，这一特性使之成为教师专业知识增长的重要驱动器。

3）劳动报酬对专业知识发展的影响。价值观念是人生目标和人生态度在乡村青年教师职业选择与就业发展方面的具体表现。有研究表明，大多数乡村青年教师秉持集体主义价值取向。[②]新时代乡村教师专业发展不仅受外在的物质条件驱动，更重要的是，能在教育教学活动中实现作为乡村教师、乡村治理者、"新乡贤"的社会价值。[③]在劳动者获得的报酬中，金钱或福利待遇等物质性报酬固然必不可少，但如尊重、赞同或承认、地位及声望等社会性报酬同样重要。因此，处于良好客观工作环境之中的教师对工作持有更加积极的情感态度，会对教学质量与水平提出更高的要求，更新专业知识的愿望也更加强烈。

（三）客观工作环境对教师专业能力发展的影响

表 3-21 显示，客观工作环境可以解释和预测教师专业能力发展变异量的 13.1%，信息环境、工作时间与劳动报酬三个维度能显著正向影响教师专业能力发展。工作时间对专业能力发展的影响程度最高，信息环境对专业能力的影响程度较高，劳动报酬对专业能力的影响程度最低。

表 3-21　客观工作环境对教师专业能力发展的影响

变量	专业能力		
	β	t	VIF
信息环境	0.161	8.128***	1.239
工作时间	0.290	16.188***	1.018
劳动报酬	0.039	1.968**	1.226

---

① 转引自叶澜，白益民，王枬，等.2001.教师角色与教师发展新探.北京：教育科学出版社，200.

② 孙纪磊，何爱霞.2020.乡村青年教师专业情意的结构模型与提升路径——基于扎根理论的研究.终身教育研究，（5）：44-51.

③ 龚宝成.2019.乡村教师专业发展困境与疏解：地方性知识的视角.课程·教材·教法，（3）：126-130.

续表

变量	专业能力		
	β	t	VIF
R^2		0.131	
调整后 R^2		0.130	
F		138.143***	

1）工作时间对专业能力的影响。吴鼎福等在《教育生态学》一书中提到了耐度定律，即对于生物来说，一种因子的耐受性可能很低，当环境对一种因子的生存不是很适宜时，这个生物其他因子的耐受性也会降低[1]，由于生物体的耐受程度各不相同，低于最低值或超过最高值都会导致生物走向灭亡或消失，环境因子处于最低值与最高值之间才是最适宜的，也就是最适度原则。朱小荣指出，对于教师的专业发展来说，时间的意义非常重大，厘清时间管理的真正含义，可以很好地促进教师专业能力的发展。在乡村教师专业能力这一个体生态中，多种环境因子影响着乡村教师的生存，工作时间是其中之一。[2]根据耐度定律和最适宜原则，我们可以做出判断，乡村教师工作时间是影响其专业能力的环境因子，过长的工作时间会超出教师的耐受度，破坏教育生态平衡，在很大程度上也阻碍了教师专业能力的发展。

2）信息环境对专业能力的影响。根据叶澜等[3]、刘洁[4]的研究，教师的专业能力分为教学能力与教研能力，包括如何对学生进行评价、如何在课后主动进行反思、如何在课堂的环境中随机应变及如何与同事合作等。信息环境能为学习者提供丰富的信息资源与工具，消除其现有状态和理想状态的差异。受乡村地区教学资源、教学环境等客观因素的影响，乡村地区与城市地区的教师在教学创新能力、课程改革能力、专业技术能力等方面存在明显差异，这需要乡村教师为实现教育现代化付出更多的努力。在这种情况下，数字教育为乡村教师信息素养赋能，以此缩小城乡教育差距，减轻乡村教师的教学压力，促进其专业发展，保障乡村学校教学质量。因此，在数字时代背景下，信息环境对乡村教师的专业发展影响程度较高。目前，各个国家都应不断大力加强信息环境建设，给教育注入新的动力，以提升教师的专业能力。

---

① 吴鼎福，诸文蔚. 1990. 教育生态学. 南京：江苏教育出版社，132.

② 朱小荣. 2017. 时间管理：打通班主任专业发展的另一个"关隘". 中小学德育，（5）：13-15.

③ 叶澜，白益民，王枬，等. 2001. 教师角色与教师发展新探. 北京：教育科学出版社，256-258.

④ 刘洁. 2009. 谈我国教师专业化的发展策略. 中小学教师培训，（7）：17-19.

3）劳动报酬对专业能力的影响。对于个体而言，推动其从事某种职业的动力主要取决于两方面；一方面以内动力为主，主要体现为个体的自我价值追求；另一方面取决于个体是否能够从特定组织中获得相应利益，以及组织是否能够实现对其工作效益的回馈。[1]沙因（Schein）等在研究人与环境的适配性问题时，首次提出了"组织吸引力"这一概念。[2]安布勒（Ambler）等将组织吸引力分为组织功能、经济效益、人员心理三方面，将其作为研究组织吸引力的结构维度。[3]伯松（Berthon）等则更多地从组织外部产生的外部效应出发，将组织产生的社会价值、经济价值和应用价值作为主要衡量维度，同时也将组织内部发展作为重要内容。[4]乡村教师一方面认为教师作为一个职业，可以为维持日常生活提供经济支持；另一方面，从自我成长的角度来讲，教师职业所带来的社会建设意义感与教育价值意义实现感更明显，其专业发展不是在某种外力作用下被动展开的，而是在教育教学活动之中实现作为乡村教师的生命价值。

（四）客观工作环境对教师专业行为发展的影响

表 3-22 显示，客观工作环境可以解释和预测教师专业行为发展变异量的23.0%。信息环境、工作时间与劳动报酬三个维度显著正向影响教师专业行为发展，信息环境对教师专业行为发展的影响程度最高，工作时间对教师专业行为发展的影响程度较高，劳动报酬对教师专业行为发展的影响程度最低。

表 3-22　客观工作环境对教师专业行为发展的影响

变量	专业行为		
	β	t	VIF
信息环境	0.301	16.214***	1.239
工作时间	0.272	16.110***	1.018
劳动报酬	0.108	5.860***	1.226
R^2	0.230		
调整后 R^2	0.230		
F	275.222***		

① 彭克宏. 1989. 社会科学大词典. 北京：中国国际广播出版社，10.

② Schein V E，Diamante T. 1988. Organizational attraction and the person-environment fit. Psychological Reports，（1）：167-173.

③ Ambler T，Barrow S. 1996. The employer brand. Journal of Brand Management，（3）：185-206.

④ Berthon P，Ewing M，Hah L L. 2005. Captivating company：Dimensions of attractiveness in employer branding. International Journal of Advertising，（2）：151-172.

1）信息环境对教师专业行为发展的影响。如今，知识、技术及外界的教育标准都在不断更新，教师作为人类灵魂的工程师应在思想、道德、学术、修养、技术应用等方面持续提升自己，而这些都离不开教师自身的研修。2018年，教育部印发的《教育信息化2.0行动计划》提出，到2022年基本实现教学应用覆盖全体教师，信息化应用水平和师生信息素养普遍提高，促进"互联网+教育大平台"建成。2021年，教育部等五部门发布《关于大力加强中小学线上教育教学资源建设与应用的意见》，提出财政部门要依托现有政策和资金渠道，重点保障贫困地区义务教育学校必要的设备购置等相关经费。电信主管部门要加快宽带网络在中小学的部署，改善学校特别是农村边远地区学校网络接入条件。加大农村地区特别是边远贫困地区学校对网络平台资源的使用力度。2022年，教育部等八部门印发《新时代基础教育强师计划》，指出要推进教师队伍建设信息化，进一步挖掘和发挥教师在人工智能与教育融合中的作用。近年来，在政策文件的支持下，乡村学校信息环境有了较为明显的改善，乡村教师的认知中也有了信息技术的地位，这些都成为乡村教师专业成长的重要推力。在信息社会，教师的工作性质决定了其必须处处（如教学、学习、科研、管理等）与技术为伴。技术对教育的支持，在很大程度上是通过教育者掌握、运用甚至直接传授技术来实现的。教师对技术的使用越精通、越自如，学生学习到的内容可能就越丰富、越深刻。在一个技术盛行的时代，技术的介入能够提高研修活动的实效性，使研修活动以不同的形式展开。教师可以利用技术做课件、收集信息、交流研究体会，在这个过程中展示自己的探究思路，共享研究成果。

2）工作时间对教师专业行为发展的影响。乡村教师身处乡村场域，主要的工作就是通过教育教学致力于促进乡村教育的发展。乡村教师在教育教学上投入的工作时间越多，进行专业发展的时间就会相应增加，乡村教师的发展路径越宽阔，其对乡村学校的认同就越高，更能激发他们的工作积极性，这对于促进教师专业成长有着非常深远的意义。一个组织的管理者应该把更多的精力放在思考如何激发员工的工作热情、提高单位时间的工作效率上。欧盟科研人员组织的工作环境研究提出了"工作时间质量"的概念，即在工作期间，尽可能地提高员工的工作效率，使工作时间的效率最大化，能动性更强。工作时间质量越高，一个组织的工作质量就会越高，其组织中的工作环境也会越好。如果乡村学校给教师安排的任务相对合理，教师则愿意主动花时间提升自己。

3）劳动报酬对教师专业行为发展的影响。国家已出台相关政策，各地绩效工资核定要向乡村小规模学校、艰苦边远地区学校等倾斜，各地要继续落实好乡村教师生活补助政策，提升乡村教师的经济待遇。教师是否愿意长期从事乡村教育工作，是个人理性而慎重的决策与选择，要形成"学校越边远、条件越艰苦、教师待遇越高"的格局。美国心理学家马斯洛（Maslow）提出的需要层次理论概括了人的需要结构，当低层次需求被部分满足以后，个体追求更高层次的需求满足就会成为驱使其行为的动力，最终个体通过满足各层次需求来达到自我实现。因此，只有满足乡村教师低层次的物质生存需求，才能使其无所顾忌地进行工作。如果出现了付出与报偿之间的不平衡，人们就会采取消极抵制的做法，这会影响人们的工作积极性。有研究表明，大多数乡村青年教师秉持集体主义职业选择价值取向，其专业发展的内驱力不再完全是薪酬等物质条件，更多的是体现在课堂教学之中的社会价值和生命价值。因此，与外界预期不同，劳动报酬对乡村教师的专业发展的影响程度最低。

第四章

主观心理环境与乡村教师
专业发展关系探赜

　　本章先对已有研究进行梳理，明确主观心理环境的概念等，讨论了主观心理环境与工作环境内部结构、教师专业发展的关系。在此基础上，结合问卷、访谈等多种研究方法，调查乡村教师主观心理环境的现状，分析乡村教师主观心理环境对教师专业发展的影响。

第一节 主观心理环境的研究综述

一、主观心理环境的起源

心理学家基本上都把环境理解为客观独立的、外在于人的存在。虽然心理学也承认人可以反作用于环境，但这种作用被认为极其有限。完形心理学或格式塔心理学对环境做出了新的理解，这两个派别尤其重视人对环境的自主理解及由此引发的心理和行为。格式塔心理学派的主要代表人物考夫卡（Koffka）和勒温（Lewin）较早对心理环境做出了描述：把环境或个人看作是一种整体的存在，任何具体的心理和行为事件都在这个整体的制约下发展和变化。[①]同时，他们借鉴现代物理学中有关"场"的各种概念，构建了以场理论为主体的心理学理论体系，这个体系中涵盖了场、行为环境、心理环境的基本思想。考夫卡在《格式塔心理学原理》中，把环境分为地理环境与行为环境，并通过典型案例指出行为环境是指意识中的环境、心目中的环境，并进行了具体分析，在进行具体分析后进一步说明了个体心目中的环境与个体行为之间的关系。在这里，考夫卡谈到的行为环境已具有心理环境的含义。勒温在前期研究的基础上提出了格式塔心理学派的一个分支——拓扑心理学。1936 年，勒温在拓扑心理学中首次正式提出"心理环境"这一基本概念，即心理环境是一种对人的心理事件产生实际影响的环境。[②]同时，他在《拓扑心理学原理》一书中形象地表述了心理环境：比如，一个孩子知道他的母亲在家或不知道他的母亲在家，他在花园中的游戏的行为便会随之而不同，我们可不能假定这个（母亲在家或否的）事实常存在于儿童的意识之内。[③]在他看来，孩子在花园里游戏行为的变化并不是（或者说不完全是）由于花园自然环境的作用，而是常存在于孩子心目中母亲在家与否的事实，即心理环境的影响。

---

① 转引自朱智贤. 1989. 心理学大辞典. 北京：北京师范大学出版社，57.
② 转引自朱智贤. 1989. 心理学大辞典. 北京：北京师范大学出版社，763.
③ 转引自高觉敷. 1982. 西方近代心理学史. 北京：人民教育出版社，327，357-348.

在此基础上，勒温将心理环境划分为准物理环境、准社会环境和准概念环境①，本书通过以下三个案例对准环境进行进一步解释。准物理环境指的是客观存在的物理环境。在物理学家看来，儿童和成人所处的客观组织环境可能是完全一样的，但其相应的心理环境可能存在差异。就同一个人而言，在不同的情形之中，例如，饱或饥，其所处的物理环境相同，但在心理上却完全不同。准社会环境指的是意识中的事实。例如，母亲以警察恐吓儿子使其听话，此时儿子的服从表现依靠的并不是警察对儿童的实际法律权威或社会权威，而是警察在儿童心目中的权威，同时儿童所处的社会环境还包括其他会对其心理产生影响的社会关系。准概念环境指的是人们在思想上的认知与现实的概念之间存在差异。例如，当一个人在解决一个数学问题时，他的思考遵循着某种既定的程序，寻求正确的逻辑关系，而问题的客观结构与解题人的内心想法经常不完全一致，这就导致解决问题的思想感受与现实概念产生差异，进而影响了其解决问题的行为。

考夫卡与勒温的理论存在一定的缺陷，如带有唯心主义倾向，过于强调心理、意识的重要性，忽视了客观环境对人的重要作用。不可否认的是，这些理论具有重大的现实意义，他们的研究使人们认识到心理环境对个体心理和行为的发生、发展、变化具有重要作用，为后人的相关研究提供了可靠的理论依据。

二、主观心理环境的概念界定

研究心理环境的学者均认为心理环境是一个影响个体行为的复杂的综合体。从心理学视角出发，徐晓梅认为心理环境是指对人能够产生影响的一切人、事、物，是社会生活环境的总称，对人的心理有着实际影响。②郝政利认为，心理环境是指在认知、情感等心理维度上表现出来的对人的心理和行为产生能动作用的意识环境。③葛鲁嘉认为，心理环境就是被觉知、理解、把握、创造出来的环境。④如今，心理环境已成为心理学中的重要概念，并应用于管理学、社会学等各个领域。由于研究观念与角度的不同，学者对主观心理环境的定义存在分歧。

①　转引自杨清. 1980. 现代西方心理学主要派别. 沈阳：辽宁人民出版社，310-311.
②　徐晓梅. 2017. 创造良好心理环境促进幼儿语言发展. 教育理论与实践，（35）：63-64.
③　郝政利. 2006. 军校环境育人论. 北京：解放军出版社，360.
④　葛鲁嘉. 2011. 从心理环境的建构到生态共生原则的创立. 南京师大学报（社会科学版），（5）：119-124.

杨雷生在关于企业经济问题的研究中指出，心理环境是企业职工对企业、工作、人际关系及企业与外部关系的认识和情感的综合反映，也是企业中占优势的人的态度、情绪、感情的综合表现。①张彦在对工作环境问题缘起和理论进行阐释的基础上，以个体工作界线为划分依据，将工作环境分为客观工作环境、客观组织环境和主观心理环境。②其中，切实影响员工工作感受的内在因素来源于其对工作的主观体验，即主观心理环境。卢锦珍从教师成长出发，将心理环境定义为教师觉知和理解的与其专业成长和发展相关的环境，是教师自身把握和创造的环境。③本书研究立足于教师专业发展领域，将主观心理环境定义如下：教师的心理知觉到的、被教师的心理理解到的、被教师的心理创造出的、被教师的心理把握的环境。

三、主观心理环境的结构维度

主观心理环境是一个完整的、立体的结构，其内容相互作用、互为关联。以往研究虽未明确主观心理环境的结构维度，但在具体论述中已初见雏形。许多外国学者利用卡萨克（Karasek）的工作需求–控制–支持（job demand-control-support，DCS）模型，深入探究了员工的社会心理环境与其工作感受（如工作满意度、工作倦怠等）之间的关联。研究结果显示，员工的社会心理环境与工作倦怠、工作满意度等工作感受呈不同程度的显著相关。④同时，有学者从相反方向进行了假设：如果员工所处的工作环境较差，他们有可能会感受到不同程度的工作压力，即员工感受到工作压力的大小能够反映其工作环境的优劣。

本书研究以张彦等的心理环境维度划分为基础⑤，结合文献分析、理论思辨、组会讨论和专家建议等方式，共确定了主观心理环境的六个维度：自我效能

---

① 杨雷生. 1998. 优化企业心理环境与企业管理. 经济问题,（S1）: 54-55.

② 张彦. 2016. 从个体情绪到总体性情绪的跃迁: 中国城镇居民工作环境满意度实证研究. 社会发展研究,（1）: 48-79, 243.

③ 卢锦珍. 2012. 论教师成长的心理环境. 教育与职业,（36）: 95-97.

④ Panatik S A, O'Driscoll M P, Anderson M H. 2011. Job demands and work-related psychological responses among Malaysian technical workers: The moderating effects of self-efficacy. Work & Stress,（4）: 355-370.

⑤ 张彦. 2016. 从个体情绪到总体性情绪的跃迁: 中国城镇居民工作环境满意度实证研究. 社会发展研究,（1）: 48-79, 243

感、组织认同、组织归属感、职业认同、工作满意度和工作压力。其中，自我效能感是指个体对自己具有组织和执行相关活动并取得特定成就的能力的信心[1]，包括结果预期、效能预期两个部分。组织认同是指个体与其所属组织心理联结的水平，即个体依据所属组织的独特的、核心的、持久的特征来进行自己定义的程度。[2]组织归属感是指个体对组织的承诺和依赖，以及肯定性的态度或心理倾向[3]，包括三个层次，即认同、投入、忠诚[4]，组织归属感是组织认同的进一步发展。职业认同是指个体对其职业及内化的职业角色的积极的认知、体验和行为倾向的综合体。[5]工作满意度是教师的一种主观价值判断，既包含了个体对自我期望、自我实现的内在满意度，也包含了个体对工作条件、工作环境、薪资报酬等各方面的外在满意度。[6]工作压力是指个体面对职业中的威胁性情境或不良事件时出现的身心紧张状态。[7]

四、主观心理环境研究现状

（一）主观心理环境的发展研究

我国的主观心理环境研究起源于心理学领域。1999 年，苏世同在系统介绍勒温、考夫卡有关"心理环境"理论的基础之上，结合我国改革开放后需要营造的新的心理环境的现实，全面、深入地分析了心理环境与外部客观环境的辩证关系，揭示了心理环境的内在机制，阐释了心理环境对个体行为产生的巨大影响。同时，苏世同认为心理环境的内部结构复杂，可以从不同角度区分出不同的构成要素。[8]从社会心理看，心理环境可以分为民族心理环境、区域心理环境、家庭

① Bandura A. 1997. Self-efficacy：The Exercise of Control. NewYork：Worth Publishers，133-134.

② 申继亮，李永鑫，张娜. 2009. 教师人格特征和组织认同与工作倦怠的关系. 心理科学，（4）：774-777.

③ Becker H S. 1960. Notes on the concept of commitment. American Journal of Sociology，（1）：32-40.

④ Porter L W，Steers R M，Mowday R T，et al. 1974. Organizational commitment，job satisfaction，and turnover among psychiatric technicians. Journal of Applied Psychology，（5）：603-609.

⑤ 魏淑华，宋广文，张大均. 2013. 我国中小学教师职业认同的结构与量表. 教师教育研究，（1）：55-60，75.

⑥ 武向荣. 2019. 义务教育教师工作满意度影响因素的实证研究. 教育研究，（1）：66-75.

⑦ 刘晓明. 2004. 职业压力、教学效能感与中小学教师职业倦怠的关系. 心理发展与教育，（2）：56-61.

⑧ 苏世同. 1999. 心理环境论. 吉首大学学报（社会科学版），（4）：61-67.

心理环境、学校心理环境、商店心理环境等；从心理活动内容看，可以分为个体认知环境、感情环境、意志环境、个性环境；从主体心态看，可以分为个体心理环境、群体心理环境等。

21世纪，国内学者葛鲁嘉提出了新心性心理学的理论构想，其核心内容之一就是"心理环境"论。他认为人的心理与其所处环境之间具有重要关联，那么人的心理成长与人的心理环境也应具有重要关联。人的心理不只是由外在环境决定的，同样心理也能对环境进行建构与理解，这就是人的心理环境。同时，他提出在心理学的研究中，非常重要的是应该把环境与心理理解为交互和共生的过程。环境不仅会对人的心理产生影响，心理也会对人的环境加以建构。任何一方的演变或发展，都会带来另一方的演变或发展。[1]

（二）主观心理环境的现状研究

目前，国内关于主观心理环境的研究已由心理学逐渐延伸到社会学、经济学、管理学等领域。基于本书的研究方向，笔者将教育学背景下的主观心理环境研究大致分为三类。其一，有学者立足于学校学生心理发展，对主观心理环境进行了深入研究，包括学校心理环境、班级心理环境、教学心理环境、家庭心理环境等。徐童等通过因素分析、信效度分析和多元概化理论分析，形成了大学生学校心理环境结构，其中包括师生关系、同学关系、集体活动、专业发展、资源和制度与秩序6个因素。[2]王鉴等通过文献分析、专业人士访谈和开放式问卷调查，形成了中小学班级心理环境量表结构，其中包括师生关系、同学关系、学习成长、管理秩序。[3]应湘分析与探讨了健康的教学心理环境的特征、结构，以及构建健康的教学心理环境时应注意的问题。[4]俞国良从2308名10—15岁儿童中选取429名进行研究，结果表明，家庭心理环境对学习不良儿童的社会性发展产生了重要作用。[5]其二，有学者研究了不同科目背景下的主观心理环境，主要集中于英

① 葛鲁嘉. 2011. 从心理环境的建构到生态共生原则的创立. 南京师大学报（社会科学版），(5)：119-124.

② 徐童，钟建军. 2019. 大学生学校心理环境问卷的编制. 心理学探新，(3)：257-263.

③ 王鉴，杨海燕. 2014. 中小学班级心理环境量表的编制. 中国临床心理学杂志，(6)：1042-1045，1136.

④ 应湘. 2003. 试论健康的教学心理环境. 心理科学，(5)：958-959.

⑤ 俞国良. 1999. 学习不良儿童的家庭心理环境、父母教养方式及其与社会性发展的关系. 心理科学，(5)：389-393，477.

语、体育和思想政治等学科。侯秀丽通过实践调查了解了目前大学外语课堂教学心理环境的现状及教师在实际教学中创设心理环境的情况，总结出了对外语课堂教学的几点启示。[①]王军等运用文献资料法、访谈法、观察法、问卷调查法等，从体育教学心理环境中的人际关系角度出发，探讨了甘肃普通高校的体育教学状况。[②]赵月霞等分析并提出了思想政治理论课教师优化教学心理环境的策略。[③]其三，部分学者研究了教学情境中不同对象的心理环境，包括教师心理健康与学生心理健康研究。汪海彬等采用横断历史研究的元分析方法，分析了 5826 名幼儿园教师在量表上的得分随年代的变化趋势及相关因素。[④]李松探究了学生心理健康存在的主要问题，并通过进一步分析提出了针对学生心理健康问题的具体对策。[⑤]

第二节　工作环境内部结构与主观心理环境的关系讨论

一、客观工作环境与主观心理环境的关系讨论

（一）客观工作环境与主观心理环境的相关性分析

本书研究讨论的客观工作环境涵盖信息环境、劳动报酬、工作时间，这 3 种因素与主观心理环境呈现显著正相关（表 4-1）。

---

① 侯秀丽. 2006. 大学英语课堂教学心理环境的调查. 外语与外语教学，（5）：28-30.

② 王军，蔡知忠，张纳新，等. 2007. 对普通高校体育教学心理环境中人际关系的研究. 北京体育大学学报，（2）：237-239.

③ 赵月霞，张会蔚. 2012. 思想政治理论课教学心理环境的优化. 河北师范大学学报（教育科学版），（8）：92-94.

④ 汪海彬，陈海燕，桑青松. 2013. 幼儿园教师心理健康变迁的横断历史比较. 学前教育研究，（5）：42-48.

⑤ 李松. 2019. 学生心理健康问题及对策研究. 中国教育学刊，（S1）：7-8，11.

表 4-1　客观工作环境与主观心理环境的相关性分析

	1	2	3	4
1. 信息环境	—			
2. 劳动报酬	0.429***	—		
3. 工作时间	0.130***	0.080***	—	
4. 主观心理环境	0.400***	0.384***	0.307***	—

对此，我们试图从以下两点进行进一步解释。首先，前文已提到勒温等的研究具有一定的缺陷，经后人研究补充，我们认为个体所处的主观环境不能脱离客观环境而独立存在。主观心理环境是通过主体心理在一定心理时空积淀、扩展而产生的对个体、群体的一种心理影响①，即乡村教师通过主观心理环境将客观工作环境以某种形式表现出来，并对其心理行为产生影响。值得注意的是，主观心理环境既是主体对客体的反应，但又不同于客观环境刺激下出现的直接心理反应，也就是说，个体亦可以通过客观工作环境感知与自我重新建构对自身心理产生影响。其次，本书研究讨论的主观心理环境，实质上是乡村教师对工作的总体主观体验，是其一切工作行为和工作体验的内在驱动力。戴维·迈尔斯（D. Myers）的"态度-行为"理论认为，一个人的态度与行为之间一般具有一致性。个体在工作中的情绪体验将逐渐稳定为一系列的工作态度和价值取向，从而影响其工作投入和组织行为的产生，即乡村教师可以将自身的主观心理环境外化为教学行动，主动改造客观工作环境。②综上分析，客观工作环境与主观心理环境具有高度的相关性。

（二）客观工作环境对主观心理环境的影响研究

本书研究中的受访教师认为信息环境、劳动报酬、工作时间均对其主观心理环境存在不同程度的影响（图 4-1）。

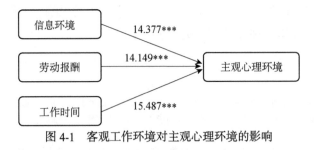

图 4-1　客观工作环境对主观心理环境的影响

① 苏世同. 1999. 心理环境论. 吉首大学学报（社会科学版），（4）：61-67.
② 戴维·迈尔斯. 2006. 社会心理学. 侯玉波，乐国安，张智勇，等，译. 北京：人民邮电出版社，58.

对此，笔者试图从三个方面进行进一步解释。首先，当乡村教师处于良好的信息环境中时，他们面临的不只是先进的机器，而是前沿的教学信息技术。信息设备的使用使得乡村教师能在教学实践中发现问题，并自觉形成正式或非正式的、以合作探究为主的教师共同体。他们借助团体合作解决问题，在教学中收获积极反馈。在此过程中，教师会感受到同事的支持与帮助、信息素养的发展与提升，对其自我效能感、工作满意度等正面情绪产生正向影响。其次，已有大量研究证明，劳动报酬是影响乡村教师流动及流失的重要因素。[1]2015年，自"乡村教师支持计划"实施以来，中央财政划拨奖补资金超过百亿元，惠及中西部地区的百万名教师。工资待遇的改善，使部分地区乡村教师的工资明显高于城镇教师，显著提升了乡村教师的获得感和幸福感。[2]工资收入较高的乡村教师满意度较高，对职业的认同度也较高。相反，工资收入偏低的乡村教师，与同行比较会有一定的失落感，产生工作压力，对教师职业的积极情绪产生不利影响。最后，在教师的日常工作中，教师负担过重的根本原因是时间分配不合理。[3]从时间视角来讲，工作琐事对个体的困扰会间接增加个体的时间总量，使个体感到时间不足、时间自由感低下。乡村教师除承担正常的教学工作外，还需要承担如负责寄宿学生的生活、安全、全天候管理、联系家长等一系列非教学性事务，这些不得不做的非教学性事务严重压缩了教师进行教学研究、自我发展的时间，极易造成教师工作压力大、满意度低，无法感受到工作带来的成就感与个人价值。

二、客观组织环境与主观心理环境的关系讨论

（一）客观组织环境与主观心理环境的相关性分析

本书研究讨论的客观组织环境涵盖工作自主性、领导支持，以上两种因素与主观心理环境呈现显著的正相关（表4-2）。

---

① 赵忠平，秦玉友. 2016. 谁更想离开？——机会成本与义务教育教师流动意向的实证研究. 教育与经济，（1）：53-62.

② 王炳明. 2017. 乡村教师队伍建设的政策分析——基于湖南省泸溪县落实《乡村教师支持计划》的案例研究. 中国教育学刊，（2）：35-40.

③ 朱桂琴，马晓华，姜帅合. 2022. 乡村教师教学创新能力影响因素调查研究. 课程·教材·教法，（5）：138-145.

表 4-2　客观组织环境与主观心理环境的相关性分析结果

	1	2	3
1. 工作自主性	—		
2. 领导支持	0.559***	—	
3. 主观心理环境	0.456***	0.572***	—

有学者认为，随着组织环境变化的快速性、不确定性等特征日益明显，组织的生存和发展更多地依赖于组织内部的创造性和环境适应性，人们很难将管理问题与组织内外环境分开进行思考和研究。现代人一生大部分时间都在组织中度过，随着社会的发展，人们认为工作不只是谋生的手段，要从工作中获得幸福感成为众多组织成员的意愿和共识，这就要求组织能够满足员工的内在发展需求，提升员工的幸福感与满意度，助力员工找到工作的意义与价值。相反，如果组织漠视员工的心理需求，员工就会产生一种挫折感，即产生一种人格和共同的人性遭到了侵损的感觉。[1]对乡村教师来说，除了物质保障等客观工作环境，在学校管理中被尊重、被重视也是至关重要的。学校管理者的支持程度与权力分配都会对教师的心理产生作用，影响其组织身份的感知，改变其对教师职业的看法。由此可见，客观组织环境与教师的主观心理环境构建有十分紧密的关系。

（二）客观组织环境对主观心理环境的影响研究

本书研究中的受访教师认为其目前拥有的工作自主性、领导支持均对其主观心理环境存在不同程度的影响（图 4-2）。

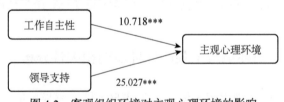

图 4-2　客观组织环境对主观心理环境的影响

对此，笔者试图从两个方面进行进一步解释。一方面，当个体在工作中拥有较高的自由度，可以自由地安排工作进程，乃至自主制定工作最后的评价标准时，就容易让个体感觉到被重视或尊重，提高其工作兴趣、自我效能感，进一步

---

① 卢梭. 2003. 社会契约论. 何兆武, 译. 北京：商务印书馆, 311.

让个体自愿为改进工作出谋划策，付出更多的时间和精力，从而提升工作效率和效益，带来更高的工作满意度和主观幸福感。由此可见，教师的工作自主性不仅是教育教学的内在需求，更是教师主动开展并维持教育教学活动和自我发展的内部动机。因此，具有高度工作自主权的乡村教师能感受到自己是"自主的成年人"，他们的自由与自我控制的需要能得到极大的满足，积极情绪与体验能得到保障，主观心理环境自然能得到改善。另一方面，根据领导-下属交换关系感知匹配机制，在高质量的双方融洽型交换关系中，领导为下属提供大量支持与信任，下属能感受到上级支持并主动承担更多的责任来回报组织，即当乡村教师感受到组织中领导的支持与关心时，他们可能会认为领导将自己视为"圈内人"，他们在情感上会更加依附于领导，愿意以更高的工作绩效来回报组织，组织认同与归属感会得到提升。同时，领导者控制着大量对员工来说有价值的资源，所以员工会密切关注上级以预测自己在职场的命运。当学校领导通过公开鼓励、支持传达了对教师的期望时，他们可能会将更高的工作成就与专业发展纳入对自我的定义，表现出更高的自我效能感与组织认同感。因此，通过对工作自主性与工作满意度之间的影响机制进行进一步探究，我们发现专业能力在二者之间起到了中介作用，并受到领导支持的调节。

1. 已有研究与研究假设

（1）工作自主性与工作满意度的关系

随着城市化的加速、城乡发展的不平衡，乡村教育发展面临着许多挑战。乡村教师的工作满意度不高是教育行业人才流失的一个重要原因，而工作中的自主程度不高是影响教师从业者工作满意度的重要因素。[1]工作自主性就是人们在工作方法、工作安排、工作进程和工作考核标准上能自行控制与自我决定的程度。[2]海克曼（Hackman）等提出，工作自主性是工作的五个核心特征之一。[3]由于员工的自主性程度部分地反映了工作的特征和要求，特别是对护士、销售人员、新闻记者等专业人士的研究发现，工作自主性通过影响工作满意度进而影响工作

① 朱从书. 2006. 中小学教师的工作满意度及其影响因素分析. 教育探索，（12）：116-117.

② Breaugh J A. 1985. The measurement of work autonomy. Human Relations，（6）：551-570.

③ Hackman J R，Oldham G R. 1976. Motivation through the design of work：Test of a theory. Organizational Behavior and Human Performance，（2）：250-279.

绩效。①

在教育领域，教师的工作自主性既有与其他工作类似的共性，亦有其独特性。教师的工作自主性不仅是教育教学的内在要求，也是促进学校发展的内在动力。教师的工作自主性是教师在工作中发自内心地指向教学活动和学校发展，促进自身积极调节和控制教育教学活动，推动学校发展的心理特征。它是激发教师主动开展并维持教育教学活动和自我发展的内部动机，有助于教师自发、主动并有意识地参与提升自身专业能力发展的活动，是教师体验和获得积极情绪的保障，也是教师幸福工作与生活的体现。②

根据自我决定理论，满足自主性需求是个体自主发展的重要动力。③自我决定理论指出，个体有自主性动机与控制动机。自主性动机指的是个体行为出于自身意愿与价值，是一种个人内部产生的更健康的动机，有助于促进个体积极情绪的发展，教师工作自主性也是自主性动机的一种。随着教学自主程度的提高，受到的外部控制越少，教师越倾向于将教学视作展示自己能力的渠道，这会激发教师的教学动机与热情。根据基本心理需求理论（basic psychological needs theory，BPNT），自主需求的满足是激发自主性动机的最直接来源，该需求的满足往往会伴随着一种积极的体验和自由感。④有研究证明，员工在工作中的自主程度是影响工作满意度的重要因素。⑤在当前的社会环境下，自主需求日益成为新一代劳动力的主导需求，对于教师来说，在工作环境中，自主需求的满足能够使其在工作场景中发挥出更高的专业性，提升其在教学过程中的获得感和满足感，从而产生更高的幸福感和工作满意度。这也意味着工作自主性对教师工作满意度有显著的正向预测作用。⑥对于乡村教师而言，如果在工作中自主性难以得到满足，会使其缺乏足够的动机发挥专业性，同时也会降低其在工作中的获得感和自由感。

① 范皑皑，丁小浩. 2007. 教育、工作自主性与工作满意度. 清华大学教育研究，（6）：40-47.

② 朱进杰，姚计海，吴曼. 2018. 教师的教学自主权与工作满意度的关系：教学自主性的中介作用. 心理发展与教育，（3）：338-345.

③ 姚计海，沈玲，邹弘晖. 2022. 教师教学自主权与教师领导力的关系：心理授权和教学自主性的中介作用. 心理与行为研究，（1）：108-114.

④ Deci E L，Olafsen A H，Ryan R M. 2017. Self-determination theory in work organizations：The state of a science. Annual Review of Organizational Psychology and Organizational Behavior，4：19-43.

⑤ 才国伟，刘剑雄. 2013. 归因、自主权与工作满意度. 管理世界，（1）：133-142，167.

⑥ 崔勋，张义明，瞿皎姣. 2012. 劳动关系氛围和员工工作满意度：组织承诺的调节作用. 南开管理评论，（2）：19-30.

长此以往，乡村教师的工作满意度可能会降低，进而影响教学质量。长远来看，这种现象对乡村教师的情绪、职业发展、所在组织稳定性及乡村教师的专业化发展进程都会产生不利影响。

本书研究主要考虑了乡村教师工作自主性如何影响工作满意度，这项研究的实际意义在于帮助乡村学校教育管理者更好地了解乡村教师的偏好，以及工作自主性如何影响工作满意度。同时，我们发现研究自主性更强的教师是否对职业的满意度更高，是一件有趣的事情，也是值得深入研究的课题。基于此，我们提出以下假设。

H1：乡村教师工作自主性与工作满意度呈显著正相关。

（2）教师专业能力的中介作用

教师专业能力源于对教师专业发展的讨论。教师专业能力是指教师在从事教育教学活动的过程中，顺利完成教育教学任务表现出来的个性心理特征，是教师运用和转化专业知识的综合体现，是教师专业发展的核心。[①]

笔者通过对国内外学者对教师工作满意度的研究进行梳理发现，影响教师工作满意度的因素有很多，以往研究主要集中于职业倦怠、收入待遇、工作压力、职业认同、学校领导力和职业发展等角度探讨工作满意度的影响因素，缺乏对教师专业能力发展与教师工作满意度之间的关系的研究。还有学者的研究表明，教师的有效专业发展对中国、韩国、日本和新加坡教师的工作满意度有显著的正向预测作用。

在教育实践中，以城市导向的教育发展模式一直渗透在农村教育发展中。在此背景下，乡村教育逐渐复制、模仿城市的教育发展模式，乡村教师专业发展受到影响。[②]当教师缺乏自主性，处于一种被动的境地时，教师的发展空间会逐渐走向狭窄化，难以考虑如何促进自身的专业发展。教师工作自主性是教师工作的内在动力。自主性的提高有助于教师选择更恰当的教学方式，获得更高的工作绩效。[③]由此可见，教师工作自主性在教育教学过程中扮演着重要的角色，是实现教师专业发展的关键要素，在促进教师专业能力发展中发挥着关键作用。

① 王爱民.2021.乡村教师专业发展的"症"与"解".现代教育，（4）：13-16.
② 温志强，周祎宇.2020.城乡教师流动机制推动乡村教师专业发展的路径探析.青年与社会，（13）：147-148.
③ 姚计海，申继亮.2010.教师教学自主性问卷的编制与修订.心理发展与教育，（3）：302-307.

基于上述分析，本书研究将探讨乡村教师工作自主性、教师专业能力与工作满意度的关系，提出以下假设。

H2：乡村教师工作自主性能正向预测教师专业能力。

H3：教师专业能力在工作自主性与工作满意度之间起中介作用。

（3）领导支持的调节作用

在工作情境中，领导者是影响员工工作绩效和能力提升的重要情境因素之一。面临乡村学校工作环境的艰苦、教师归属感不强的状况，乡村学校校长的领导力显得尤为重要。有研究表明，缺乏领导与政策的支持是阻碍乡村教师参与专业发展的最主要因素，学校领导支持与教师专业发展呈显著正相关。[1]同时，现有多数研究已证实领导支持行为对员工创造力有显著的正效应。[2]创造力是教师专业创新能力提升的必备要素之一。部分乡村教师长期以来受传统教育观念的影响较深，对专业发展的重视度较低，整体工作满意度较低，缺少内在动机，在自我发展方面缺少积极性和主动性。中国教师在参与学校管理和决策中会受到社会、文化背景的影响，因此对领导支持行为和教师工作满意度关系的探讨，需要在我国教育体制背景下开展，阐明领导支持影响教师工作满意度的作用机制。基于此，我们提出以下假设。

H4：领导支持正向调节工作自主性与教师专业能力之间的关系，表现为有中介的调节作用，即领导支持度越高，工作自主性对教师专业能力的影响越大。

（4）研究假设

根据以上分析，本研究构建了理论模型，如图4-3所示。

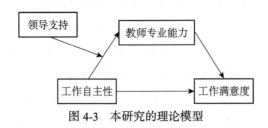

图4-3　本研究的理论模型

---

① 刘蕊，郭瑞迎. 2021. 乡村教师专业发展形式、内容与影响因素——基于"马云乡村教师计划"TALIS调查问卷. 湖州师范学院学报，（5）：34-40.

② Madjar N，Oldham G R，Pratt M G. 2002. There's no place like home？ The contributions of work and nonwork creativity support to employees' creative performance. Academy of Management Journal，（4）：757-767.

2. 实证检验

（1）共同方法偏差与区分效度检验

为了避免出现同源方法偏差，笔者首先采用 SPSS26.0 进行单因素检验，对全部数据进行主成分分析，最后析出 4 个因子，从整体上解释了 64.082% 的变异量。第一个因子解释量只有 20.647%，远小于 40% 的经验判断标准值，说明同源方法偏差问题并不严重。其次，使用 Mplus7.4 针对自变量（工作自主性）、中介变量（工作满意度）、调节变量（领导支持）、结果变量（教师专业能力），建构不同因子模型进行验证性因素分析，并采取最大似然估计进行参数估计。结果发现，相比其他模型，四因子模型各项拟合指标最佳并且都在可接受范围内（表 4-3），表明 4 个研究变量的区分效度较好，共同方法偏差问题得到了控制。

表 4-3 验证性因素分析与模型比较（ N=2762 ）

模型	x^2	df	CFI	TLI	RMSEA	SRMR	AIC	BIC
四因子模型 （AOW JS LS TPC）	2 439.167	164	0.920	0.907	0.071	0.070	117 284.380	117 675.345
三因子模型 （AOW+LS JS TPC）	3 898.205	167	0.869	0.850	0.090	0.076	118 737.418	119 110.612
二因子模型 （JS +AOW+LS TPC）	7 160.674	169	0.754	0.723	0.122	0.091	121 995.887	122 357.234
单因子模型 （LS+JS+AOW+TPC）	13 579.457	170	0.527	0.472	0.169	0.130	128 412.671	128 768.093

注：AOW 表示工作自主性，JS 表示工作满意度，LS 表示领导支持，TPC 表示教师专业能力，+表示将所有因子合成为一个因子。RMSEA（root mean square error）为近似误差均方根；CFI（comparative fit index）为比较拟合指数；TLI（Tucker-Lewis index）为 Tucker-Lewis 指数；SRMR（standardized residual mean root）为标准化残差均方根；AIC（Akaike information criterion）为 Akaike 信息标准；BIC（Bayesian information criterion）为贝叶斯信息标准。下同

（2）描述性统计与相关性分析

探究教师专业能力在工作自主性与工作满意度之间是否发挥中介作用的前提，是确定教师专业能力、工作自主性是否都与工作满意度有显著相关性。从表 4-4 可以看到，工作自主性与工作满意度呈显著正相关，工作满意度与教师专业能力呈显著正相关，工作自主性、领导支持与教师专业能力也呈显著正相关。通过 SPSS26.0 进行相关性分析，初步验证了本研究提出的假设，为更好地进行下一步假设检验奠定了基础。

表 4-4　描述性统计与相关矩阵（N=2762）

变量	M	SD	1	2	3	4
1. 工作自主性	3.78	0.734	—			
2. 工作满意度	3.22	0.848	0.439***	—		
3. 领导支持	3.30	0.881	0.559***	0.481***	—	
4. 教师专业能力	4.07	0.496	0.277***	0.369***	0.330***	—

（3）主效应与中介效应检验

笔者使用 SPSS26.0 软件，参考海耶斯（Hayes）提出的 Bootstrap 方法对工作自主性与工作满意度之间的中介效应进行检验（表 4-5）。首先，在控制性别、年龄、教龄、学历、职称变量的影响后，工作自主性能正向预测工作满意度（$b=0.419$，$p<0.001$），假设 H1 得到验证。工作自主性对教师专业能力具有显著正向影响（$b=0.083$，$p<0.001$），教师专业能力对工作满意度有正向影响（$b=0.460$，$p<0.001$）。然后，通过 Bootstrap 方法重复抽样 5000 次的检验结果显示该中介效应明显，中介效应值为 0.038，95%置信区间为[0.021，0.056]，不包含 0，假设 H2 得到验证。

表 4-5　Bootstrap 中介效应检验结果（N=2762）

效应关系	路径	路径系数（b）	标准误	95%置信区间
直接效应	AOW→TPC	0.083***	0.014	[0.054，0.111]
	TPC→JS	0.460***	0.029	[0.403，0.517]
	AOW→JS	0.419***	0.020	[0.380，0.457]
间接效应	AOW→TPC→JS	0.038***	0.009	[0.021，0.056]

注：Bootstrap 随机抽样 5000 次

（4）领导支持的调节作用

工作自主性与领导支持的交互项对教师专业能力具有显著的正向影响（$b=0.105$，$p<0.01$）。为了更加形象地反映领导支持在工作自主性与教师专业能力之间所起的调节作用，我们按照领导支持加减一个标准差将数据分为两个组别，进行简单斜率检验，并绘制领导支持的调节作用图。简单斜率分析表明（图 4-4），在低领导支持度（$M-1SD$）下，工作自主性对教师专业能力的正向影响不显著（$b=-0.010$，95%CI=[-0.046，0.026]）；在高领导支持度下（$M+1SD$），工作自主性对教师专业能力的影响显著（$b=0.175$，95%CI=[0.143，0.208]），这说明相较于低领导支持度，高领导支持度下工作自主性更容易影响教师专业能

力的发展，H3 得到支持。在分析结果的范围内，假设的检验结果整体呈现在图 4-4 中。

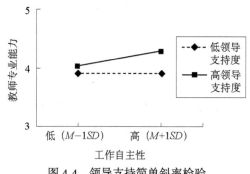

图 4-4 领导支持简单斜率检验

3. 讨论

本研究在以往研究的基础上探究了乡村教师工作自主性、教师专业能力和教师工作满意度之间的影响关系，以及教师专业能力在教师工作自主性和教师工作满意度之间的中介作用。这不仅能够丰富教师个体层面因素对教师工作满意度的相关研究，还能从领导方式对教师产生影响的角度，为提高教师工作满意度提出建议。

研究中 H1 得到验证，乡村教师工作自主性能正向预测工作满意度。因此，当乡村教师的工作自主性越高时，就会产生更高的工作热情和兴趣，从而提升其工作满意度。

研究中 H2 得到验证，工作自主性能正向预测乡村教师专业能力。可以说，工作自主性是教师开展有效教学的心理基础，对促进自身素质的提升起着内在决定作用。[1]同时，教师的工作自主性是提升自身专业素质的心理动力，没有工作自主性，教师专业能力提升的内驱力不足，其职业能力发展会受到一定程度的阻碍。这一结果进一步丰富了以往有关工作自主性的研究，同时也证明工作自主性对中小学乡村教师整体的专业能力水平提升具有独特的意义。

研究结果表明，教师专业能力在教师工作自主性与工作满意度之间起中介作用，H3 得到验证。这说明不仅工作自主性会直接影响乡村教师的工作满意度，而

---

[1] 毕平平. 2006. 浅析教师教学自主性. 当代教育论坛，（13）：94-95.

且教师专业能力对其工作满意度也有直接影响。这些影响与教师个体层面工作自主性需求的满足密不可分，因此管理者想要提升乡村教师的工作满意度，应当思考如何从员工的视角去进行决策。具体而言，在一些工作任务中，应充分尊重并适当满足教师的自主性需求，以此激发其内在动力，让他们拥有自由独立的选择权。这种动力将驱使教师以更积极的心态去面对和解决工作中的问题，从而促进教师的专业化发展。本研究对于提升中小学乡村教师整体能力素养具有深刻启示。在乡村教师专业发展的道路上，应着重激发其内在的自主动机，培养其工作的自主性，鼓励他们积极争取专业发展的机会，并重视提升个人专业素养和乡村教师队伍的整体建设。这些努力将转化为教师的工作满意度，使乡村教师能够全身心地投入到教育事业中，进一步向成熟教师发展，为实现乡村教育的可持续健康发展提供坚实保障。

本研究中 H4 得到验证，即领导支持能正向调节工作自主性与教师专业能力之间的关系，表现为有中介的调节作用。这表明学校领导在教师专业发展的规划和实施中具有关键作用，能够影响教师的进步和工作满意度。教师专业发展对教师工作满意度也有直接影响。[①]这些影响与领导者的行为密不可分，领导支持行为与态度不仅会影响教师的专业能力发展，而且有利于形成积极的支持性组织氛围，能够提升教师的工作满意度。因此，在学校情境中，领导者应尽量提供领导支持行为，为教师创造合作的机会，鼓励教师提升专业能力，促进教师工作满意度的提升，促进学校长期稳定发展。

第三节　主观心理环境与教师专业发展的关系研究综述

有关主观心理环境与教师专业发展的关系研究大致分为两类：一是以主观心

---

① 李思蒙，豆忠臣，任萍. 2021. 分布式领导与教师工作满意度的关系：教师合作、教师专业发展的中介作用——基于 TALIS 2013 上海教师数据. 教师教育研究，（4）：44-50，75.

理环境的多角度为基础，单独探讨主观心理环境某个维度与教师专业发展的关系，这类研究开始得相对较早，成果也较多；二是未对主观心理环境进行内部分析，直接探讨整体主观心理环境与教师专业发展的关系。

在第一类研究中，坦申恩–莫兰（Tschannen-Moran）等以教师自我效能感为测评指标，指出具有高自我效能感的教师有更积极的教学改革意愿，致力于自身的专业发展。[①]赵钱森以组织认同为测评指标，指出组织认同会通过教师知识共享活动影响教师专业发展。[②]潘松华等以组织归属感为测评指标，指出作为教师与学校的情感纽带的归属感是关乎教师是否继续留任目前学校、主动参与日常教学及教研活动、为学校做出贡献的决定性因素。[③]朱秀红等以工作压力为测评指标，通过对全国 18 省 35 县的调查发现，乡村教师工作总量多、时间长等工作压力严重影响了教师专业发展。[④]王文增等以职业认同为测评指标，对 323 名中小学体育教师进行了调查，发现教师的职业认同与专业发展显著相关，同时职业认同和工作旺盛感在胜任力与专业发展之间产生了链式中介效应。[⑤]赵明仁[⑥]、李思蒙等[⑦]基于经济合作与发展组织发布的 2013 年教师教学国际调查报告，以工作满意度为测评指标，指出有同伴合作学习经历的教师有更强的工作满意度与自信心，有助于教师增强对专业发展活动的认同，提高学习动机与需求，提升专业发展活动效能的感知。同时，教师专业发展对教师工作满意度有直接影响。综上所述，国内外关于心理环境对教师专业发展的影响研究有较好的基础，主要包括自我效能感、组织认同、组织归属感、工作压力、职业认同、工作满意度等指标对教师专业发展的影响。

① Tschannen-Moran M, Hoy A W. 2001. Teacher efficacy: Capturing an elusive construct. Teaching and Teacher Education, (7): 783-805.

② 赵钱森. 2020. 基于扎根理论的教师知识共享实践逻辑研究. 教育学报, (4): 72-81.

③ 潘松华, 孙素云, 张智松. 2010. 高校图书馆青年馆员"组织归属感"实证研究——调查、分析与对策. 图书情报工作, (19): 101-105.

④ 朱秀红, 刘善槐. 2020. 我国乡村教师工作负担的问题表征、不利影响与调适策略——基于全国 18 省 35 县的调查研究. 中国教育学刊, (1): 88-94.

⑤ 王文增, 魏忠凤, 王一鸣. 2020. 胜任力对中小学体育教师专业发展的影响: 职业认同和工作旺盛感的链式中介作用. 中国临床心理学杂志, (6): 1289-1292.

⑥ 赵明仁. 2015. 国际视野中教师专业发展状况及对我国启示——基于 TALIS 2013 报告的分析. 教师教育研究, (3): 100-106.

⑦ 李思蒙, 豆忠臣, 任萍. 2021. 分布式领导与教师工作满意度的关系: 教师合作、教师专业发展的中介作用——基于 TALIS 2013 上海教师数据. 教师教育研究, (4): 44-50, 75.

在第二类研究中，有关动机理论的早期研究发现，薪酬、任务期限和强度、外在监督等客观工作环境因素会影响个体的工作动机。近期的研究结果表明，尽管在工作场所中环境因素有特定的功能和意义，但事件发生时个体的心理工作环境会改变这些事件的功能和意义，从而支持或阻碍个体追求心理成长和发展的倾向。①也就是说，个体可以通过主观心理环境重新赋予外部客观环境意义，促进外部环境规则逐渐内化，从而影响个体发展的内部动机。有研究认为，教师心理环境提供了其理解与应对外部环境的基础。教师能否客观全面地理解和把握所处外部环境的性质与意义，并对环境的有利和不利方面进行分析，如何顺应环境、利用环境的有利方面为自己的成长发展服务等，均与教师的主观心理环境有关。②有学者认为，主观心理环境才是员工一切工作行为和工作体验的内在驱动力，如职业期望、工作压力、工作自尊、工作安全感和工作效能感等。③特雷霍夫（Terehoff）的研究认为，教师在非正式的、积极的、富有成效的主观心理环境中，会觉得自己是一个"自我指导和自主"的成年人，并在发展过程中分享积极的情绪。④波特霍尔姆（Postholm）在研究中发现，如果教师具有内在学习动力，即使学校领导没有给予支持，他们也会参加专业发展项目，而结构、文化环境等外部环境对学习的促进作用并不明显。⑤如果教师仅仅因外部控制、硬性指标的压力或外部利益而不得不参与教师专业发展的相关项目和活动，忽视了自身主动追求发展的内部动机，他们就难以体验到发展过程中带来的兴趣、兴奋和信心。由此可见，乡村教师专业发展是内外因素共同作用的结果。常文梅在教师专业发展的生态化探析中也发现，教师本人完善的心理环境是教师专业发展赖以存在的"土壤"，可以使教师在开放、动态的环境中获得全面、系统的专业发展。⑥林克松等关于教师职场学习环境的研究发现，主观心理环境是直接关系教师专业发展

---

① 毕妍，雷军，王国明. 2018. 初任特岗教师工作环境感知与自主性外部动机的关系——基于因果定向的调节作用. 教育研究与实验，（6）：91-96.

② 卢锦珍. 2012. 论教师成长的心理环境. 教育与职业，（36）：95-97.

③ 邢占军，张燕. 2010. 党政领导干部心理工作环境与主观幸福感关系初步研究. 南京社会科学，（2）：89-94，117.

④ Terehoff I I. 2002. Elements of adult learning in teacher professional development. Nassp Bulletin,（632）：65-77.

⑤ Postholm M B. 2012. Teachers' professional development: A theoretical review. Educational Research,（4）：405-429.

⑥ 常文梅. 2013. 教师专业发展的生态化探析. 教育理论与实践，（16）：36-39.

质量与成效的因素之一。①因此，在提高教师专业水平的过程中，唤醒专业发展意识、通过主观心理环境激发内在动机，对教师的专业发展至关重要。教师专业发展不仅需要外部环境给予支持，更需要教师积极建构主观心理环境，这是教师专业发展必备的条件，对教师专业发展具有重要意义。李琼等认为，留住乡村教师，不仅仅要改善乡村教师待遇，实行优惠政策"留住人"，更重要的是要"留住心"，实现可持续的"发展留人"，为乡村教师安心从教提供发展性的人文心理环境至关重要。②如今，乡村教师的流动越来越体现为寻求更好的专业发展平台、获得更高的教学满足感。因此，现阶段，对新时代乡村教师这一群体的支持，应逐渐从满足其物质层面的生存需求向满足其心理层面的自我发展需求转变。

第四节　乡村教师主观心理环境现状

一、乡村教师主观心理环境整体水平

如表 4-6 所示，乡村教师主观心理环境各维度均值都大于中间值，说明乡村教师具备比较完善的主观心理环境，其中得分最高的是职业认同。在六个维度中，工作满意度得分较低，说明乡村教师对工作各方面的满足感不够，即工作满意度是乡村教师主观心理环境的短板。究其原因，一方面，随着"农村义务教育阶段学校教师特设岗位计划"、《乡村教师支持计划（2015—2020 年）》《新时代基础教育强师计划》等专项政策的贯彻落实，乡村教师接受了一系列倾斜性福利待遇，激发了其工作的内部动机，使其对教师职业在乡村振兴中的重要地位与作用有了全新的认识，逐步树立起高度的职业使命感，自觉地将自我意义与工作意义结合，不断促进自身的专业发展。另一方面，由于城镇化进程加快，当前我国乡村教师流失严重、队伍老龄化等问题依然存在，乡村教师对自身工作的正面

---

① 林克松，朱德全. 2013. 教师职场学习环境：结构与测量. 教育学术月刊，（4）：50-54.

② 李琼，何柯薇，周敬天. 2022. 从政策留人到发展留人：合作交流的专业发展氛围可以留住乡村教师吗. 教育学报，（2）：124-133.

想象与实际工作状况之间的差距加大，严重影响了乡村教师的生活幸福感与工作满意度。

表 4-6　乡村教师主观心理环境整体水平（N=2762）

项目	M	SD
自我效能感	3.804	0.630
组织认同	4.235	0.622
组织归属感	3.870	0.797
职业认同	4.270	0.530
工作压力	3.889	0.583
工作满意度	3.785	0.848

二、乡村教师主观心理环境相关性分析

如表 4-7 所示，除自我效能感与工作压力不相关，其余维度均两两相关，可见主观心理环境是一个完整的多维度结构，各个维度并非完全独立，而是相互作用、相互关联。

表 4-7　乡村教师主观心理环境相关性分析结果

	1	2	3	4	5	6
1. 自我效能感	—					
2. 组织认同	0.530**	—				
3. 组织归属感	0.576**	0.666**	—			
4. 工作压力	0.001	0.141**	−0.077**	—		
5. 职业认同	0.551**	0.662**	0.621**	0.135**	—	
6. 工作满意度	0.501**	0.470**	0.632**	−0.081**	0.593**	—

第一，自我效能感作为一种自我信念，是教师产生并增强自主工作动机的基础与原动力，是教师专业行为和从事教育工作的深层内在动机，其一旦形成就会直接影响教师的工作积极性、自我期望与行为。[①]由此可见，自我效能感是主观心理环境各个因素发挥作用的基础，组织认同、组织归属感、工作满意度和职业

---

① 庞丽娟，洪秀敏. 2005. 教师自我效能感：教师自主发展的重要内在动力机制. 教师教育研究，（4）：43-46.

认同既可以反映自我效能感，又会反作用于自我效能感。

第二，教师的职业认同度高，意味着他们对自己有更高的工作期望，甘心为教育事业奉献终生，能够积极克服相对恶劣的工作环境，提升自身的教师素养，把教师职业当成自我价值实现的需要。

第三，组织归属感包括三个层次：认同、投入、忠诚。①组织归属感是组织认同的深化，组织认同是组织成员获得组织归属感的前提，是组织目标与个体发展目标的黏合剂。组织认同高的人会萌发"我们感"，形成"命运共同体"的"休戚与共"的情感体验②，产生自我提高和自我延续的需求，竭力发展自身以实现组织目标。教师的组织认同和职业认同都是其社会认同的具体形式，两者具有相同的心理机制，只是在认同的对象上有所差别，即一个指向组织，另一个指向职业。③组织认同和职业认同是同时存在的，两者之间存在相互交叉及相互渗透的现象，教师的行为受到两种认同心理的共同影响。同时，在实际工作过程中，教师应同时具备较高的组织认同感和职业认同感，这样才能够有利于促进人才培养质量的提升。④

第四，工作满意度直接关系到教师工作的积极性和教师队伍的稳定性⑤，工作满意度高的教师的成就动机强烈，具有进一步的发展需求，更愿意参与专业发展活动。

第五，在适度工作压力水平下，尚有潜力可挖掘的教师具有向上奋发的要求和强烈愿望，并且已有大量研究证实教师工作压力是影响工作满意度的主要因素⑥，二者相互关联，共同影响教师的发展。

---

① Porter L W, Steers R M, Mowday R T, et al. 1974. Organizational commitment, job satisfaction, and turnover among psychiatric technicians. Journal of Applied Psychology, (5): 603-609.

② 肖京林. 2021. 从嵌入到断裂：公立大学组织认同的困境与超越——基于单位制变迁的视角. 江苏高教, (3): 18-26.

③ 李永鑫, 李艺敏, 申继亮. 2012. 教师的组织认同与职业认同. 河南大学学报（社会科学版）, (2): 118-122.

④ 张泳. 2020. 普通地方高校初任教师认同感及其影响因素研究——基于组织认同与职业认同二维视角的分析. 教育发展研究, (19): 77-84.

⑤ Klassen R M, Bong M, Usher E L, et al. 2009. Exploring the validity of a teachers' self-efficacy scale in five countries. Contemporary Educational Psychology, (1): 67-76.

⑥ 冯伯麟. 1996. 教师工作满意及其影响因素的研究. 教育研究, (2): 6, 42-49.

三、乡村教师主观心理环境人口学差异

（一）乡村教师主观心理环境的性别差异

由表 4-8 可知，不同性别教师在主观心理环境上存在显著差异，其中男性教师的自我效能感、组织认同、组织归属感、工作压力四个维度上的得分均高于女性教师，女性教师在职业认同维度上的得分显著高于男性教师。男性教师得分最高的维度是组织认同，女性教师得分最高的维度是职业认同。

表 4-8 乡村教师主观心理环境的性别差异

项目	男（n=897）	女（n=1865）	t
自我效能感	3.899 ± 0.626	3.758 ± 0.627	5.557***
组织认同	4.285 ± 0.639	4.211 ± 0.613	2.893**
组织归属感	3.875 ± 0.821	3.868 ± 0.785	0.234
职业认同	4.236 ± 0.541	4.286 ± 0.524	−2.312*
工作压力	4.015 ± 0.534	3.829 ± 0.595	8.245***
工作满意度	3.746 ± 0.871	3.803 ± 0.836	

与以往大多数研究相反的是，调查结果显示，男性教师的自我效能感显著高于女性教师，这可能是受中国传统文化中男尊女卑的刻板思想的影响，女性的自我效能感低于男性。[1]同时，女教师比男教师面临更为严重的角色冲突问题，女性教师在有限的时间内需要兼顾职业与家庭。例如，女教师 B1 说道："我的父母、丈夫都在老家，我一个人在这边又带小孩又上班，也会很麻烦。"由此可见，女性教师要承担更多的社会角色，社会角色之间的冲突与频繁切换使得她们在面对工作挑战时更容易产生消极情绪，对负性刺激更为敏感。当工作和生活出现重大变故或面临挑战时，女性更容易产生自我怀疑。研究表明，在应对应激事件时，女性常常采取结盟应对的方式，而男性更多采用"战斗或逃跑"的方式，这使得男性在完成工作时有更高的自我效能感。[2]

高支持性、协作性的环境有助于催生高组织认同的员工。研究表明，男性教

---

① 谢宇，韩庆洋，仝飞飞，等.2016. 大学生自我效能感的 Meta 分析. 中国健康心理学杂志，（3）：406-409.

② Taylor S E, Klein L C, Lewis B P, et al. 2000. Biobehavioral responses to stress in females: Tend-and-befriend, not fight-or-flight. Psychological Review, （3）: 411-429.

师获得的领导支持显著高于女性教师①，这可能是因为校长等管理层领导一般以男性居多，男性教师与领导的交流比女性教师更加频繁、顺畅，更易获得领导的支持。②由此可见，男性教师的组织认同水平高于女性教师，访谈结果也验证了这一点。女性教师在谈及工作时大多都抱怨"领导只会下命令，感觉他们除了下命令什么都不管"，而男性教师对领导层面的抱怨更少，他们大多认为学校管理还是比较民主化、人性化的。同时，组织支持不仅可从员工感知视角进行界定，还可从组织给予视角进行界定，前者可称为组织支持感知，重点反映员工的心理认知；后者可称为组织支持获得，重点反映组织的付出。组织支持感知的直接效应要大于组织支持获得，并且组织的公正机制能显著影响组织支持的感知。③由此可见，男性教师的组织支持感更强，可能是因为当组织给予同样的组织支持时，男性教师对组织支持更为敏感，对待组织领导的态度更为积极。这也验证了大多数研究组织支持感的学者的观点：相较于女性员工，男性员工的组织支持感更加强烈。

女性教师的职业认同比男性教师更强，这与职业性别隔离等密切相关。职业性别隔离是指在劳动力市场中，劳动者因性别差异而被分配、集中到不同的职业类别，担任不同性质的工作，从而产生职业性别隔离现象。④相关研究发现，男性和女性群体被集中于不同的职业或部门，女性多被限定在艺术、人文、语言、教育、公共卫生等有限的领域。教师职业稳定、安全，符合社会对女性要兼顾家庭角色的期望，因此社会上易形成教师工作更适合女性的职业性别刻板印象，从而加剧了教师职业性别隔离。有研究表明，除了工资待遇以外，相对于男性教师，女性教师更看重工作时间⑤，这一独特的职业优势更便于女性教师塑造自己的家庭角色。因此，相比较而言，女性教师的职业情感更加充沛，职业认同水平更高。访谈结果也验证了这一点，例如，女教师 B3 说道："小学生比较简单、单

① 梁文艳. 2020. 工作要求、工作资源与教师的工作满意度——基于上海教师教学国际调查数据的实证研究. 教育研究，（10）：102-115.

② Achinstein B，Ogawa R T，Sexton D，et al. 2010. Retaining teachers of color：A pressing problem and a potential strategy for "hard-to staff" schools. Review of Educational Research，（1）：71-107.

③ 刘智强，邓传军，廖建桥，等. 2015. 组织支持、地位认知与员工创新：雇佣多样性视角. 管理科学学报，（10）：80-94.

④ 胡莉芳. 2018. 局里的局外人——基于 edX 课程的教师性别隔离现象研究. 清华大学教育研究，（3）：76-83.

⑤ 邱九凤. 2015. 教师职业的主要吸引因子探析. 中国教育学刊，（4）：88-91.

纯，我喜欢面对简单的东西。"男教师 B4 说道："对教学工作没有什么情感，就是为了满足职业需要。"

囿于传统文化中对不同性别的成就期待差异，男性教师在工作中实现自己的职业理想、寻求自我专业发展的需要更加强烈，而女性则表现出与世无争、小富即安的性格特点，因此她们在发展规划、人生目标及未来期望方面更为谨慎。同时，传统"男主外、女主内"的家庭分工导致男教师比女教师承担了更多的经济和晋升压力，因此男教师的总体工作压力水平更高。

（二）乡村教师主观心理环境的编制差异

由表 4-9 可知，编制影响了乡村教师的主观心理环境，在编乡村教师的自我效能感、组织认同、组织归属感、职业认同和工作满意度更高，非在编教师的工作压力更大。

表 4-9　乡村教师主观心理环境的编制差异

项目	非在编（n=317）	在编（n=2445）	t
自我效能感	3.790 ± 0.633	3.915 ± 0.598	−3.347***
组织认同	4.230 ± 0.626	4.274 ± 0.588	−1.186
组织归属感	3.840 ± 0.799	4.105 ± 0.745	−5.609***
职业认同	4.258 ± 0.532	4.360 ± 0.511	−3.243***
工作压力	3.928 ± 0.568	3.585 ± 0.609	10.034***
工作满意度	3.767 ± 0.851	3.919 ± 0.813	−3.002**

有关合同制护士的研究表明，合同制护士同工不同酬，福利待遇比其他护士低，晋升机会也受到了相应的限制，不受医院重视，这都极易让合同制护士产生挫败感，情绪消极，自我效能感低下。[①]非在编乡村教师的福利待遇也相对较低，归属感较弱，而教学任务并没有减少，甚至可能多于正式在编乡村教师。在这样的情况下，乡村教师极易产生不公平感，从而影响其对自身完成任务的信心或信念，即自我效能感。同时，根据班杜拉的自我效能感理论，个体获得自我效能感最基本、最重要的途径就是个体行为的成败经验，不断的成功会使人建立起相对稳定、高水平的自我效能感。非在编乡村教师的专业知识与能力、学历水平

---

① 高红，黄琴，顾春艳，等. 2017. 合同制护士职业倦怠与自我效能的关系研究. 护理实践与研究，（8）：111-113.

普遍较低，在职务晋升时处于劣势，在教学中也更容易因自身条件的限制而导致教学质量难以提升，难以产生优秀的教学成果，因此在晋升与教学的双重限制下，非在编教师的胜任力和自信力降低，自我效能感下降严重。

对于乡村教师来说，编制呈现为一种自我认同与社会认同下的"内部人身份认知"。"内部人身份认知"对员工态度和行为具有积极的作用，高内部人身份认知的个体会认为自己与组织命运相关，而无编制则让编外教师游离于组织制度之外，成为玛格丽特·罗斯特（M. Rosette）在科学史研究中提出的"局里的局外人"。[①]他们作为被阻挡在编制围城之外的"局外人"，会表现出高负荷下的"消极参与被动参与"和归属感缺失，而缺乏归属感的个体对工作常常是消极怠工、逃避、不履行职责等。正如一位学校管理岗位的教师 B2 所言："管理工作压力比较大，因为现在在编和临聘教师在管理上有所区别，临聘教师觉得自己只是一个临时工，不想多做事。"由此可见，非在编教师的组织归属感更低。

编制是教师获得薪资、福利等合法权益的根本保障。基于目前我国乡村学校管理体制现状，非在编乡村教师的"身份制"特征明显。从社会层面看，2018年，国务院办公厅发布《关于进一步调整优化结构 提高教育经费使用效益的意见》，明确提出"各地要严格规范教师编制管理，对符合条件的非在编教师要加快入编，并实行同工同酬"。然而，由于各地的管理机制不健全、法律政策解释模糊等，"同工不同酬"的情况依然突出，待遇的差别严重挫伤了一些教师的积极性和自尊心。从组织层面看，编外教师流动频繁、签约形式多样、教师身份不明、聘用标准缺乏规范等管理问题依然存在。[②]一些学校对编外教师比较冷漠，缺乏组织层面的人文关怀。有研究表明，教师社会支持能正向预测职业认同[③]，编外教师的社会支持严重不足，对未来职业生涯缺乏合理规划，职业生存状态不理想，他们日益对自身的社会地位产生忧虑，"干着教师的工作，却没有教师的身份"，极易产生心理失衡和归属感缺失，进而产生职业倦怠，逐渐模糊自身的职业角色。因此，非在编教师的职业认同水平显著低于在编教师。

根据社会比较理论，社会比较的方向分为两种：向上比较和向下比较。向上

---

① 转引自胡莉芳. 2018. 局里的局外人——基于 edX 课程的教师性别隔离现象研究. 清华大学教育研究，（3）：76-83.

② 安雪慧. 2020. 中小学临聘教师的管理困境与突破路径. 教育研究，（9）：127-134.

③ 王钢，范勇，黄旭，等. 2018. 幼儿教师政府支持、组织支持和胜任力对职业幸福感的影响：职业认同的中介作用. 心理与行为研究，（6）：801-809.

比较是指与优秀的人进行比较，向下比较是指与糟糕的人进行比较。编制意味着享有终身的工作、稳定的收入、丰厚的劳保福利、终身的社会保障、优惠的住房和物资供应及子女教育优待等一系列福利。[1]非在编教师面临着随时被辞退的不安全感、想要入编的紧迫感、"同工不同酬"的不公现状。部分非在编教师将自己与在编教师进行向上比较，这会使教师产生无能感、无助感，降低自我价值，形成工作压力，降低职业崇高感。[2]在一系列消极体验中，某些非在编教师的工作满意度水平低、工作压力大，最终只能以不积极配合教学工作来宣泄工作的压力与不满，严重影响了自身的成长和教学质量。

（三）乡村教师主观心理环境的教龄差异

由表 4-10 可知，不同教龄教师的自我效能感、组织认同和工作压力存在显著差异。教龄为 20 年以上的成熟教师的主观心理环境优势更为明显，该群体的自我效能感、组织认同和工作压力均显著高于其他教龄的教师。

表 4-10 乡村教师主观心理环境的教龄差异

项目	5 年及以下 （n=766）	6—10 年 （n=429）	11—20 年 （n=411）	20 年以上 （n=1156）	F
自我效能感	3.763 ± 0.612	3.774 ± 0.617	3.768 ± 0.663	3.855 ± 0.631	4.456**
组织认同	4.166 ± 0.614	4.169 ± 0.667	4.248 ± 0.614	4.301 ± 0.606	9.157***
组织归属感	3.899 ± 0.803	3.796 ± 0.859	3.877 ± 0.784	3.876 ± 0.773	1.609
职业认同	4.303 ± 0.526	4.265 ± 0.527	4.242 ± 0.546	4.259 ± 0.528	1.560
工作压力	3.704 ± 0.580	3.871 ± 0.611	3.954 ± 0.563	3.995 ± 0.550	42.196***
工作满意度	3.826 ± 0.818	3.751 ± 0.915	3.784 ± 0.834	3.770 ± 0.846	0.957

新手教师满怀热情地走上教师岗位，迫切地渴望将自己的教育理念和教育理想付诸实践。但在实际教学中，新手教师不仅面临着从学生身份到教师身份的转变，也面临着应然的教育理论知识与实然的教学科研实践的碰撞和冲突，因经验不足难以避免种种不可预料的困难，在理想与现实的巨大差异下，"起伏不定""乘坐失控的过山车"等成为众多新手教师从教体验的真实写照，与之伴随的还

① Shang J J, You L M, Ma C J, et al. 2014. Nurse employment contracts in Chinese hospitals: Impact of inequitable benefit structures on nurse and patient satisfaction. Human Resources for Health, (1): 1-10.

② 邢淑芬, 俞国良. 2005. 社会比较研究的现状与发展趋势. 心理科学进展, (1): 78-84.

有消极情绪的累积与自我效能感的降低。根据马斯洛的需求层次理论，人的需求分为五个层次，低层次的需求被满足后就会出现更高层次的需求，但低层次的需求仍然存在，只是对行为影响的程度大大降低。每一个时期，总有一种需求占支配地位，对行为起决定作用。教龄为 20 年以上的教师经过长时间的财富和经验累积，其需求也早已由生理需求、安全需求转为发展性的、自我实现的需求，所谓"仓廪实而知礼节，衣食足而知荣辱"。有 21 年教龄的教师 B3 说道："乡村教师走出去学习的机会真的很少，他自己都没看到一些新的东西，如何展现出来、教学生呢？""我觉得学校给教师成长层面的帮助太少了，还是应该让大家出去多见一下外面的世界。"由此可见，发展性需要的满足才是教龄较长教师的效能感的真正来源。教龄为 20 年以上的教师在教学与自我成长上早已游刃有余，在学校的地位较高，发展机会较多，当然发展性需求也能得到极大的满足，从而保持较高的自我效能感。访谈也证实了以上两点，即教龄较长的教师均对教学水平与能力表达出高度的自我认同，而教龄较短的教师则认为自己的能力不足、经验不够。例如，从教 5 年的教师 B1 评价自身的教学水平时说道："我还没达到自己想要的水平。"教师 B2 说道："在专业技能和理论知识上，我还是不太自信。"有的教龄较长的教师则提到"对学生有更多的理解，现在可以根据学生生理和心理特点理解学生的问题，对学生更具有包容心""教的学生基本都要考九十多分""对自己教学水平还是比较有自信的""我教了这么多年，感觉自己在教书方面还是比较顺心的，教学效果能够给我带来信心，有成就感，我觉得我适合教书，以前有机会转到其他行业，但我拒绝了"。总体而言，教龄为 5 年以下的教师的自我效能感相对较低，教龄为 20 年以上的教师的自我效能感相对较高。

由于入职时间较短，新手教师与组织关系的紧密程度不及成熟教师，尚处于一种"局外人"的状态。一些地区教师职称评聘中以教龄为主的价值导向及某些乡村学校论资排辈的现象，致使职称评定向年长者倾斜，很少惠及乡村青年教师群体，新手教师晋升的机遇匮乏[①]，难以感受到组织的支持。正如一些教龄较长的教师针对现状呼吁的："年轻人应该参加更多的培训，一些评奖对我们来说也没多大用。""应该多给年轻人一点机会，我们倒无所谓。"可以说，高支持性、

---

① 王晓生，邬志辉. 2019. 乡村教师职称评聘的结构矛盾与改革方略. 中国教育学刊，（9）：70-74.

协作性的环境能催生高组织认同的员工①，相反，在组织支持不足的情况下，新手教师的组织认同感更低。另外，教龄较长的教师的乡土情怀比新手教师更浓厚，他们熟悉乡土的自然风景与人文环境，扎根乡村数十年如一日。尤其是教龄为 20 年以上的教师，他们不仅积极投身学校建设，将学校当成了生命栖息之所，使个人的发展目标与组织发展目标一致，而且已经真正将乡土文化传承作为自己的核心价值追求和自觉行动。有 36 年教龄的教师 B5 说道："我一直在这所学校，这个地方也是我的老家，能为发展家乡教育事业发挥余热，我觉得累一点也没关系。"总体而言，教龄为 5 年以下的教师的组织认同感较低，教龄为 20 年以上的教师的组织认同感较高。

大部分新手教师还没有子女，或是子女年纪小，父母尚有劳动能力，家庭负担较小。根据哈维胡特（Havighut）的综合发展理论，教龄较长的教师都面临着同样的中年期发展任务，包括公民责任、社会责任、生活开支、业余生活、抚育后代、维持婚姻、生理变化、赡养父母，承担着沉重的家庭责任。尤其是教龄为 20 年以上的教师，他们都已积累大量工作经验，工作能力已得到验证，往往受到组织信任而委以重任，成为学校的骨干、教科研的"领头羊"，承担着发展乡村教育的主要责任，被认为是乡村教育振兴的中坚力量。例如，教师 B6 在访谈中说道："我每天七点起床，八点上课，一直上到十二点才能回家，下午又要上到六点，有时讲课上气不接下气，声音长期沙哑。"面对社会的高期望，如何将学生培养成才，令社会和家长满意，这些教师需要花费更多的时间和精力去思考。同时，随着信息化快速发展，对教师的信息素养的要求越来越高，然而一些教龄较长的教师的信息技术学习和应用能力不足。教师 B8 在提及自己的多媒体技术时说道："一塌糊涂""学不懂，让我们自己看信息化 2.0 的视频，下达了文件，必须要过关，不过关会扣工资。"教师 B7 说道："信息技术 2.0 这一培训，对我们中老年教师来说有难度，用于教学实践中，我们会感到力不从心，不切合实际。"在这种情况下，一些教龄为 5 年以下的教师工作压力最小，一些教龄为 20 年以上的教师的工作超负荷，便成为很自然的事情。

---

① Achinstein B, Ogawa R T, Sexton D, et al. 2010. Retaining teachers of color: A pressing problem and a potential strategy for "hard-to staff" schools. Review of Educational Research，（1）：71-107.

（四）乡村教师主观心理环境的学历差异

由表 4-11 可知，不同学历教师的自我效能感、组织认同、组织归属感、职业认同、工作压力与工作满意度均存在显著差异。中专及以下学历教师的自我效能感、组织认同、组织归属感、职业认同与工作满意度最高，工作压力最小，研究生及以上学历教师的自我效能感、组织认同、组织归属感和职业认同最低。

表 4-11　乡村教师主观心理环境的学历差异

项目	中专及以下 （n=101）	大专 （n=972）	本科 （n=1663）	研究生及以上 （n=26）	F
自我效能感	3.995 ± 0.606	3.875 ± 0.605	3.754 ± 0.640	3.635 ± 0.625	11.547***
组织认同	4.359 ± 0.542	4.296 ± 0.579	4.197 ± 0.645	3.938 ± 0.727	8.535***
组织归属感	4.246 ± 0.671	3.969 ± 0.766	3.793 ± 0.808	3.626 ± 0.881	18.867***
职业认同	4.364 ± 0.564	4.303 ± 0.514	4.249 ± 0.533	4.012 ± 0.661	5.284***
工作压力	3.492 ± 0.710	3.877 ± 0.583	3.920 ± 0.563	3.885 ± 0.694	17.653***
工作满意度	4.082 ± 0.718	3.828 ± 0.839	3.741 ± 0.858	3.750 ± 0.689	6.505***

自我差异理论认为，当个体感到自身实际具备的现实品质与自己或重要他人期望其具备的品质不符时，会产生失望、不满、沮丧等消极情感[1]，即现实自我与理想自我产生差异会对个体工作中的情感态度产生负面影响，并且这种差异联系着无法实现愿望的挫败和积极结果的缺失，从而导致抑郁。[2]相较其他学历教师，高学历教师的理想自我定位更高，而乡村学校的发展机会相对较少，越来越大的差距加快了低落情绪的产生，从而影响了自我效能感。中专及以下学历教师由于所受教育年限的局限、教学知识的缺乏，他们的教学观念大多都停留在教材知识本身，时常抱着因循安逸、怕乱求稳的心态，将教学研究看成一种额外的任务和负担。尽管他们中的一些教师也参加教学研究，但一旦遇到挫折和困难便浅尝辄止，如何把知识讲明白是他们的终极追求。在这种目标的导向下，他们的工作量自然就低，工作内容简单，极易达成目标，成功体验多，自我效能感自然就强。

高学历教师的组织认同与组织归属感较低，可能是因为研究生及以上学历的乡村教师的价值观和态度与学校组织的价值观和态度的匹配度低于本科及以下学历教师，

---

① Wanous J P，Poland T D，Premack S L，et al. 1992. The effects of met expectations on newcomer attitudes and behaviors：A review and Meta-Analysis. Journal of Applied Psychology，（3）：288-297.

② 祖雅桐，杜健. 2016. 青少年自我效能感对现实-理想自我差异与抑郁间关系的调节效应. 心理与行为研究，（3）：360-366.

部分乡村中小学校在引进研究生及以上学历教师的同时，并没有同步优化学校的人文生态环境，高学历教师并未从内心与组织达成心理契约，也未能真正将组织目标内化为个人的追求。[1]然而，中专及以下学历教师的组织认同与归属感最高的原因可能是这些教师大多在原籍任教。本调查研究结果显示，101 名中专及以下学历教师中，有85人都是在原籍任教，这些教师大多与执教所在乡村有着紧密的情感连接，对当地的风土人情了如指掌，有自己的社交网络，对嵌入当地的组织认同与归属感更强。他们大都在自己家乡，可以周全地照顾家庭，乡村生活成本更低，生活压力更小。正如一位原籍教师所说："在自己土生土长的地方上班比在外面上班更能照顾到自己的家庭。"

　　研究生及以上学历教师的职业认同最低，中专及以下学历教师的职业认同最高。高学历教师的职业认同低，可能是因为进入乡村的高学历教师一般都怀揣着为乡村事业添砖加瓦的理想，然而现实是乡村学校资源有限，难以为高学历教师提供充足的发展机会，改革创新的理想缺乏实施的条件。长此以往，容易使教师将自己的高学历与低成就联系起来，消磨了其对职业最初的期待与热情，从而降低了职业认同。与高学历教师相反，中专及以下学历教师在各个维度上的表现良好，这可能是因为乡村教师的工作不仅离家近，而且受人尊敬、工资待遇不错，因此中专及以下学历教师的职业认同与工作满意度较高。

第五节　乡村教师主观心理环境与教师专业发展影响关系浅析

一、乡村教师主观心理环境与教师专业发展的相关性分析

　　从变量之间的相关性来看，主观心理环境的自我效能感、组织认同、组织归

---

　　① 周明. 2018. 中小学高学历教师职业生态现状研究——基于对上海市某郊区中小学研究生学历教师访谈的分析. 上海教育科研，（12）：81-84.

属感、工作压力、职业认同、工作满意度六个维度与教师专业发展的专业情意、专业知识、专业行为、专业能力四个维度的相关系数为 0.127—0.676，大部分为 0.4 左右，说明主观心理环境与教师专业发展呈不同程度的相关，大部分呈中度相关（表 4-12）。

表 4-12　主观心理环境与教师专业发展相关性分析结果

	1	2	3	4	5	6	7	8	9	10
1. 自我效能感	—									
2. 组织认同	0.530**	—								
3. 组织归属感	0.576***	0.666**	—							
4. 工作压力	0.001	0.141**	−0.077**	—						
5. 职业认同	0.551**	0.662**	0.621**	0.135**	—					
6. 工作满意度	0.501**	0.470**	0.632**	−0.081**	0.593**	—				
7. 专业情意	0.524**	0.540**	0.496**	0.127**	0.676**	0.462**	—			
8. 专业知识	0.486**	0.409**	0.439**	0.165**	0.557**	0.418**	0.702**	—		
9. 专业行为	0.481**	0.437**	0.496**	0.142**	0.525**	0.446**	0.637**	0.757**	—	
10. 专业能力	0.492**	0.416**	0.395**	0.182**	0.513**	0.369**	0.667**	0.758**	0.725**	—

变量之间的相关性只能初步说明各因素之间的相关关系及方向，不足以验证假设，因此需要进行回归分析来确定哪些变量能够预测教师专业发展的变化。

二、主观心理环境对乡村教师专业发展的回归分析

（一）主观心理环境对乡村教师专业情意发展的影响

由表 4-13 可见，职业认同、自我效能感、组织认同、工作压力与工作满意度五个维度显著正向影响教师专业情意发展，组织归属感对教师专业情意发展无显著影响。同时，可以发现，主观心理环境可以解释和预测教师专业情意发展变异量的 49.9%。专业情意本身是教师心理环境的构成要素，与心理环境有较强的相关性。

表 4-13　主观心理环境对乡村教师专业情意发展的影响结果

变量	专业情意		
	β	t	VIF
职业认同	0.477	22.871***	2.394

续表

变量	专业情意		
	β	t	VIF
自我效能感	0.195	10.855***	1.779
组织认同	0.094	4.596**	2.318
工作压力	0.051	3.553**	1.131
工作满意度	0.046	2.421*	1.964
组织归属感	0.018	0.794	2.716
R^2	0.500		
调整后 R^2	0.499		
F	393.376**		

社会同一性理论认为，职业认同决定了个体对职业的感受和基本态度，真正接受、认同自身职业的教师能够在积极的职业认知与教学实践中燃起教书育人的激情，将乡村教育事业视为一生的追求，逐步健全专业情意，自发提高专业水平。自我效能感高的教师在教育教学过程中面对困难和挫折时会更加积极乐观，相信自己可以克服困难，对工作很少产生不满与抱怨，在积极的情感体验和问题解决过程中，教师的专业情意逐步得到发展。调查结果显示，组织认同对教师专业情意发展存在正向影响。塔什费尔（Tajfel）基于社会认同理论认为，当员工认同所在组织的时候，他们会产生去个人化及与组织同呼吸共命运的情感，并进一步落实在行动之中。[1]当乡村教师对所在学校具有强烈的组织认同时，教师将自己定位为组织中的一员，内部人身份使教师产生使命感和荣誉感，他们会把自身的认知与组织的要求、目标和价值观相结合，对教育事业产生积极的情感与态度，从而促进专业情意的发展。调查结果显示，工作满意度能正向预测教师专业情意发展，工作满意度越高的教师越能体验到积极愉悦的感受，越倾向于继续从事教师职业，专业情意本身的情感属性也在积极体验之中得到加强。教师的适度工作压力有助于持续学习、获得工作成就。根据期望理论，员工认为具有挑战性的工作会给自己带来回报，从事挑战性任务会锻炼自身的能力，因而会更倾向于积极投入工作。[2]教师在持续投入、得到回报的过程中收获成就感与满足感，在

① Tajfel H E. 1978. Differentiation between Social Groups：Studies in the Social Psychology of Intergroup Relations. London：Academic Press，61-67.

② Vroom V H. 1962. Ego-involvement，job satisfaction，and job performance. Personnel Psychology，（2）：159-177.

良性的发展循环中铸造积极进取的精神。

组织归属感还包括投身、忠诚等更高层次的组织情感，而乡村教师资源流失较多并且难以以其他形式得到补充，其职业成功感低于城市教师[1]，导致教师在工作投入中有所保留，难以因为组织的付出而动"心弦"进而愿意"委身"，最终乡村教师对乡村、乡村学校和乡村教育产生疏离感，专业情意无法被激活，因此组织归属感对专业情意发展无显著影响。

（二）主观心理环境对乡村教师专业知识发展的影响

由表 4-14 可见，职业认同、自我效能感、工作压力、工作满意度和组织归属感五个维度正向影响教师专业知识的发展，而组织认同对教师专业知识发展起负向预测作用。根据叶澜等的研究，专业知识可以分为教学方法、教学内容、技术理解、实践性知识等。[2]随着信息化的全面发展，乡村教师的信息化素养已经成了专业知识中不可缺少的一部分，这就需要教师将教学内容、方法与多媒体技术融会贯通应用于课堂教学中。表 4-14 显示，主观心理环境可以解释和预测教师专业知识发展变异量的 37.7%，处于良好主观心理环境之中的教师对工作持有更加积极的情感态度，会对教学质量与水平提出更高的要求，更新专业知识的愿望更加强烈。

表 4-14　主观心理环境对乡村教师专业知识发展的影响结果

变量	专业知识		
	β	t	VIF
职业认同	0.351	15.099***	2.394
自我效能感	0.242	12.079***	1.779
组织认同	−0.062	−2.702**	2.318
工作压力	0.137	8.593***	1.131
工作满意度	0.080	3.813***	1.964
组织归属感	0.098	3.958***	2.716
R^2	0.378		
调整后 R^2	0.377		
F	239.535***		

---

① 赵小云，李福华. 2019. 中小学教师的组织支持感、工作重塑与主观职业成功的关系. 教师教育研究，（2）：15-21.

② 叶澜，白益民，王枬，等.2001. 教师角色与教师发展新探. 北京：教育科学出版社，78.

　　乡村教师的职业认同正向影响教师专业知识，职业认同感强的乡村教师更加注重自身的专业发展。根据特纳（Turner）提出的自我归类理论，个体可以自动将事物分类，分为内群体和外群体，而且个体会尝试把群体成员间的相似性和与外群体之间的差别最大化，并尽可能地将有利资源分配给内群体成员。乡村教师的职业认同感越强，就会越追求更极致的教师职业专业化。教师专业知识是专业发展的基础，教师想要区分自身职业，保持自身的专业优势，首先就要完善自身的专业知识结构。本研究结果表明，自我效能感对教师专业知识发展有显著的正向预测作用。有研究指出教师通过自我效能感对教学工作产生积极情绪，当教师自身的能量以积极的方式进行传递的时候，教师将不断学习与改进，而不仅仅是关注自身发展、维持自身优势。[1]这也恰好印证了钱德勒（Chandler）等的研究，他们认为教师的自我效能感越高，学习欲望就越强，专业知识的发展也将得到极大助力。[2]乡村教师的工作压力反逼教师更新自身的专业知识，为了应对压力、达成目标，教师会对自身的专业发展提出新的要求，突破专业发展区，促进专业知识成长。控制-价值理论认为，情绪能预测学习绩效，积极情绪体验具有促进作用。高工作满意度本身就是一种积极情绪功能的体现，所以能够正向预测教师专业知识的发展。[3]

　　值得我们进一步探究的是组织归属感能显著正向预测、组织认同能反向预测教师专业知识发展。组织归属感体现出学校有良好的人际氛围，能有效激发教师的主人翁意识，积极主动地为组织做出贡献，发展专业知识以实现自身的价值。有研究证明，高水平的团队共享认同可能会使团队成员无法接受和自己身份原型相悖的观点和看法。[4]正如教师B3所说："开学时我买教学参考资料，甚至有教师嘲讽我。我认为买资料是为了把工作做好，我自己愿意花钱，这个也不贵，我也不认为有什么，但是他们的态度让我很诧异，好像花钱投入到工作中比较奇怪。"乡村教师缺少进修和与外部环境交流的机会，专业知识结构老化，与现代

---

① 转引自王艳玲，陈向明. 2019. 回归乡土：我国乡村教师队伍建设的路径选择. 教育发展研究，（20）：29-36.

② Chandler C L, Connell J P. 2011. Children's intrinsic, extrinsic and internalized motivation: A developmental study of children's reasons for liked and disliked behaviours. British Journal of Developmental Psychology, （4）: 357-365.

③ Pekrun R. 2006. The control-value theory of achievement emotions: Assumptions, corollaries, and implications for educational research and practice. Educational Psychology Review, （4）: 315-341.

④ de Dreu C K W, Nijstad B A, van Knippenberg D. 2008. Motivated information processing in group judgment and decision making. Personality & Social Psychology Review, （1）: 22-49.

教育教学改革发展逐渐脱节。正如教师 B1 所说："刚开始工作时，我充满了激情。前两年，我在小学工作时充满了干劲，早上起很早，下午批改完作业还会单独辅导学生，但是后来开始放松自己，认为能够跟上大家的节奏，只要不比其他人差就可以了。"组织认同水平过高的乡村教师更倾向于维持与多数学校成员一致的低专业知识水平，给自己贴上了"不如城镇教师"的标签，缺乏进取精神，即便这种行为可能会抑制自身专业知识的发展。

（三）主观心理环境对乡村教师专业能力发展的影响

由表 4-15 可见，职业认同、自我效能感、工作压力与工作满意度四个维度显著正向影响教师专业能力发展，组织认同与组织归属感对教师专业能力发展无显著影响。根据叶澜等的研究，教师的专业能力分为教学能力与教研能力，包括如何对学生进行评价、如何在课堂后主动进行反思、如何在课堂的环境中随机应变及如何与同事合作等。[1]表 4-15 显示，主观心理环境可以解释和预测教师专业能力发展变异量的 35.1%，表明教师主观心理环境在一定程度上体现了个体专业化的进程。

表 4-15 主观心理环境对乡村教师专业能力发展的影响结果

变量	专业能力		
	β	t	VIF
职业认同	0.290	12.218***	2.394
自我效能感	0.311	15.214***	1.779
组织认同	0.021	0.879	2.318
工作压力	0.139	8.526***	1.131
工作满意度	0.056	2.626**	1.964
组织归属感	0.047	1.857	2.716
R^2	0.352		
调整后 R^2	0.351		
F	214.052***		

乡村教师面临艰苦的工作环境和繁重的工作任务，例如，教师 B3 说道："办公室特别拥挤，空调也是坏的。教室也是一样，只有中间的学生能吹到风扇，老师讲课经常是汗流浃背。"教师 B2 说道："刚来工作的时候不太适应，路途也很

---

[1] 叶澜，白益民，王枬，等. 2001. 教师角色与教师发展新探. 北京：教育科学出版社，135.

颠簸，现在也习惯了。"对于乡村教师面临的大量非教学事务，教师 B5 说道："学校领导会将一些与教育无关的东西发到群里，让我们去点赞、评论，可以说是苦不堪言，和教育无关的东西凭什么让我们去做？动辄就是上级部门下派的任务。教书育人是我们的天职，其他事情一概不归我们管。还有教师扶贫，老师智力扶贫就可以了，我们去扶贫能帮助别人做什么？"职业认同水平高的教师对工作产生的成就感、幸福感能有效消除其对艰苦工作环境和繁重工作任务的失落感，始终对乡村教师这份职业保持热忱，积极提高专业能力，以此实现更高效的教学。自我效能感强的教师有较高的自我信念与自我意识，倾向于为自己开拓更广阔的发展领域，积极主动地提高自身的专业能力，愿意花更多的时间和精力去打造完美的课堂，以实现专业发展的目标。这也印证了坦申恩-莫兰等的观点，即具有高自我效能感的教师有更积极的教学改革意愿，愿意致力于自身的专业发展。①适度的工作压力能激发教师的工作积极性，发掘教师的发展潜能，促使教师提高自身的教学素养，在最近专业发展区内不断追求更高的专业能力。工作满意度有助于教师增强对专业发展活动的认同，激发其学习动机与需求，从而增强其对专业发展活动效能的感知，促使其以积极的情绪投入到教学与科研工作中。

组织认同与组织归属感对教师专业能力发展无显著影响，可能是因为教师只有将组织情感转化为自我意识与发展动机，才能将情感外化，从而间接影响专业发展能力，而本研究设计的题项对专业能力的直接影响关系显示度低。

（四）主观心理环境对乡村教师专业行为发展的影响

由表 4-16 可见，职业认同、自我效能感、工作压力、工作满意度与组织归属感均显著正向影响教师专业行为发展，而组织认同对教师专业行为发展无显著影响。根据陈双财②、侯浩翔③等的研究，专业行为可以分为参与专业发展行为与教学创新。如表 4-16 显示，主观心理环境可以解释和预测教师专业行为发展变异量的 37.0%。本研究讨论的主观心理环境实质上是教师对工作的总体主观体验。根据态度-行为理论，一个人的态度与行为之间一般具有一致性。在一个组织中，

① Tschannen-Moran M，Hoy A W. 2001. Teacher efficacy：Capturing an elusive construct. Teaching and Teacher Education，（7）：783-805.
② 陈双财. 2009. 澎湖县中小学教师创新教学能力与教学效能的关系之研究. 台北教育大学.
③ 侯浩翔. 2017. 变革型领导与交易型领导对教师教学创新的影响研究. 西南大学.

员工在工作中的情绪体验将逐渐稳定为一系列的工作态度和工作价值取向，从而影响其工作积极性和组织公民行为的产生。因此，主观心理环境作为情绪体验能预测教师追求专业发展的动机水平与教师的专业行为倾向。

表 4-16　主观心理环境对乡村教师专业行为发展的影响结果

变量	专业行为		
	β	t	VIF
职业认同	0.224	9.601***	2.394
自我效能感	0.208	10.334***	1.779
组织认同	−0.016	−0.708	2.318
工作压力	0.135	8.426***	1.131
工作满意度	0.115	5.441***	1.964
组织归属感	0.206	8.257***	2.716
R^2	0.371		
调整后 R^2	0.370		
F	232.379***		

职业认同感高的教师会将自己与职业联系起来，追求个人发展目标与职业发展要求的一致性[1]，有意识地把追求理想的专业发展变成自觉行为，追求更高水平的专业化，以与其他职业进行区别，从而保持自身职业的优越性。自我效能感高的教师有强烈的教学改革愿望，这种强烈愿望能转化为专业发展的内在驱动力，激励其主动探索新的教学方法以满足学生学习、发展的需要。同时，有研究表明，自我效能感是人们对于自己从事特定创新活动的信念的基础[2]，高水平自我效能感的教师会在创新道路上勇敢进取，面对失败时保持积极态度，他们比低效能感的教师具有更强的自我意识，也更容易产生创新成果。本研究数据显示，工作压力能正向预测教师专业行为发展。工作压力的产生是由于教师本身的专业水平无法解决现有教学问题，但当任务难度处于教师的最近发展区时，教师就相信通过提高工作效率、适当提高专业水平能够完成工作任务。在此过程中，教师积极寻求解决问题的方法，主动探索提升专业水平的路径，激发发展活力与创新动力，专业行为在任务驱动中得到快速发展。工作满意度能正向预测教师专业行

① 罗杰，周瑷，陈维，等. 2014. 教师职业认同与情感承诺的关系：工作满意度的中介作用. 心理发展与教育，（3）：322-328.

② Tierney P，Farmer S M. 2002. Creative self-efficacy：Its potential antecedents and relationship to creative performance. Academy of Management Journal，（6）：1137-1148.

为发展，是因为工作满意度直接反映了教师在教学工作中的情感体验。工作满意度高的教师对乡村教育事业表现出更高的热情，在工作中会激励自己保持一股令人振奋的精神力量，全情投入乡村教育事业中。乡村学校是乡村社区的文化中心和精神高地，组织归属感强的教师会主动承担起乡土文化传承、发展和创新的责任，在成就乡村教育的同时，成就自我的发展。也有研究发现，组织归属感强的教师更容易参与专业行为，产生创新成果。[①]

调查结果显示，组织认同对教师专业行为发展无显著影响。正如有教师在访谈中提到的，"不管我认不认同学校，我还是会积极地参加这类学习（培训）"。这可能是因为随着专业素养的逐步提升，各级各类教师均认识到了终身发展的重要性，即使对所在学校有不满，依然不会放弃提高专业水平的机会。

（五）主观心理环境对乡村教师教学创新的影响

1. 已有研究概况

（1）组织认同对教学创新的影响

一些研究人员将教学创新概念化为教师的接受能力、开放性和接受变革的意愿，并将其视为教师创新行为的关键因素和创新与变革的前提。在近些年的研究中，魏（Wei）等提出了一种"创造性教学"的五因素模型，包括"互动讨论""开放心态""解决问题""多层次教学""独立学习"。[②]也有研究者主张，创新教学的内容可以分为五个维度，即理念思维、课程内容、教材、教学方法和多方面评估。[③]这符合对教学创新的定义。该定义提出了五个类似的教学创新维度：思维创新、内容创新、方法创新、资源创新和评估创新。尽管这些定义有所不同，但它们在一些公认的维度上达成了一致。教学创新通常被理解为教师在工作场所的创新行为，包括产生、促进、实施创造性思想，以及教学和评估材料及工具等关键组成部分。这些活动的目的包括提高教学效率和促进学生的发展。这些不同

---

① 郑楠，周恩毅. 2017. 高校青年教师的工作幸福感对其创新行为的影响研究. 国家教育行政学院学报，（10）：58-64.

② Wei X D, Weng D D, Liu Y, et al. 2015. Teaching based on augmented reality for a technical creative design course. Computers & Education，（81）：221-234.

③ Chih-Lun H, Feng-Chin L. 2017. Teacher perceptions of professional role and innovative teaching at elementary schools in Taiwan. Educational Research and Reviews，（21）：1036-1045.

的建议表明，教学创新不仅仅是将新技术融入课堂并促进学生学习成绩的提升，还涉及一种新的观念——教育学生成为独立和负责任的学习者、社会代理人。同样值得注意的是，研究一致认为，教师的活动嵌入到了互动的社会和教学环境中。[①]也就是说，一个人的教学创新应该与其他成员的教学创新交织在一起，尽管它也可以在个人层面发起。

已有研究表明，强烈认同组织的个体会将组织目标内化为自身目标，并愿意将组织利益置于自身利益之上，这将强化个体的工作动机，使其做出有益于组织的行为。组织认同促使个体采取有利于组织发展的行为，而这些行为有助于他们发展更积极的自我概念，实现组织目标，创新行为就属于此类。对组织高度认同的员工更关心组织发展，更愿意实施创新行为，因为他们倾向于将组织命运与自身的命运联系在一起。基于社会认同理论，员工对团队的认同程度越高，他们为实现团队目标而做出的创新行为就越多。[②]此外，员工对来自领导和组织支持的感知会促进员工的创新行为。[③]员工的组织认同程度越高，意味着员工对组织的归属感越强，越能感受到领导和组织对其工作的支持，员工就会更多地站在组织角度考虑问题，积极响应组织的号召，从而表现出更多创新行为。因此，高绩效工作系统会提高员工的组织认同，而高组织认同可以促进员工的创新行为。基于以上分析，本研究提出如下假设。

H1：组织认同正向影响教师教学创新。

（2）教师工作满意度的中介作用

1）组织认同对工作满意度的影响。工作满意度是指员工对工作成就感或如何允许他们的个人价值观在与工作相关的任务中表达的看法。根据埃文斯（Evans）的说法，工作满意度是一种积极的情绪状态，源于工作经验。[④]鉴于这一主题对组织的重要性，工作满意度调查试图确定员工与工作相关的价值观，以及这些人如何看待他们的组织实现这些价值观的方式。沃滕（Walton）认为，工

① Hou H X. 2018. Can principal leadership influence teachers' teaching innovation?—On the mediating effect of schools' organizational innovation. Education Science（In Chinese），（1）：26-32.

② Hirst G，van Knippenberg D，Zhou J. 2009. A cross-level perspective on employee creativity：Goal orientation，team learning behavior，and individual creativity. Academy of Management Journal，（2）：280-293.

③ Harris K J，Kacmar K M. 2018. Is more always better? An examination of the nonlinear effects of perceived organizational support on individual outcomes. The Journal of Social Psychology，（2）：187-200.

④ Evans L. 2001，Delving deeper into morale，job satisfaction and motivation among education professionals：Re-examining the leadership dimension. Educational Management & Administration，（3）：291-306.

作满意度可以被视为组织环境中的一个重要变量。[①]

阿尔贝特（Albert）等较早提出了"组织认同"的概念，把组织认同定义为一个组织具有的特色及其持久性的特征。[②]对于组织认同的理解，可以从如下两方面入手：其一，组织认同具备一定的归属性；其二，组织认同和自我概念之间的关系极为密切。达顿（Dutton）等通过研究得出，员工对组织的高度认同在很大程度上能对其态度及行为产生积极的影响，其中包含诸多方面，如员工满意程度、组织承诺、员工合作行为等。[③]瑞凯塔（Riketta）认为，组织认同与工作满意度之间也具有正相关关系。[④]基于以上分析，本研究认为组织认同能够促使个体认为自己在组织中感知到在心理上与团队共命运、互相联系，从而有利于形成积极的自我概念；员工对组织的评价越高，情感依托越紧密，对企业的了解程度越深，与其他同事能够保持良好的关系，那么他们对自己的学习和工作的满意度就会越高。为了进一步验证这一结论，本研究提出如下假设。

H2：组织认同正向影响教师工作满意度。

2）工作满意度对教学创新的影响。创新是一项长期的、多阶段的和复杂的任务，如果企业能够形成一种容忍失败的工作氛围，不仅有利于知识在不同部门与团队之间传递，还有助于激发创新性思维。[⑤]从工作动机角度而言，员工将和谐的工作环境看作企业赋予的"礼物"，当他们对工作环境的满意度更高时，会降低离职率并更具奉献精神。[⑥]提供满意的工作环境、培训机会、福利待遇等能提升员工满意度的举措，能够在货币和股权薪酬的基础上为员工带来额外的补偿与激励，这有助于舒缓通过追求短期业绩获得回报的心态，激励员工为提升企业的长远价值而努力工作。另外，提升员工的决策参与度、增强员工对企业文化的认同感等，均会促进员工积极地参与到复杂的创新项目中，并努力提高效率。[⑦]

① Walton R E. 1973, Quality of working life: What is it. Sloan Management Review, (1): 11-21.

② Albert S, Whetten D A. 1985. Organizational identity. Research in Organizational Behavior, (7): 263-295.

③ Dutton J E, Dukerich J M. 1991. Keeping an eye on the mirror: Image and identity in organizational adaptation. Academy of Management Journal, (3): 517-554.

④ Riketta M. 2005. Organizational identification: A meta-analysis. Journal of Vocational Behavior, (2): 358-384.

⑤ Acharya V V, Baghai R P, Subramanian K V. 2014. Wrongful discharge laws and innovation. Review of Financial Studies, (1): 301-346.

⑥ Akerlof G A. 1982. Labor contracts as partial gift exchange. Quarterly Journal of Economics, (4): 543-569; Organ D W. 1997. Organizational citizenship behavior: It's construct clean-up time. Human Performance, (2): 85-97.

⑦ Sauermann H, Cohen W M. 2010. What makes them tick? Employee motives and firm innovation. Management Science, (12): 2134-2153.

综上所述，本研究提出如下假设。

H3：教师工作满意度正向影响教师教学创新能力。

（3）领导支持的调节作用

本研究采用科特（Kottke）等对领导支持的定义。①领导支持又被称为主管支持，是企业中存在的典型社会交换关系，其主体为主管和员工。领导支持通常有益于员工产生对主管和组织有利的行为。②相关研究表明，领导成员交换关系会影响下属的行为和态度，员工感知的支持越多，其对领导和组织有益的反应与行为越多。当员工感知到领导支持较高时，会产生回报主管的心理并关心其利益，从而能改进自身的工作，并帮助其实现目标。③在环境因素方面，诸多研究探讨了学校氛围如创新氛围、决策氛围和支持氛围等对教师创新行为与创新意愿的影响。有研究者指出，教师创新的动机建立在同事和领导的社会支持及学校鼓励创新的氛围的基础上，领导与同事的支持越多、学校鼓励越多，教师的创新意愿越强。

H4：领导支持在工作满意度与教学创新之间起调节作用

H5：领导支持在组织认同与教学创新之间起调节作用。

研究假设如图 4-5 所示。

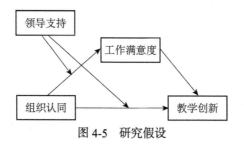

图 4-5　研究假设

2. 主观心理环境对乡村教师教学创新的影响研究结果

（1）共同方法偏差与区分效度检验

为了避免存在一定的共同方法偏差，笔者采用 Harman 单因素检验法进行共

① Kottke J L，Sharafinski C E. 1988. Measuring perceived supervisory and organizational support. Educational and Psychological Measurement，（4）：1075-1079.

② Bhatnagar J. 2014. Mediator analysis in the management of innovation in Indian knowledge workers：The role of perceived supervisor support, psychological contract, reward and recognition and turnover intention. The International Journal of Human Resource Management，（10）：1395-1416.

③ Shanock L R，Eisenberger R. 2006. When supervisors feel supported：Relationships with subordinates' perceived supervisor support, perceived organizational support, and performance. Journal of Applied Psychology，（3）：689-695.

同方法偏差检验，对全部数据进行主成分分析，有 4 个因子的特征值大于 1。第 1 个因子的解释量为 38%，小于 40% 的经验判断标准值，表明本研究不存在严重的共同方法偏差。其次，使用 Mplus7.4 针对自变量（组织认同）、中介变量（工作满意度）、调节变量（领导支持）、结果变量（教学创新）构建中介效应模型。经检验，中介效应模型拟合较好，χ^2=3011.633，df=203，χ^2/df=14.8，RMSEA=0.071，CFI=0.925，TLI=0.915，SRMR=0.060。

（2）各变量间的相关分析

对乡村教师的组织认同、工作满意度、教学创新、领导支持 4 个变量进行相关分析，结果表明，乡村教师的组织认同与工作满意度呈显著正相关，组织认同与教学创新呈显著正相关，工作满意度与教学创新呈显著正相关（表 4-17）。相关性分析结果初步验证了本研究所提出的假设，为更好地进行下一步假设检验奠定了基础。

表 4-17　描述性统计与相关矩阵（N=2762）

变量	M	SD	1	2	3	4
1. 领导支持	3.302	0.881	—			
2. 教学创新	4.118	0.567	0.276***	—		
3. 工作满意度	3.785	0.848	0.481***	0.371***	—	
4. 组织认同	4.235	0.622	0.417***	0.405***	0.470***	—

（3）中介作用的检验

本研究使用 Mplus7.4 软件，构建了自变量为"领导支持"，因变量为"教学创新"的结构方程模型，检验领导支持对教师创新行为的直接效应。结果显示，领导支持对教师教学创新行为具有正向影响，因此假设 H1 得到了验证。结果表明，教师组织认同对教学创新的预测作用显著（β=0.405，p<0.001），放入中介变量后，教师组织认同对教师教学创新的直接预测作用依然显著（β=0.296，p<0.01）、教师工作满意度对教学创新的正向预测作用也显著（β=0.232，p<0.001）。此外，组织认同对教师教学创新的直接效应及工作满意度中介效应的 95% 置信区间上下限均不包括 0（表 4-18），表明教师的组织认同感不仅能直接预测乡村教师教学创新，而且能够通过工作满意度的部分中介作用预测其教学创新，H2 得到了验证。

表 4-18 Bootstrap 中介效应检验结果 (N=2762)

效应关系	路径	路径系数（β）	标准误	Z	95%置信区间	显著性水平
总效应		0.405***	0.021	19.299	[0.364，0.446]	显著
直接效应	组织认同→教学创新	0.296**	0.024	12.374	[0.249，0.343]	显著
	组织认同→工作满意度	0.479**	0.018	25.626	[0.434，0.506]	显著
	工作满意度→教学创新	0.232***	0.023	10.210	[0.187，0.276]	显著
间接效应	领导支持→组织认同→工作满意度	0.109***	0.011	9.675	[0.087，0.131]	显著

（4）有调节的中介模型检验

本研究主要运用逐步回归的分析方法对乡村教师感知到的领导支持对教师组织认同和教师教学创新的调节效应进行了检验。为了有效规避共线性的问题，在回归之前，我们对自变量与调节变量进行了中心化处理，并基于中心化处理的结果计算了乘积项，自我效能感的调节效应结果如表 4-19 所示。根据表 4-19 可以看出，首先，控制变量年龄、教龄对乡村教师的教学创新没有影响，但性别、学历、职称及学校类型对乡村教师的工作满意度具有统计学意义上的显著影响。其次，领导支持与工作满意度的交互项对教师教学创新具有统计学意义上的显著影响，系数为 0.083（$p<0.001$），教师的组织认同与领导支持的交互项对教师教学创新具有显著的正向影响，系数为 0.068（$p<0.001$）。

表 4-19 自我效能感的调节效应分析

变量		教师教学创新		
		模型 1	模型 2	模型 3
常项		4.079***	2.218***	1.925***
控制变量	性别	0.028	0.042	0.054*
	年龄	−0.031	−0.032	−0.019
	教龄	0.024	0.031	0.022
	学历	0.008	0.051***	0.056**
	职称	−0.010	−0.027*	−0.028*
	学校类型	0.009	0.050*	0.042*
直接效应	领导支持		0.045***	0.041**
	组织认同		0.266***	0.290***

续表

变量		教师教学创新		
		模型 1	模型 2	模型 3
直接效应	工作满意度		0.138***	0.151***
交互效应	工作满意度 × 领导支持			0.083***
	组织认同 × 领导支持			0.068***
	R^2	0.002	0.219***	0.252***
	F	1.074	85.709***	84.186***

注：Bootstrap 随机抽样 5000 次，交互项已进行中心化

　　为了更加形象地反映领导支持在工作满意度、组织认同与教师教学创新之间所起的调节作用，我们按照领导支持加减一个标准差将数据分为两个组列，进行简单斜率检验并绘制组织支持的调节作用图（图 4-6）。在高领导支持（$M+1SD$）下，工作满意度对教师教学创新具有显著的正向影响（$b=0.228$，$p<0.001$）；在低领导支持（$M-1SD$）下，工作满意度对教师教学创新的影响显著（$b=0.083$，$p<0.001$）。这表明相对于低领导支持，在高领导支持下，教师的工作满意度更容易影响教师的教学创新，H4 得到了验证。由图 4-7 可知，在高领导支持（$M+1SD$）下，组织认同对教师教学创新具有显著的正向影响（$b=0.341$，$p<0.001$）；在低领导支持（$M-1SD$）下，组织认同对教师教学创新的影响显著（$b=0.221$，$p<0.001$）。这说明相较于低领导支持，高领导支持下的组织认同更容易影响教师的教学创新，H5 得到了验证。

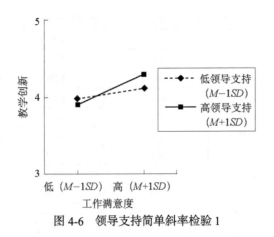

图 4-6　领导支持简单斜率检验 1

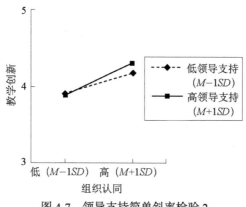

图 4-7 领导支持简单斜率检验 2

3. 结论

当教师拥有组织认同时，更容易对集体产生认同感和归属感，进而全身心地投入到教学事业中，并不断严格要求自己，提高自己的教学创新效果。组织认同作为提升乡村教师教学创新能力的内在动力，激励着教师不断进步。没有组织认同，教师的教学创新能力难以得到有效提升，进而会影响教师的教育教学效果。拥有组织认同，一方面能增强教师的工作责任感，使他们认可学校组织并积极主动地与学校建立联系；另一方面，组织认同还能提高教师的工作期望值，以此来满足教师对尊重、被认可与情感支持等方面的需求，最后以积极的工作态度和良好的行为来回报学校，提高教学效果和教学绩效，促进学生的发展。组织认同可以激发教师的创新活力，提升其教学创新能力。学校要重视组织认同的重要性，提高教师群体对学校认同的认识。学校是提升教师教学创新能力的场所，在学校这个场域，组织认同对教师个人发展起着至关重要的作用，组织认同越强，个人在工作岗位上产生创新灵感的可能性就会越大。一所好的学校是一个有活力和创造力的工作场所，只有积极主动地投入其中并获得认可和认同，教师才会进行更多创造性的工作，深化自身对组织认同的认识。教师群体通过与其他成员相互交流信息、反馈信息进而形成合力，并增强对组织的认同感和归属感，通过与其他成员建立信任关系并在工作中互相支持，形成对学校认同的氛围，从而使教育教学工作在组织内部不断获得创新、创造和发展，进而提升教师的教学创新能力。

第五章

客观组织环境与乡村教师专业发展关系探赜

　　乡村教育是国家教育体系的重要组成部分，而乡村教师的专业发展直接关系到乡村教育的质量和乡村学生的未来。在探讨乡村教师专业发展的影响因素时，客观组织环境是一个不可忽视的方面。本章聚焦于乡村学校内部环境对教师专业发展的具体影响，通过深入剖析内部环境的各个要素，特别关注工作自主性和领导支持两个关键维度，以此衡量客观组织环境的实际状况。工作自主性反映了教师在教学和管理中的自由度和决策权，它会直接影响教师的创新能力和专业发展动力。领导支持则体现了学校管理层对教师工作的认可与帮助，对于激发教师的工作热情、促进教师专业成长具有重要意义。通过对这两个维度的测量和分析，本章旨在揭示乡村学校内部环境对教师专业发展的深层次影响机制，以期为优化乡村教师发展环境、提升乡村教育质量提供科学依据和实践指导。同时，这也将有助于我们更全面地理解教师专业发展的复杂性，为制定更加有效的教育政策和措施提供参考。

第一节　客观组织环境的研究综述

一、客观组织环境的概述

客观组织环境的研究最早起源于对环境的关注。早期心理学家认为，人与环境是一个整体的存在，任何具体的心理或行为事件都在这个整体存在的制约下发展和变化。纳尔逊（Nelson）等从组织所处的社会大环境对客观组织环境进行了相关研究和定义。他们认为，一个组织总的工作环境性质主要是指组织的物质资源，背景环境主要是指来自组织中成员带来的背景特征，客观组织环境是指企业或者公司在员工工作时能为员工提供的环境，包括周围环境的陈设、公司制度及领导管理风格。[①]利特温（Litwin）等认为，一个组织的环境性质受到环境四个维度的影响，而个体对特定客观组织环境的感知，会影响组织成员的行为态度、行为动机和价值观。[②]另外，有学者认识到组织中个体的主观态度和行为不但会受到组织以外的大环境的影响，同时来自组织内部的管理制度、组织文化、工作软硬件条件、组织氛围等方面的因素同样会导致成员对组织的情感、满意度甚至工作行为产生变化。具体来说，目前国内外学者对客观组织环境的研究主要集中于两类：一类是客观组织环境与组织战略的相互关系研究，他们聚焦于客观组织环境影响组织行为及组织如何适应环境的变化或组织如何改变环境的机制。[③]例如，布鲁多恩（Bluedorn）等通过组织中战略管理进行客观组织环境的研究，主要关注的是组织成员愿意为了组织做出战略选择，而这些选择会导致组织战略和

---

①　Nelson C W，Tagiuri R，Litwin G H. 1970. Organizational climate：Explorations of a concept. American Sociological Review，（1）：166.

②　Litwin G H，Jr Stringer R A. 1968. Motivation and organization climate. Boston：The President and Fellows of Harvard College，76.

③　张彦，李汉林. 2020. 治理视角下的组织工作环境：一个分析性框架. 中国社会科学，（8）：87-107，206.

组织结构的变化。①另一类是侧重组织的内部环境对员工的行为和绩效的影响。还有研究发现，客观组织环境中的法律制度、激励政策和运行机制与员工的行为存在显著的正相关关系。②除此之外，对客观组织环境的研究也集中在客观组织环境能够对个体行为产生的影响方面。有学者发现，组织的社会文化环境和物理环境会对个体的创新性思维、创造性活动产生显著的影响。范（Pham）等对来自越南的 8 个 MBA（master of business administration，工商管理专业型硕士研究生）课程的 167 名学员进行了研究，结果发现，组织中的监督支持、工作自主性和首选支持与培训转移密切相关。③有学者对我国学者的产业参与行为进行了探究，以创业使命和组织激励作为客观组织环境中的重要因素，发现组织创业使命和组织激励对学者的亲社会行为均存在显著正向影响，自我效能感在组织因素和产业参与之间起到了部分中介作用。④张彦从治理的角度来观察组织中的工作环境，认为客观组织环境包括工作自主性、组织支持、工作歧视三个方面。⑤综上所述，在研究客观组织环境的过程中，由于环境的复杂性和多样性，以及研究者的目的不同，至今为止还没有研究对客观组织环境包含的所有维度进行测量，都是选取适用于各自研究的环境的某些维度或变量展开研究。从制度学派的组织理论来看，任何一个组织都不可能完全是一个韦伯氏的理性的技术组合体，而是一个不断与周围制度和环境相互作用、不断与之相适应的产物和结果。研究一种具体的客观组织环境，外在的领导支持固然重要，而内部的工作自主性也同样关键。本研究是以乡村学校内部环境对教师专业发展的影响为主，对内部环境要素进行细分，通过测量工作自主性与领导支持来评判客观组织环境的状况。

———————————

① Bluedorn A C，Johnson R A，Cartwright D K，et al. 1994. The interface and convergence of the strategic management and organizational environment domains. Journal of Management，（2）：201-262.

② 陈成文. 2020. 制度环境对社会组织活力的影响——基于贵州、湖南、广东三省的实证研究. 社会科学研究，（2）：115-129.

③ Pham N T P，Segers M S R，Gijselaers W H. 2013. Effects of work environment on transfer of training: Empirical evidence from master of business administration programs in vietnam. International Journal of Training & Development，（1）：1-19.

④ 赵志艳，蔡建峰. 2018. 组织环境、自我效能感与学者的产业参与行为. 当代经济管理，（10）：15-22.

⑤ 张彦. 2016. 从个体情绪到总体性情绪的跃迁：中国城镇居民工作环境满意度实证研究. 社会发展研究，（1）：48-79.

二、客观组织环境的研究现状

（一）领导支持研究现状

对于"领导支持"这一概念，国内外学者进行了大量积极的探索。艾森伯格（Eisenberger）等以社会交换理论、组织支持理论和互惠原则为基础，提出了组织支持感（perceived organizational support，POS）这一概念。组织支持感是指员工自己感知到的所在组织对自己的努力和奉献的认可程度，以及对自身利益的关心程度。一方面，领导有指导和评估下属表现的权力与责任，所以员工会在主观上将领导对自己的赏识或失望的倾向等同于组织或领导对自己认可程度的重要风向标。另一方面，员工认为领导对自己的评价往往会传达给上层管理人员，影响上层管理人员对自己的认可，这将进一步促进员工将领导支持与感知的组织支持联系起来。[1]卡拉泰佩（Karatepe）等[2]、张宁俊等[3]通过实证得出领导支持与员工工作满意度呈正向相关，能够提高员工组织承诺水平及工作投入。在纳洪–沙尼（Nahum-Shani）等的研究中，领导支持的内涵则更为宽泛，包括给员工树立良好的工作榜样、给员工设定合适的目标、对员工表达支持、保持良好沟通、提供建设性的反馈等。[4]芒福德（Mumford）等则认为，领导支持应涵盖三个方面：方法上的支持、工作上的支持和社会关系上的支持。[5]我们通过对现有文献进行梳理可以发现，学者对领导支持的结果变量进行了广泛的实证探索，可以看出领导支持在工作场所中的积极影响。学者的研究主要聚焦于领导支持对下属工作态度和行为的影响，结果变量可大致分为三个方面，即工作态度、工作行为表现、心理压力。

---

① Eisenberger R，Huntington R，Hutchison S，et al. 1986. Perceived organizational support. Journal of Applied Psychology，（3）：500-507.

② Karatepe O M，Kilic H. 2007. Relationships of supervisor support and conflicts in the work-family interface with the selected job outcomes of frontline employees.Tourism Management，（1）：238-252.

③ 张宁俊，周灿，张家瑞. 2011. 服务企业主管支持感与员工工作满意度关系调查. 经济纵横，（7）：109-112.

④ Nahum-Shani I，Henderson M M，Lim S，et al. 2014. Supervisor support：Does supervisor support buffer or exacerbate the adverse effects of supervisor undermining？ Journal of Applied Psychology，（3）：484-503.

⑤ Mumford M D，Scott G M，Gaddis B，et al. 2020. Leading creative people：Orchestrating expertise and relationships. Leadership Quarterly，（6）：705-750.

（二）工作自主性研究现状

工作自主性即个体在工作中对相关事务的裁量权和控制权。这一概念比较复杂，最早起源于管理实践中的工作设计。哈克曼（Hackman）等将工作自主性作为独立的工作特征维度，将其界定为个体自由、独立和自主处置权、决定和选择工作方法的自主程度①，强调的是个体内在的、稳定的、不受外界影响的工作独立性。②工作自主性会直接影响工作绩效、工作满意度等结果变量。工作自主性作为自变量或中介变量直接或间接影响着个体参与工作的状态和效率。研究表明，工作自主性会影响个体的建言行为、创新行为、敬业度等，对组织支持、组织承诺、程序公平与心理压力等具有正向调节作用，高工作自主性满足了劳动者的需求偏好，减少了个人偏好与工作之间的不匹配，能有效减轻工作压力和不安全感，有利于将被动的工作安排转化为主动的价值追寻，放大生存之外的劳动意义，进而促进工作尊严的实现，为塑造正确的职业价值观提供良好的资源环境。③布劳（Breaugh）将工作自主性分为三类：工作方法自主性、工作安排自主性、工作标准自主性。工作方法自主性指的是可以自主决定使用何种方式和步骤完成工作的程度；工作安排自主性指的是员工可以自主决定工作安排和进度的程度；工作标准自主性是指员工可以自主决定工作目标和标准的程度，并可以适时调整。简言之，在工作过程中自己有权力决定做什么和怎么做。④教师作为最典型的知识型员工，赋予教师较大的工作自主性，既是工作环境的客观要求，也是教师专业发展的内在需要。

① Hackman J R, Oldham G R. 1976. Motivation through the design of work: Test of a theory. Organizational Behavior and Human Performance, （2）: 250-279.

② Friedman I A. 1999. Teacher-perceived work autonomy: The concept and its measurement. Educational & Psychological Measurement, （1）: 58-76.

③ 邓彤博，李敏. 2021. 非正规就业人员工作自主性与体面劳动感知——情绪耗竭和超时劳动的视角. 经济管理, （11）: 104-120.

④ Breaugh J A. 1985. The measurement of work autonomy. Human Relations, （6）: 551-570.

第二节　工作环境内部结构与客观组织环境的关系

一、客观工作环境与客观组织环境的关系

（一）客观工作环境与客观组织环境的相关性分析

由表 5-1 可知，本研究讨论的客观工作环境（信息环境、劳动报酬、工作时间）与客观组织环境呈显著的正相关。

表 5-1　客观工作环境与客观组织环境的相关性分析

	1	2	3	4
1. 信息环境	—			
2. 劳动报酬	0.429***	—		
3. 工作时间	0.130***	0.080***	—	
4. 客观组织环境	0.403***	0.527***	0.202***	—

（二）客观工作环境对客观组织环境的影响研究

由图 5-1 可知，本研究中受访教师认为其目前拥有的信息环境、劳动报酬、工作时间均对客观组织环境存在不同程度的影响。当乡村教师处于良好的信息环境时，他们面临的不只是先进的机器，而是需要具备运用教学信息技术的能力，这是拥有高工作自主性的物质前提。工作自主性体现的是教师的自由度，可以自主控制工作节奏，这是建立在教师有足够的时间来自主安排工作的基础上的。从时间视角来讲，乡村教师除承担正常的教学工作外，还需要承担如负责寄宿学生的生活、安全、全天候管理、联系家长等一系列非教学性事务，这些事务严重压缩了教师进行教学研究、自我发展的时间，使个体感到时间不足、时间自由感低下，造成教师工作压力大、满意度低，影响了教师工作自主性的发挥。

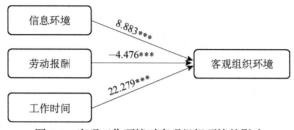

图 5-1 客观工作环境对客观组织环境的影响

二、主观心理环境与客观组织环境的关系

（一）主观心理环境与客观组织环境的相关性分析

由表 5-2 可知，本研究讨论的主观心理环境（自我效能感、组织认同、组织归属感、职业认同、工作压力、工作满意度）与客观组织环境呈现显著相关。

表 5-2 主观心理环境与客观组织环境的相关性分析

	1	2	3	4	5	6	7
1. 自我效能感	—						
2. 组织认同	0.530**	—					
3. 组织归属感	0.576**	0.666**	—				
4. 职业认同	0.551***	0.662**	0.621**	—			
5. 工作压力	0.001	0.141**	−0.077**	0.135**	—		
6. 工作满意度	0.501**	0.470**	0.632**	0.593**	−0.081**	—	
7. 客观组织环境	0.486***	0.438**	0.642**	0.438**	−0.102**	0.523***	—

（二）主观心理环境对客观组织环境的影响研究

由图 5-2 可知，本研究中受访教师认为其目前拥有的自我效能感、组织认同、组织归属感、职业认同、工作压力、工作满意度均对客观组织环境存在不同程度的影响。

本研究对主观心理环境中的组织认同与工作自主性之间的影响机制进行了进一步探究，发现工作满意度在二者之间起到了中介作用，并受到专业情意的调节。

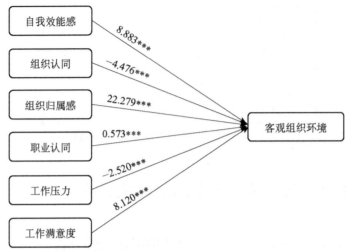

图 5-2　主观心理环境对客观组织环境的影响

1. 组织认同对工作自主性的影响

组织认同源于社会认同理论，是指组织成员在理性和感性方面希望与组织保持一致性，并对组织活动产生影响的行为结果，充分的认同感是教师与组织共同发展、互助共赢的基础。相关实证研究证实，组织认同对工作自主性具有促进作用。例如，当下属受到内在激励时，他们会拥护公司的原则和指导方针[1]，觉得自己有做决定的自由，他们的努力得到了认可。[2]当个人认同自己所在的组织时，他们与该组织拥有相同的价值观和目标，他们对自己的工作场所产生了更积极的态度。强烈的组织认同使员工对组织福祉感兴趣，并使他们更愿意为整个组织工作。这样的员工被期望在身体和精神上都更专注于他们的工作。[3]因此，组织认同对工作自主性产生了正向影响。据此，我们提出如下假设。

H1：组织认同显著地影响工作自主性。

---

① Gagné M，Deci E L. 2005. Self-determination theory and work motivation. Journal of Organizational Behavior，（4）：331-362.

② Alge B J，Ballinger G A，Tangirala S，et al. 2006. Information privacy in organizations：Empowering creative and extrarole performance. Journal of Applied Psychology，（1）：221-232.

③ Cech E. 2015. Engineers and engineeresses? Self-conceptions and the development of gendered professional identities. Sociological Perspectives，（1）：56-77.

2. 工作满意度的中介作用

工作满意度的正式定义可以追溯到费希尔（Fisher）在 1980 年的研究。[1]基于大量的案例研究，他将工作满意度描述为非调节情绪倾向的产物。有研究指出，工作满意度作为一个宪制概念，包含了工作本身的特征和与工作相关的环境的特征，指出工作满意度即工作相关的情感状态，涵盖了主管、工作、同事、薪酬和晋升机会五个方面。[2]1985 年，奥根（Organ）等认识到工作满意度可以从情感的角度来定义，也可以从认知的角度来探讨。基于认知的视角，工作满意度被解释为对一种认识的心理过程的理解，包括意识、感知、推理、判断等方面。[3]综上所述，基于情感的工作满意度是对工作的一种全面的积极情感评价。对组织有强烈认同感的个人也会更积极地看待自己的实际工作状况，从而获得更高的工作满意度。被强烈认同的人认为中性甚至消极的条件不那么有害，因为他或她更有可能看到这些条件对实现组织总体目标的必要性。同样，被高度认同应该会导致一个人对整个组织有更积极的看法。[4]赫克曼（Hackman）等[5]、拜迪安（Bedeian）等[6]的研究证实了工作自主性与工作满意度之间存在正相关关系。据此，我们提出如下假设。

H2：工作满意度在组织认同与工作自主性之间起中介作用。

3. 专业情意的调节作用

有学者认为专业情意是教师对本职工作的感知度，是与专业知识、专业能力有所不同的一种教师自我本身的认识、价值观等情感体验。[7]教师对专业情意的理解反映到教学工作中，表现为爱岗敬业、热爱学生、积极钻研等情绪和毅力，

① Fisher C D. 1980. On the dubious wisdom of expecting job satisfaction to correlate with performance. Academy of Management Review，（4）：607-612.

② Jr Churchill G A，Surprenant C. 1982. An investigation into the determinants of customer satisfaction. Journal of Marketing Research，（4）：491-504.

③ Organ D W，Near J P. 1985. Cognition vs affect in measures of job satisfaction. International Journal of Psychology，（2）：241-253.

④ Ashforth B E，Mael F. 1989. Social identity theory and the organization. Academy of Management Review，（1）：20-39.

⑤ Hackman J R，Oldham G R. 1976. Motivation through the design of work：Test of a theory. Organizational Behavior and Human Performance，（2）：250-279.

⑥ Bedeian A G，Ferris G R，Kacmar K M. 1992. Age，tenure，and job satisfaction：A tale of two perspectives. Journal of Vocational Behavior，（1）：33-48.

⑦ Eisenberger R，Cummings J，Armeli S，et al. 1997. Perceived organizational support and discretionary treatment，and job satisfaction. Journal of Applied Psychology，（5）：812-820.

是一种较高的职业境界。①专业情意是形成职业信仰的基础，是教师专业发展的重要构成部分。组织认同也被认为有助于培养工作中的意义感、归属感和控制感。教师的专业情意是教师对工作产生的一种归属感和意义感。员工的亲社会动机已被证明与工作满意度呈正相关②，教师在工作中表现出的爱岗敬业、热爱学生、积极钻研等情绪和毅力是教师亲社会行为的体现。工作投入是一个独立的、独特的概念，与职业倦怠呈负相关。因此，工作投入被定义为一种积极的、充实的、与工作相关的心态，以活力、奉献和专注为特征。③愿意在工作中投入精力，即使面对困难也坚持不懈，全身心地投入工作中，感受到工作的重要性、热情、鼓舞、自豪和挑战。目前，还没有研究表明专业情意在组织认同和工作满意度之间起调节作用，但安妮-索菲亚（Anne-Sophie）等的研究涉及来自法国公共研究所的研究人员，他们对在线调查进行了回应④，结果表明，不同的社会认同水平与科研人员的工作满意度呈正相关。其中，工作群体认同的解释方差最大，其次是专业认同，最后是组织认同。该研究也首次表明了工作投入的奉献维度在职业认同与工作满意度之间起到了中介作用。还有大量的研究表明，专业情意与工作投入存在正相关关系。据此，我们提出如下假设。

H3：专业情意在组织认同与工作满意度之间起调节作用。

4. 研究结果

（1）验证性因子分析与共同方法偏差检验

图 5-3 是以组织认同为自变量，以工作自主性为因变量，以工作满意度为中介变量，以专业情意为调节变量构建的有调节的中介效应模型。我们运用 Mplus7.0 进行验证性因子分析，四因子模型拟合指标较为理想（RMSEA=0.082，CFI=0.878，TLI=0.864，SRMR=0.077），并显著优于其他竞争模型，说明本研究涉及的潜变量具有较高的区分效度。

---

① Judge T A, Thoresen C J, Bono J E, et al. 2001. The job satisfaction—Job performance relationship: A qualitative and quantitative review. Psychological Bulletin, (3): 376-407.

② Bass B M, Avolio B J, Goodheim L. 1987. Biography and the assessment of transformational leadership at the world-class level. Journal of Management, (1): 7-19.

③ Schaufeli W B, Bakker A B. 2003. Utrecht work engagement scale, preliminary manua. Utrecht: Utrecht University.

④ Anne-Sophie F, Pereira B, Gonnu-Levallois S, et al. 2020. Transcultural validation of a French version of the Iowa satisfaction with Anesthesia Scale (ISAS-F). Canadian Journal of Anesthesia, (5): 541-549.

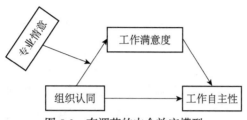

图 5-3　有调节的中介效应模型

各变量的验证性因子分析结果，如表 5-3 所示。

表 5-3　各变量的验证性因子分析结果

模型	χ^2	df	$\Delta \chi^2$	RMSEA	SRMR	CFI	TLI
四因子模型：OI；JS；PS；WA	5 240	269	19.4	0.082	0.077	0.878	0.864
三因子模型：OI+PS；JS；WA	9 115	272	33.5	0.108	0.093	0.783	0.760
二因子模型：OI+PS+JS；WA	11 731	274	42.8	0.123	0.097	0.718	0.692
单因子模型：OI+PS+JS+WA	22 222	280	79.3	0.168	0.222	0.461	0.422

注：OI 为组织认同，JS 为工作满意度，PS 为专业情意，WA 为工作自主性

（2）描述性统计与相关分析

由表 5-4 可知，相关结果显示，组织认同、工作满意度、专业情意、工作自主性两两之间均呈显著正相关。组织认同与工作满意度呈显著正相关（$b=0.470$，$p<0.001$），组织认同与工作自主性呈显著正相关（$b=0.275$，$p<0.001$），工作满意度与工作自主性呈显著正相关（$b=0.439$，$p<0.001$），相关性分析结果初步验证了本研究提出的假设，为更好地进行下一步假设检验奠定了坚实的基础。

表 5-4　各变量的描述性统计与皮尔逊相关

变量	M	SD	组织认同	工作满意度	专业情意	工作自主性
组织认同	4.235	0.387	1			
工作满意度	3.784	0.718	0.470***	1		
专业情意	4.199	0.297	0.540***	0.462***	1	
工作自主性	3.218	0.539	0.275***	0.439***	0.308***	1

（3）工作满意度在组织认同与工作自主性之间的中介效应检验

工作满意度在组织认同和工作自主性之间的中介效应检验结果如表 5-5 所

示。我们采用 Mplus7.0 进行中介效应检验，采用 Bootstrap 重复抽样 5000 次对工作满意度的中介效应进行检验。结果显示，在没有纳入中介变量时，组织认同对工作自主性的总效应值为 0.678，95%置信区间为 [0.560，0.795]，不包括 0，假设 H1 成立；当纳入中介变量"工作满意度"之后，组织认同对工作自主性的直接效应值为 0.325，95%置信区间为 [0.279，0.372]，不包括 0，表明组织认同对工作自主性具有显著影响，组织认同对工作自主性起部分中介作用，中介效应 $c'=$ 0.220，95%置信区间为 [0.190，0.251]，不包括 0，表明工作满意度在组织认同和工作自主性之间发生了中介效应，假设 H2 成立，占总体变异的比例为 32.44%，即中介效应能够解释组织认同和工作自主性二者关系的比例为 32.44%。

表 5-5　工作满意度在组织认同和工作自主性之间的中介效应检验

效应类别		效应大小	标准误	95%置信区间	
				下限	上限
总效应	组织认同→工作自主性	0.678	0.060	0.560	0.795
间接效应	组织认同→工作满意度→工作自主性	0.220	0.016	0.190	0.251
直接效应	组织认同→工作自主性	0.325	0.024	0.279	0.372

（4）专业情意的调节效应检验

为了探讨专业情意的调节作用，在控制了性别、年龄、教龄、学历、职称的情况下，笔者使用 Process 中的 Model 7（该模型假设中介模型的前半段受到调节）进行有调节的中介效应检验，结果如表 5-6 所示。将专业情意放入上述中介模型，组织认同和专业情意的交互作用对工作满意度的预测作用显著（$p<0.01$），说明专业情意可以调节组织认同对工作满意度的预测作用，假设 H3 得到验证。

表 5-6　专业情意的调节效应检验

变量		工作满意度		
		模型 1	模型 2	模型 3
控制变量	性别	0.028	0.028	0.029
	年龄	−0.019	−0.016	−0.013
	教龄	−0.087	−0.112	−0.115**
	学历	−0.960***	−2.833**	−0.052**
	职称	0.107***	3.776*	0.096***
	学校类型	−0.040	−0.626	−0.010
直接效应	组织认同		0.316***	0.322**

续表

变量		工作满意度		
		模型 1	模型 2	模型 3
直接效应	工作满意度			
	专业情意		0.289***	0.295***
交互效应	组织认同 × 专业情意			0.051**
	R^2	0.014***	0.289***	0.291**
	F	6.372***	141.214***	127.013***

为了更好地说明专业情意的调节作用，对其进行简单斜率分析，结果如图 5-4 所示。专业情意较低（$M-1SD$）时，组织认同对工作满意度具有显著正向预测作用；专业情意较高（$M+1SD$）时，组织认同对工作满意度的正向预测作用更大。这表明随着专业情意的提高，组织认同对工作满意度的预测作用逐渐增大。个体在工作中拥有较高的自由度，容易使其感觉到被尊重，从而提高工作兴趣，产生自我效能感，带来更高的工作满意度，从而可以提升工作效率和效益。因此，提升教师的工作自主性具有重要意义。本研究结果表明，组织认同对工作自主性的直接效应显著，组织认同越高，教师的工作自主性越高。本研究进一步探讨了组织认同影响工作自主性的过程，结果表明，工作满意度在两者之间起部分中介作用。另外，本研究还考察了专业情意对"组织认同—工作满意度—工作自主性"这一中介过程的调节作用，结果发现，专业情意对这一中介过程前半段路径的调节效应显著。随着组织认同的提高，专业情意高的教师工作满意度提高的速度比专业情意低的教师更快。因此，相较于专业情意低的教师，专业情意高的教师的组织认同对工作满意度的积极作用更明显，这启示我们还可以通过提高教师的专业情意来提高教师的工作满意度。

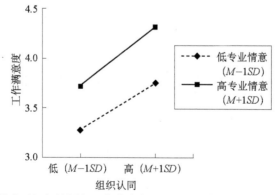

图 5-4 专业情意对组织认同与工作满意度的调节（斜率=0.23，t=8.84，$p<0.001$）

第三节　客观组织环境与教师专业发展的关系研究综述

专业发展是个人和组织共同努力的结果。职业（专业）发展是一个极具情景化的概念，会受到客观组织环境的深刻影响，客观组织环境对组织中成员的行为结构乃至整个组织的行为结构会产生潜移默化、举足轻重的影响。学校组织是指为实现教育目标，教师运用教育教学专业技术，明确分工，相互合作，形成一致的教学价值观、信念和规范的过程，这是学校组织的核心特征。对多数教师而言，专业发展的变化发展会贯穿整个人生历程，是生活中必不可少的组成部分。就组织管理实践对职业成长的影响来看，一方面，组织提供的支持和资源对员工职业成长有着积极影响，包括职业指导和职业支持在内的组织职业生涯管理可以通过提高人与组织的价值观、人与岗位能力要求的匹配程度来促进员工在组织中的职业成长；另一方面，客观组织环境也会直接影响组织内的员工的职业成长，或是通过影响其他因素间接作用于职业成长。个体不仅能从专业发展生涯实践中获取基本的物质需求，更能获得精神上的满足感，如实现个人价值、提高社会地位等。因此，专业发展对于个人发展的意义不可替代。与此同时，专业发展也是学校组织管理中不可忽视的因素，学校组织作为教师个人职业发展的平台之一，能够为个体职业发展提供资源、指导和支持，如培训计划、职业发展规划、高激励的晋升通道等，进而激发教师朝着符合组织需求和期望的方向发展，从而在推动教师专业发展中实现共赢。

第四节　乡村学校客观组织环境现状

一、乡村学校客观组织环境整体水平

基于乡村教师工作环境问卷的实测数据，本章主要从分值上呈现我国乡村学校客观组织环境的质量，深入分析乡村学校客观组织环境的现状，旨在从乡村教师主观感受层面描述当前我国乡村教师专业发展和影响因素，分析客观组织环境在乡村教师个体属性上的差异。

如表 5-7 所示，乡村教师感知的客观组织环境各维度得分均值都大于中间值，说明乡村学校具备比较完善的客观组织环境，其中得分最高的是领导支持。在客观组织环境的两个维度中，工作自主性得分较低，说明教师在教育教学、参与学校管理等方面的自由裁量权不够，自主地处理和完成日常教育教学工作的自主性还不够。

表 5-7　乡村学校客观组织环境整体水平（ N=2762 ）

项目	M	SD
工作自主性	3.218	3.302
领导支持	3.302	0.880
客观组织环境	3.260	0.713

如表 5-8 所示，就问卷具体内容而言，乡村教师在题项"我能够自己承担工作结果的责任"得分为 3.91，在所有题项中得分最高；在题项"我可以根据教学实际情况自行调整教学"得分为 3.87；在题项"我能根据自己的意愿决定由谁跟我搭档带班"得分为 2.48，在所有题项中得分最低；在题项"我对工作有最后抉择的话语权"得分为 2.81。在领导支持上，总体得分超过了中间值，说明乡村教师对学校领导在行为和行动上的支持、鼓励程度感到比较满意。

表 5-8　乡村学校客观组织环境各子维度得分

项目	题项	M
工作自主性	我能够自己承担工作结果的责任	3.91
	我可以根据教学实际情况自行调整教学	3.87
	我能根据自己的意愿决定由谁跟我搭档带班	2.48
	我能根据自己的精力，安排自己工作和休息的时间	3.87
	我对工作有最后抉择的话语权	2.81
领导支持	总的来说，我对学校领导很信任	3.75
	我的工作能力经常得到领导的肯定和赞扬	3.62
	在工作上，我和领导之间能够做到畅所欲言	3.19
	我的领导常常邀请我参与决策	2.88
	在单位，有能够关照我的领导	3.15

具体看来，学校领导对乡村教师在态度上的支持比行为上的支持得分稍高。就问卷具体内容而言，在题项"总的来说，我对学校领导很信任"得分为 3.75，在所有题项中得分最高，说明乡村教师在主观评价上对学校领导感到满意；在题项"我的工作能力经常得到领导的肯定和赞扬"得分为 3.62；在题项"在工作上，我和领导之间能够做到畅所欲言"得分为 3.19；在题项"我的领导常常邀请我参与决策"得分为 2.88，在所有题项中得分最低，说明在某种程度上学校的民主管理方面还存在不足。

二、乡村学校客观组织环境的人口学差异

乡村教师对客观组织环境的评价和主观感受与其自身属性之间的关系是本研究关注的重点问题之一。为了更加直观地呈现各种因素与乡村教师主观感受的客观组织环境之间的关系，我们首先按照乡村教师的性别、编制、教龄、学历之间的差异，探索乡村教师的人口学变量因素在客观组织环境上是否存在差异。具体而言，首先将乡村教师的人口学变量转化为虚拟变量，采用独立样本 t 检验（控制参数组别为两组）和单因素方差分析（控制组别大于等于三组），呈现不同类型的乡村教师在客观组织环境各维度上的情况。

（一）乡村学校客观组织环境的性别差异

我们采用独立样本 t 检验研究性别在客观组织环境两个因子上的差异性。由表 5-9 可知，性别在工作自主性维度上不存在显著差异（$p=0.073>0.05$）。男性乡村教师与女性乡村教师在领导支持上的得分存在显著差异（$p=0.000<0.001$），表明性别在领导支持维度上存在显著差异。

表 5-9   乡村学校客观组织环境的性别差异

项目	男（n=897）	女（n=1865）	t
工作自主性	3.458 ± 0.987	3.227 ± 0.019	6.510
领导支持	3.255 ± 0.761	3.200 ± 0.720	1.832***

男性、女性乡村教师在工作自主性维度上不存在显著差异。工作自主性即个

体在工作中对相关事务的裁量权和控制权。一方面，乡村教师拥有一定的专业自觉，就是自己具备一定的专业知识和教学技能，并能影响学校环境的一种信念，还反映了知识活动对自由、自主和创造的要求。因为教师不仅仅是工具性的问题解决者，更应该是复杂实践情境中能动的探究者，教师以一种不确定性和艺术探索的方式处理变化的、复杂的教育教学问题，会主动去追寻工作自主性。另一方面，教师职业是一种教育学的"召唤"，是一种使命。①使命是从自我工作中感受到意义和社会价值的意识特性。使命感的重要特征是专注于自己的行动，是由教育教学本身的实践特性决定的。教师工作自主性是教育教学的内在要求，因而教育情境的复杂性与生成性要求乡村教师必须依据教育现场适时、独立、创造性地做出判断和选择。

男性乡村教师与女性乡村教师在领导支持上存在显著差异（$p=0.000<0.001$）。单从维度均值比较上看，男性教师的得分均值（3.255）略高于女性教师的得分均值（3.200）。从本书研究的样本数量可知，女性教师占总样本数量的67.5%，男性教师占总样本数量的32.5%。另外，从各方乡村教师调查数据也可以看出，由于各种主客观因素的影响，现实中男性教师的数量远远少于女性教师，因而男性乡村教师往往被视为重要的人力资源，他们的成就动机更高。②中国传统文化视域下的"性别模式"或许可以解释这一现象，例如，在生活中，人们对男女两性的社会身份、社会分工有着明显不同的辨识。正如访谈对象所说的那样，学校领导对男性、女性教师在职业期许上是不同的。因此，我们不得不承认职场上或多或少是存在一定的性别刻板印象的。女性教师在工作中的人际交往、职称晋升、职业前景等方面的认同低于男性；女性教师需要兼顾更多的家庭日常事务和子女教育工作，在工作上精力不足，职业认同感低于男性教师。同时，由于受传统文化的影响，某些女性表现出小富即安的性格特征，这使女性教师在职业发展规划和未来晋升等方面的雄心壮志不如男性教师强。在教师专业发展过程中，男性教师在体力、应急及心理弹性方面更有优势，表现出强劲的力量，当领导在态度和行为上表现出高支持时，乡村教师会感觉到组织的关心和鼓励，因为这种动力最直接地体现在工作上，支持型的领导一定是宽容的。有研究指出，宽

---

① 马克斯·范梅南. 2001. 教学机智——教育智慧的意蕴. 李树英，译. 北京：教育科学出版社，369.

② Achinstein B，Ogawa R T，Sexton D，et al. 2010. Retaining teachers of color：A pressing problem and a potential strategy for "hard-to staff" schools. Review of Educational Research，（1）：71-107.

容型领导对员工的建言行为和创造性行为具有正向作用。①整体来看，男性乡村教师获得的领导支持显著多于女性乡村教师。

（二）乡村学校客观组织环境的编制差异

我们将样本的编制情况分为在编和非在编。由表 5-10 可知，在编与非在编乡村教师在工作自主性、领导支持两个维度上均存在显著差异。在编教师与非在编教师在工作自主性上的得分呈现出极其显著的差异（p=0.000<0.001），在领导支持上也呈现出显著差异（p=0.002<0.01）。具体看来，在工作自主性维度上，在编乡村教师的得分均值（3.341）比非在编乡村教师的得分均值（3.202）稍高；在领导支持维度上，在编乡村教师的得分均值（3.439）比非在编教师的得分均值（3.284）高。

表 5-10　乡村学校客观组织环境的编制差异

项目	非在编（n=317）	在编（n=2445）	t
工作自主性	3.202 ± 0.730	3.341 ± 0.755	−3.179***
领导支持	3.284 ± 0.886	3.439 ± 0.818	−3.137**

究其原因，事业编制是中国文化视域下衍生的一种特定的利益标签，在编往往和更好的薪资待遇、更多的专业发展机会、更高的社会地位和职业声誉等联系在一起，与编制外"同工不同酬"的待遇和"局外人"的身份相区隔，这是组织认同产生的现实土壤。乡村教师对组织的认同感维持在较高水平时，对组织的心理依附与情感依赖会更强烈，更易于将自我概念上升至行为层面，并进一步以增加工作投入的方式维护身份标志、争取更多的资源支持。强烈的认同产生于个人与组织之间的价值观高度一致、个人身份特征与组织身份特征高度重合的时候。在这种状态下，个人的组织认同非常强烈，组织的身份特征代替了个人的身份，组织的价值观代替了个人价值观，组织的价值观和身份特征成为个人定义自身身份的主要因素。上述结果启示我们，乡村教师编制政策作为一种公共政策，关系到教师队伍的稳定程度，会影响乡村教师的量与质。因此，在乡村振兴背景下，重视编外乡村教师的生存境况，解决无编制乡村教师的事业编制问题，或许有助

---

① 杨皖苏，杨善林. 2020. 分布式领导、组织支持感与新生代员工主动性–被动性创新行为：基于上下级关系和价值观匹配的交互调节效应. 管理工程学报，（3）：10-19.

于提高他们的组织归属感，进而提高乡村教育质量。

（三）乡村学校客观组织环境的教龄差异

我们将样本的教龄分为 5 年及以下、6—10 年、11—20 年、20 年以上。由表 5-11 可知，不同教龄教师在工作自主性上存在显著差异。另外，从均值比较上来看，教龄在 5 年及以下的乡村教师工作自主性均值最高（3.302），教龄在 20 年以上的乡村教师工作自主性均值最低（3.154）。工作自主性与教龄呈负向相关，即乡村教师的工作自主性随教龄的增加而逐渐降低。通过数据分析可知，教龄在领导支持上的结果为 $F=0.319$，$p=0.812$，F 检验对应的 $p>0.05$，表明不同教龄的教师在领导支持上不存在显著差异。

表 5-11　乡村学校客观组织环境的教龄差异

项目	5 年及以下 （n=766）	6—10 年 （n=429）	11—20 年 （n=411）	20 年以上 （n=1156）	F
工作自主性	3.302 ± 0.684	3.270 ± 0.749	3.184 ± 0.809	3.154 ± 0.726	7.352***
领导支持	3.302 ± 0.815	3.270 ± 0.914	3.317 ± 0.893	3.317 ± 0.893	0.319

事实上，作为时间指标的教龄既表达了一种动态的变化，也承载了不同教龄乡村教师需要承受的相应社会要求，个体被社会赋予与年龄相匹配的责任和义务，社会对此也寄予相应的期望。生命历程理论揭示了个体在社会生活中并非完全孤立的存在，而是会受到一定程度的社会调节与制约。

一般来说，教师专业自主性在教龄较低的时候更强。研究表明，职业生命周期与工作倦怠呈正向相关。教龄在 5 年以内的教师正处于职业早期，这时候教师朝气蓬勃、精力旺盛、学习能力强，充满学习的斗志，为自己的教育理想而提升自我，虽然也有一定的压力，但拥有较强的心理韧性，敢于大胆尝试，所以这一阶段教师的专业自主性会有一个明显的提升。本研究中，教龄为 6—10 年或 11—20 年的教师大多处于 30—45 岁这个年龄阶段。有研究以高校教师为研究对象，发现 30—45 岁是教师工作疏离感的高发期。[1]处于这一阶段的乡村教师工作自主性较低，主要原因是这一年龄阶段的乡村教师肩负着来自工作、家庭的不同空间

---

① 于海琴，敬鹏飞，王宗怡，等. 2016. 是什么让高校教师产生工作疏离感——基于 5 所大学优势学科实验室的调查研究. 高等教育研究，（1）：57-63.

的责任和压力，工作-家庭冲突在一定程度上导致了倦怠感的产生。研究表明，工作自主性越高，工作倦怠程度越低，反之，工作自主性低可以在一定程度上反映职业倦怠的程度。①溢出-交叉效应模型是"工作-家庭关系"研究的重要理论，在时间和精力资源有限的前提下，任何资源都会成为工作、家庭两方共同争夺的对象，资源不足就会造成个体内部的矛盾冲突，进一步引发倦怠。

实证研究也发现，个体对工作的投入与对家庭的投入之间确实是一个相互影响的动态过程。②正如在实际访谈中一位乡村教师说到的："我觉得年轻教师要做的事情很多，工资却很低，恰好我们这个年龄阶段的人经济压力最大，又要养小孩，又要养老人。"拥有 20 年以上教龄的乡村教师大多临近退休，工作负担小、工作诉求少，教学心态发生了变化，他们认为自己的实践教学经验、专业知识、教育智慧已经足够支撑自己自主地完成教育教学任务并做好教育管理工作，并认为自己到达了自我教育事业的终点，所以他们的工作自主性不如充满活力与斗志的年轻教师。另外，工作自主性主要指向课程教学活动及材料和教学计划及过程。教龄在 5 年以下的新手教师前期遭遇的困难与挑战大多是知识、技术类的，相对容易解决；教龄在 10 年左右的教师遇到的问题主要集中在内容和教学方法的转化上；教龄为 20 年以上的教师遇到的问题大多是教学思维、情感态度类的。这说明在教育教学实践的积累和摸索中，工作自主性有助于教师解决知识、技术类问题。教龄在 15 年以上的教师除了靠实践积累等方法寻求突破，会更多地通过研究来解决问题，这就需要进行合作，合作对象包括其他教师及教研部门、教师培训部门、高等师范院校等，这在一定程度上会影响教师的工作自主性。

（四）乡村学校客观组织环境的学历差异

由表 5-12 可知，学历在工作自主性上的结果为 $F=4.061$，$p=0.007$，F 检验对应的 $p<0.01$，表明不同学历的教师在工作自主性上存在显著差异。就均值而言，中专及以下学历的乡村教师工作自主性均值（3.380）最高，本科学历的乡村教师工作自主性均值（3.183）最低。

---

① 王毅杰，董伟. 2020. 工作-家庭关系、职业生命周期与工作倦怠. 南通大学学报（社会科学版），（4）：72-81.

② Rothbard N P. 2001. Enriching or depleting? The dynamics of engagement in work and family roles. Administrative Science Quarterly，（4）：655-684.

表 5-12 乡村学校客观组织环境的学历差异

项目	中专及以下 （n=101）	大专 （n=972）	本科 （n=1663）	研究生及以上 （n=26）	F
工作自主性	3.380 ± 0.739	3.261 ± 0.741	3.183 ± 0.727	3.223 ± 0.731	4.061**
领导支持	3.766 ± 0.676	3.348 ± 0.848	3.246 ± 0.900	3.330 ± 0.881	12.672***

研究生及以上学历的乡村教师的工作自主性并不突出，这一结论与人们对高学历教师在教育教学上的高自主性期待有所不同。中专及以下学历的乡村教师在工作自主性上的得分最高。这是因为中专学历的乡村教师在职前接受的教师教育体系的学习与培训，从一开始就影响了他们在教育教学舞台中的相对位置和可能在工作场所表现出来的劳动生产率及配置能力。这源自教育工作重视实践的特点，专科院校教育更加注重操作性技能的培养，注重理论与实践的结合，因而专科学历的乡村教师对教学方法、教学内容、教学资源和教学评价等贯穿于教学活动各个环节的操作更加熟练，对工作更有掌控感，即个体在工作中对相关事务具有裁量权和控制权。

不同学历的乡村教师在领导支持维度上的得分存在显著差异（$p<0.001$），就均值分析，中专及以下学历的乡村教师在领导支持上的得分最高（3.766），本科学历的乡村教师得分最低（3.246），研究生及以上学历的乡村教师得分（3.330）与本科学历的乡村教师得分相差甚微。在本研究中，学历与教龄呈正相关，中专及以下学历、大专学历的乡村教师与本科、研究生及以上学历的乡村教师在领导支持上仿佛形成了两个极端，存在着不容忽视的差距。究其原因，可能是因为中专及以下学历、大专学历的乡村教师绝大多数拥有 10 年甚至 20 年以上的教龄，他们已扎根所在学校，与学校领导建立了深厚的感情基础，在职业发展上已取得了不少成就，对现有工作的满意度较高。不过，在乡村特殊场域中还存在着"幸存者偏差"，即在乡村工作超过 15 年或者 20 年的教师，大多都非常认可乡村学校的工作条件。

调查数据显示，我国乡村教师队伍结构发生了悄然变化，新生代乡村教师逐渐成为主力军，本科、研究生及以上学历的乡村教师大多都属于"90"后新生代员工。新生代乡村教师是在城市接受过高等教育，在知识资本、价值观念及行为方式等方面具有城市化特征或取向，又因工作需要，通过招考形式进入乡镇及以下学校任教的年轻教师群体，无论是在物质需求层面还是精神需求层面，都具备了城市文化的特征。他们的自我意识觉醒，敢于挑战权威，不喜欢受到规章制度与权力机制的约束，这导致传统刚性化的管理方式受到了极大的挑战。

在城乡文化冲突中，新生代乡村教师在身份认同方面陷入"我们是谁"的文化困境。领导对教师在行为和态度上的支持是学校组织文化的生动载体，反映了学校组织文化的精神内核。有学者指出，当下我国乡村教师发展的首要问题是身份认同，这也是整个教师发展的逻辑基础。[1]然而，新生代乡村教师身份认同的核心内容是对乡村教育文化的主动归属。[2]中专及以下学历、大专学历的乡村教师在领导支持上表现更好，与教龄的影响结果一致。经过一段时间的相处，员工逐渐熟悉领导的行为模式和言行风格，心理安全感升高，与领导建立了良好的关系，有一定的话语权，可以说领导支持在一定程度上就是权力的映射。这是因为在我国社会中，人们对关系的渴求较高，在权力距离大的社会里，下级对上级往往存有权力幻想，员工愿意接受更多领导正式职权之外的影响。[3]加之很多人信奉关系主义和潜规则，这影响了人们对周围环境观察与感知的角度。同时，行政权力集中最容易导致"人治主义""偏私主义"[4]，工作分派、绩效评估、晋升决策等都可能因人而异或者说因管理者而异。一般来说，老员工的政治技能较高，擅长与领导建立和维系良好的人际关系，更容易成为领导的"圈内人"，并获取职业发展所需要的重要资源。正如访谈对象所说："比如，评职称，职称导致工资薪酬的差距很大，少部分人与领导关系好，他们很早就评上了中级职称甚至高级职称。在资源分配上，你就会觉得不公平，这就导致了职称评定不公平，最终形成工资待遇上的差距，在整个过程中，都会让你感觉到有压力。"

① 容中逵. 2019. 新时代乡村教师发展的逻辑起点. 教育发展研究，（20）：3.
② 朱胜晖. 2020. 新生代乡村教师身份认同的文化困境及超越. 教育导刊，（10）：11-16.
③ Hwang K K. 1987. Face and favor: The Chinese power game. American Journal of Sociology，（4）：944-974.
④ 冒荣. 2011. 学术行政化与学术资本化的联姻权力的同谋和学术的异化. 江苏高教，（4）：1-5.

第五节　乡村学校客观组织环境
与教师专业发展的关系

一、客观组织环境与教师专业发展的相关性分析

由表 5-13 可知，客观组织环境各维度之间呈现极强的正相关性（$p<0.001$），专业发展各维度之间呈现极强的正相关性（$p<0.001$）。

表 5-13　客观组织环境与教师专业发展的相关性

	1	2	3	4	5	6
1. 工作自主性	—					
2. 领导支持	0.559***	—				
3. 专业情意	0.308***	0.346***	—			
4. 专业知识	0.346***	0.350***	0.702***	—		
5. 专业能力	0.352***	0.437***	0.667***	0.758***	—	
6. 专业行为	0.277***	0.330***	0.637***	0.757***	0.714***	—

变量之间的相关性只能初步说明各因素之间的相关关系及方向，相关的变量之间不一定存在因果关系。客观组织环境与教师专业发展中的各个维度并非完全独立，而是相互作用、互为关联，共同影响乡村教师的专业发展。因此，其还不足以验证假设，需要进一步进行回归分析来确定哪些变量能够预测教师专业发展的变化。

二、客观组织环境对教师专业发展的回归分析

（一）客观组织环境对教师专业情意发展的影响

由表 5-14 可知，客观组织环境中的工作自主性、领导支持对乡村教师专业情意的解释正相关概率值 $p<0.001$，客观组织环境总体上能解释和预测专业情意变

异量的 13.8%。

表 5-14 客观组织环境对教师专业情意发展的影响

变量	专业情意		
	β	t	B
工作自主性	0.168	7.866***	0.124
领导支持	0.252	11.814***	0.156
R^2	0.139		
调整后 R^2	0.138		
F	222.162***		
D-W 检验	1.968		

注：D-W 检验为杜宾-瓦特森（Durbin-Watson）检验

专业发展是教师个体专业连续的、动态的、终身的、不断发展的过程，是教师不断接受新知识、提高专业能力的过程，教师自身的因素影响着教师的专业发展，但是乡村教师在教师专业发展中处于被动地位。乡村教师的专业情意的生成离不开学校的支持，教师通过与学校环境的持续互动获得发展，学校客观组织环境是教师专业发展的教育生态环境，是支持、保障教师发展的重要条件。处于良好客观组织环境之中的教师会持有更加积极的工作态度和动机，这种积极的态度和动机会直接反映在教学观、学生观、发展观上。工作自主性是激发教师主动开展并维持教育教学活动和自我发展的内部动机，有助于教师自发、主动并有意识地组织与学校生活相关的活动。其体现了教师个体对自由和自我控制的需要，也是教师体验和获得积极情绪的保障，是教师能幸福工作和生活的体现。①控制-价值理论认为，情绪能预测学习绩效，积极的情绪体验具有促进个人发展的作用。②高工作自主性满足了劳动者的需求偏好，减少了个人偏好与工作之间的不匹配，能有效减轻工作压力和不安全感，有利于将被动的工作安排转化为主动的价值追寻，放大生存之外的劳动意义，进而促进工作尊严的实现，助推能力的发展，塑造正确的价值观。③

---

① 邓彤博，李敏. 2021. 非正规就业人员工作自主性与体面劳动感知——情绪耗竭和超时劳动的视角. 经济管理，（11）：104-120.

② Friedman I A. 1999. Teacher-perceived work autonomy：The concept and its measurement. Educational & Psychological Measurement，（1）：58-76.

③ Pekrun R. 2006. The control-value theory of achievement emotions：Assumptions，corollaries and implications for educational research and practice. Educational Psychology Review，（4）：315-341.

（二）客观组织环境对教师专业知识发展的影响

由表 5-15 可知，客观组织环境中的工作自主性、领导支持对乡村教师专业知识的解释正相关概率值 $p<0.001$，客观组织环境总体上能解释和预测专业知识变异量的 15.5%。

表 5-15　客观组织环境对教师专业知识发展的影响

变量	专业知识		
	β	t	B
工作自主性	0.219	10.379***	0.161
领导支持	0.227	10.770***	0.140
R^2	0.155		
调整后 R^2	0.155		
F	253.695***		
D-W 检验	1.968		

专业知识既是教师专业发展的基础，也是提高教师专业能力的重要资源储备。组织通过赋予教师一定的工作自主性，提升教师对自身工作的控制程度，从而让其感知到组织对自己能力的认可与支持，消除教师对于领导者和工作团队的顾虑与担忧，激发其对组织的认同感和责任感，这样教师就会追求更极致的职业专业化。教师专业知识是教师专业发展的基础，教师想要区分自身职业，保持自身的专业优势，首先就要完善自身的专业知识结构。

（三）客观组织环境对教师专业行为发展的影响

由表 5-16 可知，客观组织环境中的工作自主性、领导支持对乡村教师专业行为的解释正相关概率值 $p<0.001$，客观组织环境总体上能解释和预测专业行为变异量的 37.0%。

表 5-16　客观组织环境对教师专业行为发展的影响

变量	专业行为		
	β	t	B
工作自主性	0.224	9.601***	0.114
领导支持	0.208	10.334***	0.213
R^2	0.371		

续表

变量	专业行为		
	β	t	B
调整后 R^2	0.370		
F	232.379***		
D-W 检验	1.915		

在客观组织环境中，规范的独立活动的氛围和空间的张力对促进教师专业成长至关重要。空间的表现不是指地理意义上的空间，而是指政策文件、管理制度赋予乡村教师能够进行自主管理、自主表达的权力范围，它能够反映出乡村教师的专业自主性的张力，由此形成良性循环。①同时，由于领导者拥有正式的职位权力，控制着大量对员工有价值的资源，如薪酬、晋升、工作分配和职业机会等，所以员工会密切关注其直接上级，以预测自己在职场的命运。当学校领导通过公开鼓励、支持传达了对乡村教师的期待时，这种来自学校领导的发展期待被教师感知和内化后，他们更可能将更高的工作成就与专业发展纳入对自我的定义，表现出更高的自我效能感与组织认同感，进而激励自身做出与职业角色相一致的专业行为。

（四）客观组织环境对教师专业能力发展的影响

由表 5-17 可知，客观组织环境中的工作自主性、领导支持对乡村教师专业能力的解释正相关概率值 $p<0.001$，客观组织环境总体上能解释和预测教师专业能力变异量的 12.1%。

表 5-17   客观组织环境对教师专业能力发展的影响

变量	专业能力		
	β	t	B
工作自主性	0.015	6.279***	0.091
领导支持	0.012	11.799***	0.143
R^2	0.121		
调整后 R^2	0.121		
F	190.237***		
D-W 检验	1.997		

---

① 朱桂琴，姜帅合，韩晓怡. 2022. 挑战性-阻碍性压力对乡村教师工作自主性的影响研究. 教育研究与实验，（3）：94-100.

根据自我决定理论，内部动机比外在动机更能激发人的创造力，工作自主性能够激发个体的内在动机，进而对创新绩效产生影响。从自我决定理论角度看，自主动机才是内部动机，内部动机具有高度的可持续性，会加速个体的认知进程，有助于将心中的想法更快地转化成现实行动。^①与此同时，在工作要求–资源模型的理论框架下，工作自主性属于条件性工作资源，工作自主性越高的个体会拥有更多的资源，促使个体对工作更加投入，使个体产生积极的情绪。因此，教师工作自主性会极大地影响教师的专业行为，进而影响教师专业能力的提升。其原因可能是，当教师拥有较高的工作自主性且能够主动运用显著优势时，他们会感到精力充沛而不是倦怠。工作自主性促进了个体知识与技能的获得，提升了个体面对各种挑战的应对能力，使得他们在工作中可以更快地学习新知识，具有较高的工作效率，产生更高的热情。此外，工作自主性较高的教师拥有较为理性的思维，对待工作认真负责，善于挖掘他人的优点，能够与领导、同事和学生愉快相处，可以在高效完成工作的同时充分体验到专业发展的重要意义。专业能力发展的工作动力指向与自己的内在意愿相符的工作意义和内容，本质上正是自主的。当员工感觉到自己在组织中有较高的地位时，员工认可自己在组织中的重要性，就会积极地承担对组织发展的责任，主动地完成自己的本职工作，同时会努力地提高自己的技能、拓展自己的知识面，从而提高工作绩效，并且在提高自身工作能力的过程中，产生创新意识和创新行为。由此可见，领导支持是影响教师专业能力发展的重要环境因素，领导主要通过向教师提供支持与建立自信感两种途径影响教师。

① Ryan R M，Deci E L. 2000. Self-determination theory and the facilitation of intrinsic motivation，social development and well-being. American Psychologist，（1）：68-78.

第六章

基于工作环境优化的乡村
教师专业发展路径探索

　　在乡村振兴发展背景之下，乡村教师被赋予了更加重要的时代使命，乡村教师的专业发展有助于提高乡村教育教学质量，而工作环境对乡村教师的专业发展又有着重要影响。本章从客观工作环境、主观心理环境和客观组织环境三个子维度入手，再对应乡村教师的专业情意、专业知识、专业能力、专业行为四方面的发展，旨在讨论工作环境优化中乡村教师专业发展的实践策略。

乡村教师专业发展实践框架如图 6-1 所示。

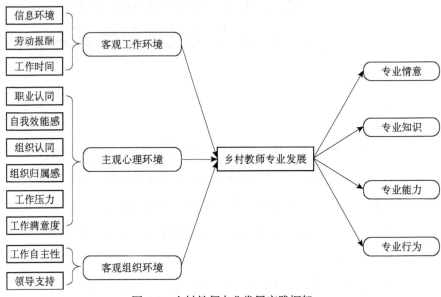

图 6-1　乡村教师专业发展实践框架

第一节　改善客观工作环境，提供系统的外源性支持

乡村教师专业发展需要良好的外部发展环境，本节在信息环境、劳动报酬和工作时间三方面的客观条件与专业发展的四个维度相联系的基础上，提出相关策略。

一、优化信息环境，为专业发展提供技术加持

2022 年 3 月 28 日，国家智慧教育平台正式启动。教育部党组书记、部长怀进鹏强调，"要以平台开通为契机，紧紧抓住数字教育发展战略机遇，以高水平的教育信息化引领教育现代化"，"把国家智慧教育平台打造成提供公共服务的国家平台，学生学习交流的平台、教师教书育人的平台，学校办学治校与合作交流的平台，教育提质增效和改革发展的平台"。①党的二十大报告也提到，要"推进教育数字化，建设全民终身学习的学习型社会、学习型大国"。近几年来，乡村学校信息环境有了明显的改善，促进了乡村教师的专业成长。

（一）培养智能教育素养，丰富专业情意

在信息化大背景下，人工智能的发展在很大程度上减轻了教师的工作负担，教师能更好地将教育教学建立在学生"已知""已会"和心理发展特点的基础上。信息技术的发展也意味着乡村教师有更多的时间钻研适合学生的教学内容和方式，探寻教学科研之路，与时代共进步。随着时代的发展，智能教育素养日益成为信息化时代教师的重要专业素养之一，是支撑教师在人工智能时代教育教学实践和专业发展的知识、能力、态度与伦理的集合。②如何有效地利用网络信息，发挥信息技术的优势，通过促进信息素养和专业能力发展，使技术、信息、

---

① 怀进鹏. 2022-03-28. 以教育数字化战略引领未来——教育部举行国家智慧教育平台启动仪式. http://www.moe.gov.cn/jyb_xwfb/gzdt_gzdt/moe_1485/202203/t20220328_611461.html.

② 刘斌. 2020. 人工智能时代教师的智能教育素养探究. 现代教育技术，（11）：12-18.

资源和媒体为促进教师专业成长和学生成长服务，值得每一位乡村教师深思。特别是如今直面人工智能 ChatGPT，教师要学会合理利用人工智能来完成自我智能、自我生命的进化升级。只有这样，教师的专业发展才能与新时代发展保持同步。

（二）搭建信息化教育平台，扩充专业知识

借助人工智能和网络通信技术，为乡村教师搭建信息化教育平台，是人工智能融入教育不断发展的现实需求，也是促进教师专业发展的重要阵地。在信息技术的辅助下，乡村教师在教学研究中发现的实践问题具有更强的针对性，往往更能直击教育教学实践的痛点。[①]乡村教师在虚实结合的课程资源中学会利用信息技术解决教学实践中遇到的困难和问题，并通过参加名师工作坊、"互联网+"校本研修等活动，不断获得所需的生成性资源。在这一过程中，乡村教师能及时学习到先进的教育教学理念、方法，并在原有的预设生成的资源推送中寻求突破。在乡村教育场域，当乡村教师拥有足够的资源支持时，便会在发展中积极主动地探索教师职业的价值所在，这不仅有利于乡村教师正确认识自身在促进乡村教育发展中的"新乡贤"角色，也能保证乡村教师在专业发展过程中所需知识得到精准"补充"。同时，在已有的乡村教师职前职后培训体系中，可以从乡村教师的理念更新入手，融入信息化时代的创新性理念，将乡村教师专业发展的外在驱动力转换为自主发展的内生动力，同时也要加强对乡村教师信息技术的培训。当乡村教师具备了丰富的知识储备，提升了信息技术教学和管理应用能力时，会有更强烈的激情和信心做好教书育人的本职工作，逐步实现自我专业发展。

（三）完善评价方式和载体，提升专业能力

斯蒂格勒（Stiegler）等认为，技术对人具有"代具性弥补"作用，信息化时代必将会呈现出更为复杂的"人-技术"关系。[②]教师作为教学过程中信息技术与

---

① 张晓娟，吕立杰. 2020. 精准扶贫背景下教学点教师远程培训路径探索——以 SPOC 引领式培训模式为支持. 中国电化教育，（2）：58-66.

② Stiegler B，Beardsworth R，Collins G. 1998. Technics and Time，1：The Fault of Epimetheus. Palo Alto：Stanford University Press；134.

学生之间的中介，若其拥有驾驭信息技术的能力，把信息技术当作教学辅助工具，在达到预期的教育教学目标，甚至做出更大成就时，会极大地提高乡村教师的工作满意度，进而使其对在职业生涯中取得的各种成就感到满意。除此之外，对乡村教师专业能力的正向评价是对乡村教师的极大鼓励，特别是在新技术背景下，教师、学生的学习空间在不断地建设和完善，"增量评价"为教师专业发展评价提供了新的方式和载体，评价要更多关注的是教师不断优化的自我持续发展过程，更能反映出教师的个体专业水平。这就要求评价的主体多元化，不管是网络空间还是政府、第三方组织，抑或教师、学生和家长，多个主体能从多种维度客观评价教师的教学效能。教育管理部门应完善教师专业发展管理机制，创新教师专业发展管理方式，采用"区域链+教师专业发展评价""大数据+教师专业发展考评"等多种评价形式，实现教师专业发展建设评价的动态稳定和长期发展。在这一过程中，乡村教师不断地完善知识结构，丰盈情意态度，提升能力水平，并依据评价结果改变教学方式方法，进行有效的教学活动反思，自主探索教学规律，科学地利用信息技术手段提高专业发展水平，在教学过程中改变情感态度与策略，明晰自身职业生涯的规划。

（四）推送个性化培训项目，引导专业行为

智能技术能够为乡村教师推荐更符合其专业发展的培训项目。在教师培训中，学校应该把乡村教师当作主体放在优先位置，帮助其根据自己的实际教育教学需要，在合适的时间和地点选择适合自身学习风格的研修方法。学校还应积极地为乡村教师提供学习信息技术的机会，促进乡村教师获得专业成长。除此之外，乡村教师自身要树立专业理念，对信息技术的学习和使用充满期待，同时要扎根于学校的现实需求和教学实践，从多方面、多角度不断学习、借鉴他人在利用信息技术获得持续发展方面的经验。教师在参与教研组活动时，通过对话、交流、共建和分享共同探讨学科知识、学生与教学。[①]在交互式的平等对话中，教师应为获得共同的信息技术专业精神和建立相应的行为规则努力。当乡村教师感到自己被学校团体需要和得到相应的支持，并以"局内人"自称时，会更加主动地把握住学习机会，主动提升自身的专业能力，在教育教学过程中落实新课标提

---

① 蒋银健，郭绍青. 2014. 基于知识建构的教师专业发展模型构建研究. 中国电化教育，（6）：89-93，106.

倡的教学方式，致力于学生的发展和学校的进步，并愿意扎根学校。

二、落实劳动报酬，为专业发展提供有力保障

2022 年 4 月，教育部等八部门印发《新时代基础教育强师计划》，其中提到各地绩效工资核定要向乡村小规模学校、艰苦边远地区学校等倾斜。要想打造一支高质量的乡村教师队伍，乡村教师的报酬保障工作要做到位，让乡村教师能安心、专心从教。

（一）重视非经济因素的影响，补足专业情意

劳动报酬会对乡村教师流动产生重要影响。乡村教师若对劳动报酬满意，会愿意将更多的时间用于专业发展；若不满意，则会产生职业倦怠，逃避教学工作，探寻专业发展之路就无从谈起了。关于教师流动的影响机制，很多学者是从经济因素和非经济因素两个维度展开研究的，经济因素包括工资、奖金、津贴等，非经济因素包括工作环境、专业发展、个人成就感等。有学者认为，仅依靠物质待遇已难以留住乡村教师，非经济因素如情感需求满足、自我价值实现和教育理念契合等对教师流动的影响更大。[①]我们不能简单地采用"经济人""理性人"假设解释教师的流动性，这是因为教师职业具有特殊性——教师的职责在于教书育人。在前文客观工作环境的调查分析中，乡村教师的物质性劳动报酬对专业发展影响程度相对于其他方面小，也证实了这一点。新时代，国家出台了很多有利于乡村教师特别是乡村青年教师安心执教的政策文件，如教育部等六部门发布的《关于加强新时代乡村教师队伍建设的意见》强调"关心青年教师工作生活，优化在乡村建功立业的制度和人文环境……促进专业成长"。如今，乡村教师的流动越来越体现为寻求更好的专业发展平台，为获得更多的教学满足感，而不仅仅为增加个人工资，这在青年乡村教师团体中体现得更为明显。由此可见，非经济因素对教师流动的影响正在逐步增强，乡村教师越来越注重精神层面的充实，

---

① 刘胜男，赵新亮. 2017. 新生代乡村教师缘何离职——组织嵌入理论视角的阐释. 教育发展研究，（Z2）：78-83.

不断追求自我层面的发展。

（二）满足乡村教师的基本需求，鼓励其研习专业知识

乡村教师对专业发展的追求需要经济激励和非经济激励共同推进。为了帮助乡村教师心无旁骛地投入专业发展，积极地学习新课改背景下的新知识，掌握相关专业能力，践行正确的教育教学行为，致力于学生的全面发展，上到国家层面，下到学校层面，都要做好对乡村教师工作的积极反馈。一方面，在对乡村教育的财政拨款中，国家要加大对乡村教师队伍建设的专项投入，完善基本工资正常增长机制，逐步建立人员经费支出增长与学校经费收入增长挂钩的投入机制，保证绩效工资支出和福利待遇支出的稳步增长，以更好地发挥工资激励的作用。另一方面，乡村学校的校长应多渠道了解教师对工资的期望，正确地评估教师的工作贡献，避免劳动报酬与教师的实际付出不符使其产生消极情绪，进而提升教师的薪酬公平感。除此之外，乡村学校要通过相关调查了解教师对工作环境的意见和建议，为教师创设自由、宽松、和谐的工作环境，充分发挥乡村教师的工作自主性，利用弹性工作时间等优势，促使其在工作和生活状态中达到平衡，进一步满足乡村教师自主教学与科研的内在需要，从而提升乡村教师群体的幸福感。

（三）增加社会性报酬，助推乡村教师专业能力发展

对于乡村教师而言，尊重或尊敬、赞同或承认、地位和声望等社会性报酬尤为重要，其旨在提高乡村教师的专业地位、社会地位，并激发其专业发展的自主能动性。因此，家长、学校和社会多方面应该形成链接，满足乡村教师的精神需求，进而提高其对乡村场域和所在学校的认可度，并愿意主动为乡村教育的发展提升自我，贡献自己的知识和力量。一方面，落实职称评定政策。其目的在于帮助乡村教师扎根乡村，免于为编制的事情而奔波劳碌，把时间用在教学和科研工作上。相关部门应在职称评聘政策上向乡村教师倾斜，认识到乡村教师群体的特殊性，根据具体情况做出合理的调整，让乡村教师有工作安全感是其专心从教的重要基础。学校要积极配合有关部门落实相关政策，做好与家长的沟通，以及社会上的宣传和引导工作，在各个层面不断地沟通和磨合中拓宽乡村教师的发展通

道。另一方面，重塑乡村场域尊师重教的社会风尚。教育部门和乡村学校应为乡村教师创造温馨的人文环境，让他们参与乡村教育治理现代化进程，引导乡村教师开发乡土课程资源、积极地开展家校沟通等，不仅能为乡村教师提供参与乡村社会公共事务的机会，使他们以"知识分子"身份内嵌到乡土社会，也能提升他们处理相关事务的能力。

（四）营造和创设良好的学校氛围与条件，推进乡村教师专业行为发展

乡村学校是乡村教师的工作场所，也是对乡村教师教育教学行为影响最大的地方，乡村学校工作环境和条件的完善对乡村教师也是正向的支持。首先，逐步改善乡村学校的办学条件。不管是学校还是社会，都应共同努力改善乡村学校的硬软件设施，比如，换掉陈旧的办公设备，建设乡村地区的教育教学图书资料室，尽可能地为乡村教师提供良好的教学条件。其次，践行人本化和民主管理。学校对教师和学生都要坚持"以人为本"的理念，营造充满人文关怀的环境氛围。学校领导应尊重、信任、关心教师的工作和生活，鼓励乡村教师工作，肯定乡村教师的价值所在。这不仅能增强乡村教师的主人翁意识，满足乡村教师成长的需要，提升乡村教师的成就感、责任感，也能使对教师的管理更具针对性，有利于学校决策的顺利进行。乡村学校通过多方面支持乡村教师的教育教学工作，会提高他们的工作满意度，并使其愿意主动提升自身的专业化发展水平。

三、减少工作时间，为专业发展提供平衡支点

我国自 2021 年实施"双减"以来，教师减负一直是热点话题之一。正如教育部基础教育司提及的："可统筹安排教师实行'弹性上下班'。"[①]安徽省蚌埠市率先出台了《关于实施蚌埠市义务教育阶段学校教师弹性上下班制的意见》，全面推行"弹性上下班制"，让教师上下班时间更加人性、合理，以减轻教师负担。[②]

---

① 教育部基础教育司. 2021-08-30. 关于秋季学期中小学教育教学工作介绍. http://www.moe.gov.cn/fbh/live/2021/53659/ sfcl/202108/t20210830_555600.html.

② 蚌埠市教育局. 2022-07-13. 关于市十七届人大一次会议第 27 号建议的答复. https://jyj.bengbu.gov.cn/zfxxgk/public/22041/49958439.html.

（一）合理规划工作时间，关注乡村教师的专业情意

学校的合理规划是让乡村教师对所在学校产生积极情绪的重要举措。学校要合理规划教师的工作时间，减轻他们的负担，应对标《义务教育学校管理标准》中的相关要求，以真正实现依法办学、科学管理。首先，学校要尊重教育规律，广泛征求乡村教师的意见。在实施改革前，学校相关部门要合理地开展调研，并经过充分的科学论证之后实施改革，避免给教师带来不必要的工作负担。其次，学校要明晰各管理部门的职责，提高管理效率。各部门应安排专人负责，通过梳理非教育教学任务清单，减少其对乡村教师的干扰。最后，学校要积极关注乡村教师的身心健康状况，通过组织各种文体活动，丰富乡村教师的学校生活，而且不在休息的时间随意增加其工作量，全方位地为乡村教师减压，让乡村教师有更多的时间达到工作与生活的平衡，从而有精力从事创造性工作。长此以往，他们会以更高的热情投入乡村教育教学中。

（二）支持乡村教师的专业发展活动，拓宽专业知识学习渠道

乡村教师完成工作任务之后，还应该拥有额外的时间参加专业发展的相关培训和活动。只有解决相应问题的知识增多了、能力提升了，乡村教师的专业发展水平才会自然提升。因此，教育管理部门和学校应积极支持乡村教师的专业发展活动，扫除教师参加专业发展活动的各种不利因素，特别是要完善相关规章制度，为乡村教师有时间参与活动做好保障，并且确保不会增加他们的负担。一方面，学校应为乡村教师提供灵活的、可供选择的专业发展活动，让其能够根据自己的时间表参加各种活动，而不是被动参加。让教师自发地组织专业发展活动，而非强制性地要求其参加活动，不仅能够增强教师共同体的交流和合作意识，更重要的是，在这种契合教师需要的专业发展活动之中，能让教师获得积极的学习体验，取得良好的效果。另一方面，教育相关部门要加强建设教师专业发展的支持体系，鼓励教师特别是青年乡村教师自主制定职业生涯规划，并为其创造专业成长条件。学校可以通过不断落实教师教研制度，构建教师研修共同体，形成可持续的教师专业发展运行机制，还可以与区域中的一些优质学校建立互助制度，保证教师有机会获得发展，不断完善自身的知识结构。

（三）减少乡村教师的非教育教学工作，自主提升专业能力

工作时间过长会给中小学教师增添很多压力，其中就包括教师缺少时间进行专业能力方面的训练。因此，一方面，学校应适当核减教师的工作日工作时间。乡村教师在完成自己的工作任务之后，可以选择在学校参加各种教师教研活动、团体交流等专业发展任务，也可以自主选择离开学校，还可以选择把工作带回家做，学校在确保教育教学工作正常进行的情况下，给教师充分的自主选择权。另一方面，市、区、县教育行政部门要贯彻落实相关减负政策，加强对社会非教学性事务进校园的整体管理，特别是要对其进行细化，有机融合学校的课程和社会资源，落实减负清单，切实减少教师的非教育教学工作。在工作时间中，专业发展时间的所占比例应该有所提高，因为这是教育教学的本质所在，也能有效促进教师的专业成长和可持续发展。

（四）保证乡村教师的有效工作时间，主动调整专业行为

谢尔曼（Sherman）等指出，员工会因良好的业绩而获得愉悦、自豪感及自我肯定，进而增强自我职业认同。[①]教师的空闲时间，即所谓的"后台时间"，是不应被管理者"侵占"的。对于教师而言，这段时间不仅有助于缓解工作压力，更是促进教师之间建立信任、伙伴关系的重要时段。[②]因此，教育行政部门和学校需要明晰教师的工作时间，一方面可以参照其他国家的相关教育法律，例如，日本 1949年颁布的《教师许可证法》等文件中就明确规定了公立中小学教师的每周工作时间为 40 小时。[③]另一方面，合理调整乡村教师的工作时间。教师的本职工作是教书育人，而非无止境地参加考评、填表等事务性工作。学校可以通过优化教师评价制度，帮助教师专心、安心从事教育教学。除此之外，学校还可以集中在一个时间段开展教师培训工作，比如，在寒暑假的某段时间，让教师提前安排好自己的事情，无负担地参加培训，还要注意培训效果的实效性，而非过于注重培训时间的长短，

---

①　Sherman D K，Cohen G L. 2006. The psychology of self-defense：Self-affirmation theory. Advances in Experimental Social Psychology，（38）：183-242.

②　Hargreaves A. 1990. Teachers' work and the politics of time and space. International Journal of Qualitative Studies in Education，（4）：303-320.

③　陈永明. 2003. 日本教育——中日教育比较与展望. 北京：高等教育出版社，341.

否则培训效果会大打折扣。由于乡村教师本就面临艰苦的生存环境和大量的非教学事务，只要有足够时间进行专业发展，教师对工作产生的幸福感在很大程度上能消除艰苦工作条件带来的失落感，反过来又会促进乡村教师的专业发展。

第二节　重视主观心理环境，构建适宜的内源性体系

乡村教师专业发展的源头力量是内生性动力，它在很大程度上决定了教师专业发展的效果。为此，社会各界应积极关注乡村教师的内在发展需求，构建适宜的内源性体系，促进其主动发展。

一、提高职业认同，是促进专业发展的立足点

教师对自身职业的认同是其积极从事工作的基础，需要重点关注。

（一）寻求有高职业认同感的教师典范，树立专业情意发展标杆

具有较高职业认同感的教师会热爱自己的职业，把教师这一职业当作一生的事业去追求，认为作为一名教师本身就是有价值的，对工作会表现得更加乐观，对事件做出积极的归因。要提高乡村教师的职业认同感，应通过内在因素加以驱动，激发乡村教师的专业情意。一方面，选拔和培养具有强烈内部动机的乡村教师，从源头上对他们的职业认同感进行强化。培养院校在选拔和考核生源时，首先应该对他们的职业态度进行专业测评，挖掘他们的专业动机，真正选拔出热爱乡村教育事业的乡村教师。同时，高校要做到师范内容与课程的革新，借助5G、大数据、人工智能等新技术，建设智能教学平台，探索深化"人工智能+教师教育"师范生培养体系改革，推进信息化教学变革与创新。[①]通过数字化完成对各

---

① 赵凌云，胡中波. 2022. 数字化：为智能时代教师队伍建设赋能. 教育研究，(4): 151-155.

类课程的迭代升级，筛选适合教师专业发展的课程内容，通过线上线下结合、虚实结合等方式，多维度、多层次地促进教师专业发展的创新与拓展。处于择业初期的乡村教师都会经历一个成长的过程，他们最初的专业兴趣和在专业发展过程中产生的志趣都将为其教育工作提供持续的精神动力。另一方面，加强乡村教师学习机制的建设。政府应积极构筑数字化、虚拟化、智能化的学习共同体，让教师专业发展可以实现跨学校、跨区域、跨国家的传播分享，帮助乡村教师在数字化的教学场景和互动中形成深刻的职业体验和感悟。学校应为乡村教师提供更多的发展平台，打通乡村教师的专业发展通道。乡村教师有了更多的发展平台和机会时，才会在工作中体会到获得感，提高他们的工作幸福指数，进而自觉遵守职业道德规范，提升现代社会发展需要的完善的数字道德素养、媒介信息素养。

（二）打造乡村教师发展共同体，高效补充专业知识

一般来说，职业认同度高的教师更善于学习和接受新的教育思想、教育理念和教学工具等，乐于补充新知识，更新自身的知识结构。[1]要想提升乡村教师的职业认同感，应关注教师群体中的"集体知识"的力量，通过打造乡村教师发展共同体，为教师"赋能"。教育赋能不仅有外部赋能，还有内部自我赋能，也能为他人赋能。团队成员相互间会发现彼此的优缺点，关注彼此的专业发展需求，教师内部可以实现专业知识上的"取长补短"，进而增强成员之间的信任，在心理、情感和专业上产生共鸣。在心理上，当乡村教师处于良好的学校和教学氛围时，会愿意主动创造协同发展的同伴文化；在情感上，当乡村教师处于良好的社会舆论氛围时，会在情感感召中促进对专业知识的深入探索；在专业上，乡村教师在地方教育行政部门与学校发展的"共同教学文化"中[2]，系统思考自身的教育教学工作和专业发展路径。特别是在数字化时代，各地政府应积极探索智能研修模式，依托以人工智能为代表的新技术和以虚拟教研室为代表的新平台构建乡村教师新型研修模式，探索"教育元宇宙"的建设及应用，构建网络空间教育新形态。[3]

---

① 王肖星. 2020. 我国乡村教师职业认同的现实困境及其突破. 教学与管理，（24）：50-53.

② 卢乃桂，张佳伟. 2018. 时代变迁中的教师发展研究——卢乃桂教授专访. 苏州大学学报（教育科学版），（4）：77-84.

③ 杨阳，陈丽. 2022. 元宇宙的社会热议与"互联网+教育"的理性思考. 中国电化教育，（8）：24-31，74.

（三）推进职前职后一体化建设，完善专业能力发展机制

有研究显示，心理资本作为个体的一种积极心理状态，对个体的态度和行为有显著影响，心理资本水平高的教师更可能对事件做出积极的归因。①职业认同是影响乡村教师专业发展的重要心理因素，而且对他们的专业能力的投入也会产生影响。教师职业认同不仅涉及教师对自身所从事职业的内涵、价值取向的认识，也包括对教师系统内部社会地位、经济待遇的认识。因此，要加强教师自身的内在统整，也要关注他们的职前职后一体化发展。在职前阶段，要重视对教师的专业知识、课堂教学实践能力的培养，通过完善教师准入制度，规定不同阶段教师的学历程度，在乡村教师上岗之前明确标准。除此之外，学校还要有针对性地开展职后培训工作，帮助乡村教师进行教学反思，在反思的过程中提升专业能力。特别是在教师晋升考核上，要侧重乡村教师的专业能力，而不能只专注考查学科专业知识，还要不断提高乡村教师的专业知识能力与教育教学实践能力，使其有效应对教学活动中遇到的各种问题②，在问题解决的过程中增强职业认同感。

（四）落实组织承诺，为乡村教师的专业行为提供支撑

职业认同度较高的教师不仅具有更强的自我专业发展意识，而且会更积极地实施与专业发展相关的行为。③一般来说，教师的工作态度与组织承诺有关，组织承诺高的教师的职业认同度也会更高，对学校的组织目标也会更认同。这是由于他们有比较强的组织归属感，在组织中获得了更多的支持，他们的工作态度也会随之变得积极和主动。因此，要提高乡村教师对学校的组织承诺水平，提高其对政策制度的认同感，鼓励乡村教师积极参加学校政策的商讨制定。学校要善于倾听乡村教师的声音，给予教师充分参与的话语权和决策权，考虑教师的具体情况与现实需要，这也是学校人文关怀的体现。学校要尊重教师这一教育主体和他

① 柯江林，孙健敏，李永瑞.2009.心理资本：本土量表的开发及中西比较.心理学报，（9）：875-888.
② 王吉康，李成炜.2019.乡村教师视角下《乡村教师支持计划（2015—2020）》实施效果研究——基于甘肃省G县的调研.当代教育论坛，（5）：99-107.
③ 魏淑华.2008.教师职业认同研究.西南大学.

们的基本权利，促进其身心健康成长①，让乡村教师把追求理想的专业发展变成自觉行为，在良好职业认同的氛围中促进教师专业发展。

二、提升自我效能感，是专业发展的基础点

自我效能感关系到教师专业发展的主动性，当乡村教师有较高的自我效能感时，会更有信心寻求专业发展水平的提升。

（一）重视心理资本的力量，增强乡村教师的专业情意

自我效能感程度高的教师具有较高的心理层次。他们能够用积极的心态去从事教育教学工作，对工作有主动性与创造性。已有研究表明，教学效能感越高的教师工作满意度越高，越不可能离开教师职业，因而教学效能感与教师留任意愿密切相关。②乡村教师的积极情绪体验对专业情意的发展有着举足轻重的作用。根据霍布福尔（Hobfoll）的资源守恒理论③，人们总是在寻求一些资源来满足自己的需求，如果获得资源，人们就会感到愉悦和幸福；如果无法获得资源，就会导致产生心理压力和紧张。当教师拥有工作自主性，并得到学校的诸多支持时，则能够增强自我效能感，感到自己被学校重视，进一步增加教师的心理资本。除此之外，学校要给予乡村教师良好的工作反馈，引导个体更好地完成工作目标，增强自我效能感，进而增强专业情意。

（二）实现跨区域资源整合，链接专业知识网络

在信息技术的支持下，乡村教师处于现实与虚拟混合的生态之中。信息技术

---

① 樊改霞. 2019. 乡村教师职业发展及其前景分析——兼议乡村教师队伍建设的路径. 中小学教师培训，（8）：15-20.

② Skaalvik E M，Skaalvik S. 2011. Teacher job satisfaction and motivation to leave the teaching profession：Relations with school context，feeling of belonging，and emotional exhaustion. Teaching and Teacher Education，（6）：1029-1038.

③ Hobfoll S E. 1989. Conservation of resources：A new attempt at conceptualizing stress. American Psychologist，（3）：513-524.

打破了乡村教师与外界的物理围墙，为乡村教师提供了广泛的学习机会，也为乡村学校提供了更多的渠道实现优质教育资源共享、城乡互动教学。虽然信息技术为乡村教师的专业发展提供了诸多便利，但也不得不说，乡村教师在信息技术方面拥有的专业知识和专业能力是其发展的短板。如今，国家出台了很多有关信息技术发展的政策文件，乡村学校的信息化环境如软硬件基础设施有了很大程度的改善，为其信息化发展提供了物质基础。要将信息技术的价值落到实处，关键还要看教师的信息技术的使用能力，如果乡村教师的信息技术专业知识储备欠缺、专业能力不足，在一定程度上会降低教师的工作效能感。因此，丰富乡村教师的信息技术相关知识，帮助其掌握新型的教学方式，成为提升其效能感的重要方面。当地政府要建构乡村教师专业发展服务体系，充分利用信息技术手段，弥补面对面教学形式的不足，通过网络远程培训，让乡村教师打破时间、空间的限制，跨时空与其他区域的优秀教师进行教育教学上的思维碰撞，与专家、教研员等多方面的教育工作者进行学术探讨，在知识和能力方面获得有效指导，并直接服务于乡村教育实践，由此乡村教师在实践中的效能感、满足感会得到提升。

（三）推动教学与科研的并重发展，促进专业能力的提升

从前文调查结论可知，对成功的体验这一因素对乡村教师自我效能感的影响很大。因此，乡村学校应多给予教师学习交流和相互切磋的机会，尽可能多地设置教育教学成果奖，因为这代表着对教师教学能力的肯定，有助于教师自我效能感的提高，反过来也能激励教师不断进步；还要多给予教师发挥所长的机会和正向积极的评价，让教师在教育工作和教学实践中变得善于发现自己的长处，获得成功的体验。此外，校领导也可以组织教师集体备课，一起观摩网上公开课，到其他学校参观学习，请优秀教师来校分享经验等。乡村教师应积极增强自己的学习主动性，主动展开自主学习与思考，不断更新和补充自己的知识体系，同时关注乡村文化，积极探寻乡村教育的发展路径，以便在持续学习中不断进步，从而更加自信从容地面对教育工作。更为关键的是，高校应加大对师范生科研能力的培养力度，充分利用师范生培养方案中的课程设计，加强对教育理论和教育研究方法的学习，以提升他们的科研素养和教育教学能力。学校可以鼓励师范生在实习期间把握机会，学会发现问题，继而展开调研，最后做出成果，促进理论学习

与实践的一体化发展，也可以鼓励师范生结成科研小组，为其分配指导教师，在合作中培养其科研兴趣，提升其科研能力。高校应采用多种方式帮助师范生在实践中更好地掌握教育研究方法，入职后将科学的教育研究知识与方法带入学校，服务于学校科研氛围的营造和科研小组规模的发展，形成促进教师专业能力持续发展的动态链。

（四）加强教学反思与实践，批判性地发展专业行为

教师的自我效能感与其教学行为和效果密切相关。职业自我效能感水平高的教师更能激发学生的学习热情，促进学生自我效能感的发展。[①]因此，在教育教学活动中，教学方法并无绝对的好坏之分，关键在于是否适合学生。乡村教师能够灵活因应时机、地点及学生特点的不同，调整并运用合适的教学方法，这恰恰体现了他们的教育智慧。这种智慧使教师能够在多样化的教学环境中找到最适合学生的教学策略，从而有效地促进学生的全面发展。从教学过程来看，教师只有在具体的教育教学活动中深耕实践，才能深刻地理解各种教学方法背后的逻辑，进而将这些方法内化于心、外化于行，结合学生的实际情况应用于教学实践。乡村教师并不是只按照以往确定好的教学程序传播知识，而是应该把知识融合于自身的经验之中，再把加工后的知识传授给学生，学生可以批判性地吸收。在这一过程中，教师也要不断地反思自己的教学行为，因为反思教学行为会促进教师尤其是青年乡村教师的自主专业发展，也会潜移默化地提高乡村教师的自我效能感。

三、强化组织认同，是专业发展的推进点

良好的组织认同会直接影响乡村教师的专业发展意愿，浓厚的组织学习氛围、和谐的教师专业发展共同体等都能为乡村教师的发展"锦上添花"。

---

① 李红，郝春东，张旭. 2000. 教师教学效能感与学生自我效能感研究. 高等师范教育研究，（3）：44-48.

（一）发挥精神感召力，注重专业情意的自然生长

场域理论认为，人的每一个行动都会受到行动发生的场域的影响。在乡村场域，只有为乡村教师构建出充满信任的社会支持网络，才能消除他们的孤立无援感和较低的组织认同感。一方面，政府要帮助乡村教师链接外部社会关系。一些城市学生来到乡村学校，要在陌生的场域环境中转变为乡村教师这一角色，他们开始可能会出现难以适应的情况，甚至很长一段时间难以融入现有的工作环境中，这在一定程度上会影响乡村教师队伍的稳定性。当政府和学校联合为教师创造良好的工作氛围，帮助他们了解当地的乡村文化和融入乡村生活的文化群体，并促进他们与学生家长的沟通交流与合作时，乡村教师对乡村场域的归属感和认可度会提升。另一方面，乡村学校要成为有精神感召力的文化组织。考虑到乡村教师群体的特殊性，对乡村教师的评价机制也要不断地更新与变化，适合当地、当校乡村教师的专业发展，真正发挥评价的多重功能，强化乡村教师与乡村学校的耦合程度，通过多方组织的共同努力，为乡村教师专业情意的发展铺好路。

（二）汇集各方优秀教育人员，指导乡村教师的专业知识发展

本研究发现，组织认同能反向预测教师的专业知识发展。有研究者把员工感受到的来自组织方面的支持称为组织支持感。[1]乡村学校大多地处贫困偏远地区，缺乏一些有利于教师专业发展的教学资源、研修活动等。相关研究证实，这类资源和活动恰恰是促进教师专业发展的有效途径。[2]要想强化乡村教师的职业认同，学校要采取各种有力措施获得资源、规划活动，为乡村教师营造支持性的组织环境，进而促进乡村教师的专业知识发展。因此，招纳高校的教育专家和学者为乡村教师解读最新的教育理论和教育改革措施，显得尤为重要。例如，2022年，教育部颁布《义务教育课程方案和课程标准》之后，有许多知名学者进行解读，乡村教师要审时度势，把握时机，多听取他们的建议，拓展自身的学术思想。教师只有精准把握新课程改革理念，才能成为新课程改革的主力军，尤其是

---

① Rhoades L，Eisenberger R. 2002. Perceived organizational support：A review of the literature. Journal of Applied Psychology，（4）：698-714.

② 顾峰. 2003. 开展校本研修 促进教师专业发展. 教育发展研究，（12）：5.

乡村教师的专业发展是新时代高质量教师队伍建设的重要组成部分。教育专家要深入乡村课堂，指导乡村教师的教学，助力新课标真正"落地"，以实现理论向实践的转化，这也能帮助乡村教师实现新的跨越和突破。除此之外，高校教育者可以引导乡村教师学习如何将研究成果与乡村教育教学实践相融合，从而培养乡村教师的科研态度和科研思维。当乡村教育环境成为教师专业知识成长的"沃土"时，将孕育出丰硕的知识果实，使其致力于促进学生的全面发展。

四、强化组织归属感，是专业发展的深耕点

乡村教师的专业发展需要教师在感到安全和支持的环境中进行，而归属感是重要体现，表现为乡村教师愿意为了乡村学校的发展贡献自己的力量。

（一）践行人本化管理，促进专业知识的发展

伍尔福克（Woolfolk）等的研究发现，校长的科学管理、人本管理有助于教师效能的提高。[①]当乡村教师得到足够的组织支持时，会激发他们主动投身乡村教育和学校建设的积极性。从意识方面而言，乡村学校的校长要注意引导和鼓励乡村教师，让他们感受到自己对学校、学生的作用和影响，认识到自己所做的一切工作都是有利于自身的专业发展和自我价值实现的，从而树立积极健康的理想信念，愿意效力于乡村学校、乡村教育的进一步发展。这种信念反过来也会促进其归属感的提高。从行为方面而言，校长要起到带头作用，成为教师的榜样，不断地发展自己的知识和能力。特别是在新课程改革背景下，在大力强调课程领导力的情况下，校长的课程领导力也会为教师课程领导力的发展提供支持，能为乡村教师提供学习专业知识的良好环境，帮助他们提高教育教学水平，继而促进乡村教育质量的提高。反过来，教育质量的提高又会强化乡村教师的自信心，进而提高他们的归属感。

---

① Woolfolk A E, Hoy W K. 1993. Teachers' sense of efficacy and the organizational health of schools. The Elementary School Journal,（4）: 355-372.

（二）寻求多方面的教育资源，保障专业行为的发展

拉尔森（Larson）等指出，资源性的工作环境能够激活员工的心理资本，从而产生经济效益。①当乡村教师处于拥有丰富、有效资源的工作环境中时，他们能感受到自身对工作的意义，对乡村学校会有更高的依赖感和归属感。在这种条件下，更能丰富乡村教师的心理资本，进而推动自身教育教学行为的改善与进步，以及工作投入度的提高。因此，教育行政部门和学校要为乡村教师提供更多的教育资源，让乡村教师充分感受到被信任、被尊重，激发他们参与教育教学的积极性和主动性，在组织中发挥他们的最大潜能，致力于自身的专业发展。

五、减轻工作压力，是专业发展的突破点

过重的工作压力会严重影响乡村教师的专业发展。在教育现代化大背景下，乡村教师可以通过掌握新知识、学习新技能提高工作效率，从外到内减轻工作压力。

（一）创建融洽的人际环境，呵护专业情意的发展

研究表明，在和谐的氛围中，教师能够互相探讨和解决问题，有利于消除压力感。②因此，创设和谐、信任的人际关系环境尤为重要。当乡村教师处于与领导、同事和学生的融洽和谐的人际环境中时，能够在一定程度上帮助乡村教师缓解工作压力，不断地进行自我调节，减少负面情绪，以更好的状态、更饱满的情绪面对教育教学工作。学校领导要主动了解教师在工作中的现实需求和面临的问题，及时肯定教师在工作中取得的成绩，给予其鼓励和支持，满足教师被理解的情感需要，促进教师的专业成长。

---

① Larson M, Luthans F. 2006. Potential added value of psychological capital in predicting work attitudes. Journal of Leadership ＆ Organizational Studies,（1）: 45-62.

② 曾晓娟，刘元芳. 2011. 大学教师工作压力研究的进展与问题. 黑龙江高教研究,（1）: 82-85.

（二）巧用先进信息技术，扩充专业知识图谱

如今，人工智能技术能替代教师处理大量简单、机械、烦琐的非教学事务，将教师从其中解放出来，这不仅提高了教师的工作效率，也缩短了教学的反馈周期，能让教师及时了解自己的教学效果，在很大程度上减轻了教师的工作压力。这表明教师的角色已经发生了转变，他们不再仅仅是"经师"，即局限于机械地重复传授书本知识，扮演工具性的角色。相反，他们应当成为"人师"，关注学生的德智体美劳全面发展，以体现教师自身存在的价值。孙超认为，教师应当具有新颖和科学的教育观念，以及掌握大量的信息技术知识，熟练运用各种电子数字资源，采用多种信息化教学方式。[①]乡村教师要运用好信息技术，比如，可以采用网络专题学习的方式，让学生自主探究知识，并通过学习共同体激发学生追求知识的欲望。在整个过程中，教师只起引领的作用，并根据网络平台分析学生学习的大数据，有针对性地完善教学方案，让教师把教学时间花在真正的教学上，在实践中通过制作属于自己专业知识发展的图谱，做到个性化教学，减轻自己的学习压力。

（三）增强工作控制感，激发专业责任意识

在自我决定的基础上，员工能够体验到更强的所有权感，并对工作结果产生更为直接的影响。这种情境往往能够激发他们的专业责任意识，并在遇到挑战时保持坚韧不拔。有研究显示，工作压力较低的员工较少出现工作倦怠的情况，同时工作自主性对员工的深层行为有着积极的促进作用。当个人感知到工作自主性时，他们会感觉到个人的责任感[②]，从而在机遇和调整面前保持积极态度，主动寻求缓解压力的办法，促进自身的成长。因此，学校管理者应该注重新时代教师对于自主性的诉求，赋予教师合理的自由和权利，以更加灵活地定义其在组织中的地位和角色。例如，学校可以优化工作设计流程，对岗位进行合理的工作再设计，让教师负责一些力所能及的项目；让教师参与团队决策或高层决策，以便其

---

① 孙超. 2011. 基于信息化的中小学教师专业化发展政策研究. 当代教育论坛, （9）: 46-47.

② Hackman J R, Oldham G R. 1976. Motivation through the design of work: Test of a theory. Organizational Behavior & Human Performance, （2）: 250-279.

了解团队的工作流程、目标和进度，而不是简单地增加任务数量，为增强教师对工作的控制感提供更多有利条件，进而激发其对专业能力发展的责任感，为自身的工作能力提升和行为重塑创造生长空间。

（四）给予政策上的倾斜，保障专业行为发展

乡村教师从事的工作需要投入脑力、体力和情感，具有高付出、低回报的特点。长期的高付出会使得乡村教师承受过多的工作负担，而持久的低回报则会让乡村教师看不到教师这份职业的希望。乡村教师精神层面的压力过大，会影响乡村教师的工作积极性，从而使其产生工作倦怠，进而产生较大的工作压力。要缓解乡村教师的工作压力，国家要给予乡村教师更多的政策关照，依据乡村学校的师生比科学合理地增加乡村教师的数量，同时考虑到乡村小规模学校工作头绪多且任务重的情况，应适时、适地为乡村教师减负，缓解职业压力，争取让每位乡村教师的合法权利都得到保障。乡村学校要践行国家政策的要求，多关心乡村教师心理发展情况，通过增强乡村教师的职业幸福感，切实降低乡村教师的职业压力，保障乡村教师的专业行为发展。

六、提高工作满意度，是专业发展的进阶点

工作满意度是乡村教师愿意进行专业发展的重要心理因素，不管是政府、社会、学校都应找准机会，促进教师的满意度提升。

（一）关心乡村教师的发展需求，调动专业情意发展的情绪

为了提升乡村教师的工作满意度，增加乡村教师从教的积极情绪，首先，乡村学校要积极关注乡村教师精神层面的需求，满足教师深度学习和探索的欲望，比如，丰富学习资料，为乡村教师的学习创造有利的条件，还可以举办一些跨校的乡村教师集体活动，增进教师间的情感交流。其次，国家可以提高乡村教师的薪酬待遇，满足乡村教师物质层面的需求。薪酬比较是影响薪酬满意度的重要因

素，与薪酬满意度高度相关。①薪酬待遇仍是影响乡村教师工作满意度的关键变量，教育相关部门应持续推进城乡资源的分配公平。最后，为了确保乡村教师有专业发展的空间和机会，教育部和当地教育行政部门可以设立专项培训学习费用，定期组织培训，满足乡村教师的发展需求，帮助乡村教师努力提升自我，激活专业情意，进而反哺乡村教育的发展，以形成良好的发展循环系统。

（二）给予多方支持，促进教师对专业知识的学习

根据自我调节学习理论，工作满意度涉及对职业活动、工作环境、升迁进修、收入薪酬、管理制度等外部因素的主观评价与体验。工作满意度较高的乡村教师对教育教学工作的评价较为正向，工作情绪体验更为积极，也更愿意参与组织之间的合作。因此，要想促进乡村教师专业发展，相关部门应构建乡村教师的专业知识框架，为其知识发展提供正向支持。首先，教师要正确认识自己的工作，有合理的工作期望，做好能力范围内的知识提升。其次，学校要给予教师足够的权利和机会进行专业知识的学习，从物质和精神上让乡村教师有获得感和满足感，提升其工作满意度。最后，社会上要形成尊师重教的风尚，通过良好社会氛围的影响，乡村教师能从中得到认可，愿意主动寻求专业发展。

（三）激活乡村教师的创新思维，推动专业能力的提升

新时代背景下，教育教学更需要创新型教师，而创新行为更容易在积极的情感体验中产生。学校应注重提升乡村教师的工作满意度，促进其创新能力的发展。一方面，完善教师之间的帮扶制度，鼓励有经验的老教师多指导年轻教师，年轻教师也可以就一些新观念与老教师交流，在相互的交流及解决问题等方面进行深度协作，从而激发教师的创新和批判思维，激励教师实现内在变革，以及产生创新的意向与行为，达到彼此相互促进、发展的良好效果，通过多方支持，为教师专业水平的提升"保驾护航"。另一方面，学校在选择教师时，特别要注意到那些本身具有创新精神的人，并在持续的专业培养中激励他们成为具有创新精

---

① 杜屏，谢瑶. 2018. 中小学教师薪酬满意度影响因素实证研究——基于公平理论的视角. 华中师范大学学报（人文社会科学版），（2）：168-177.

神和高度专业化的教师①，促进其专业能力的提升，使他们成为推动高质量教师队伍体系建设的中坚力量。

（四）提供强有力的工作资源，满足专业行为发展需求

工作满意度反映了教师对工作的态度，会影响教师工作的积极性和主动性，进而影响教育质量。②与其他从业人员相比，教师的工作时间越长，其对付出-回报合理性的满意度就越低③，长此以往，将导致教师出现不满意的工作行为。德梅里特（Demerouti）等提出了工作要求-资源模型，认为工作要求可能会导致个体负担过重和精疲力竭，而工作资源旨在通过减少工作要求带来的身体或心理上的消耗，进而促进个体的成长和发展，包括反馈、参与、领导支持等方面。④该模型启示我们，需要为乡村教师提供强有力的工作资源，以满足其专业行为发展的需要，进而减轻乡村教师的工作负担，避免因缺乏工作资源导致乡村教师的退出行为。

第三节　强化正向激励，创建积极的客观组织环境

建立与乡村教师实际发展相适应的激励体制，是实现乡村教师"能发展""发展好"的关键。从我国乡村教师的发展情况来看，创建积极的客观组织环境是促进乡村教师专业发展的重中之重。

① 元英，刘文利，黄志军. 2019. 芬兰中小学新教师入职培训的背景、特点及启示. 教学与管理，（10）：80-83.

② 宋洪鹏. 2020. 中小学教师工作满意度现状及其改进建议. 中国教师，（4）：73-77.

③ 元静，胡咏梅. 2019. 工作时间越长，中小学教师的付出回报合理性满意度越低吗?. 教育科学研究，（9）：44-51.

④ Demerouti E，Bakker A B，Nachreiner F，et al. 2001. The job demands-resources model of Burnout. Journal of Applied Psychology，（3）：499-512.

一、增强工作自主性，体现专业发展的主动性

2020 年 9 月，教育部等八部门发布《关于进一步激发中小学办学活力的若干意见》，提出保证教育教学自主权，"充分发挥教师课堂教学改革主体作用，鼓励教师大胆创新，改进教育教学方法，开展丰富多彩的教育教学活动，积极探索符合学科特点、时代要求和学生成长规律的教育教学模式"。《中华人民共和国教师法（修订草案）（征求意见稿）》也指出"保障教师在教育教学、教学研究、科学研究中的自主权以及创造性开展工作的权利"，赋予了教师工作自主权，彰显了教师的专业自主性。由此可见，教师工作自主性对于提高教师工作效率和促进教师专业发展有重要作用。

（一）赋予乡村教师学校管理权，以产生浓厚的专业情意

有学者通过研究发现，良好的组织氛围（如安全感、创新支持、管理支持、对影响团队和组织的能力的感知等）对建议的产生和理念的执行有积极的影响。[①]对乡村学校来说，要让乡村教师认同学校文化，并愿意遵循学校的规章制度，就需要创造出让他们感到安全和舒适的工作环境，帮助他们在其中找到适合自己的专业发展之路。对乡村学校来说，一方面，应落实民主管理。当前，一些乡村学校的校长可能还存在比较浓厚的"家长制作风"思想观念，"校长负责制"变了味，变成了"校长说了算"的"专制"倾向，这导致广大乡村教师在学校的各种决策上缺少发言权，会让乡村教师感到自己不是学校的一员，极大地影响了乡村教师参与学校管理的主动性与积极性。因此，改革乡村学校的内部治理结构成为大势所趋。学校应该通过建立由教师参加的治理委员会，赋予教师真正的管理权。另一方面，应践行服务型领导。乡村学校的校长要把教师的成长放在首要地位，把自己视为服务者，让乡村教师看到学校对他们的重视，只有这样才能极大地提升他们的组织支持感，激励他们为学校的发展贡献自己的聪明才智。当乡村教师有足够的工作自主性时，自然会对学校产

---

① 王大伟，李文婷，欧亚萍，等. 2017. 前瞻行为：影响因素、理论基础及发生机制. 首都经济贸易大学学报，（3）：103-112.

生认同感和归属感。

（二）给予乡村教师教学自主选择权，促进专业知识走向实践

教学自主权是教师工作的内在动力，教学自主权的提高有助于教师选择更恰当的教学内容和方式，获得更高的工作绩效。①自主权提供了一种主动掌握经验的来源，因为它给员工提供了获得新知识、新技能和掌握新职责的机会。格里芬（Griffin）等的研究表明，更大的工作自主权可能更容易让人接受改变，因为一个人如果能够对改变施加一些影响，他就不会感到受到改变的威胁，由此会提高其对变革的接受度和满意程度。②教学自主权是教师工作的内在动力，从教师专业发展的角度来看，教学自主权表明，在现有组织情境下，教师有"我能发展"的一种可能性，但要将可能性转化为现实，需要借助教师的教学自主权，即教师要形成和落实"我要发展"的观念和行动。当乡村教师有了正确的内部信念、浓烈的兴趣时，就会形成明确的教学目标，在教学目标的指引下开展相关的教学活动，并且能够在活动过程中及活动后不断地进行自我调整，进而把学校赋予自身的教学自主权转化为工作绩效，并提升工作满意度。这种转化是紧紧围绕课程和教学展开的。因此，乡村学校要抓好这一主线，给予乡村教师足够的自主教学选择权，帮助教师设计与开发适合学生发展的课程，进而提升其专业知识发展水平。

（三）提高乡村教师的课程领导力，以提升其专业能力

要增强教师的工作自主权，应注意为乡村教师"增权"和"赋能"，其中教师的课程领导力是比较重要的。比卡姆（Beachum）等认为，教师的课程领导力已然成为促使学校课程变革的关键因素。③教师要充分认识到自身在促进学生核心素养发展中的重要作用。教师课程领导力提升的第一步是从课堂走向课程，只有当教师真正行动起来，让课程从"他者"走向"我者"，回归课程本质和理解

---

① 姚计海，申继亮. 2010. 教师教学自主性问卷的编制与修订. 心理发展与教育，（3）: 302-307.

② Griffin M A, Neal A, Parker S K. 2007. A new model of work role performance: Positive behavior in uncertain and interdependent contexts. The Academy of Management Journal, (2): 327-347.

③ Beachum F, Dentith A M. 2004. Teacher leaders creating cultures of school renewal and transformation. The Educational Forum, (3): 276-286.

课程实质，课程变革才会体现出实践行动的真正力量。学校要鼓励乡村教师积极参与、分享课程开发实践和课程思想，并主动为教师提供参与学校课程决策、设计课程方案、改进课程教学、开发课程资源等专业活动的机会。教师在参与这些课程专业实践的过程中，会不自觉地描绘自身的课程愿景，在课程开发中倾注心血，不断提升自己的课程领导力，并深化对课程领导力的"具身认知"。教师也会在课程实施过程中更加懂得如何做出选择，如何更好地激发和引导学生的深度学习，如何在"问题—解决"的循环中提升课程领导力，这正是教师课程领导力的重要内容。除了课程实践，课程思想的分享也十分重要。学校应为教师提供与外部专家学者进行专业对话的渠道，帮助研究者和实践者建立起协作关系，同时构建学校内部的教师专业共同体。教师以教师专业共同体为媒介，分享自己对课程改革相关的课题和研究成果的想法，大到对教育哲学、课程标准和课程目标的学习、解读和理解，小到对课堂教学内容与学生核心素养之间关系的探讨，帮助乡村教师在教研活动中碰撞出思维的火花，以此不断提升乡村教师队伍的课程领导力水平。

（四）增强乡村教师工作的自主性意识，以实施专业行为

帕克（Parker）等指出，自主性的动机是员工实现工作重塑行为的理由与基础。[1]当个体感知到低自主性时，即工作被明确定义和控制时，他们会对自己的工作形成狭隘而惯性的视角，感受到较少的机会进行工作重塑；当个体感知到高自主性时，他们会发展出一种对工作的掌控感，意识到自己与工作结果是息息相关的，有利于员工深化对工作的意义的认识，激发其责任意识和成就动机。那么，如何给予乡村教师更大的工作自主性呢？最重要的就是给那些在工作中注重自我成长和发展的教师进行授权，让他们有权利安排自己的工作进度、时间和方式，甚至工作考核标准的设立，给予他们充分的自主性，能够在工作中获得较大的成就感和满足感。这不仅能够激发乡村教师的工作热情，更重要的是能够为乡村教师的自我成长和专业行为发展提供条件与保障。

---

① Parker S K, Bindl U K, Strauss K. 2010. Making things happen: A model of proactive motivation. Journal of Management,（4）: 827-856.

二、提供领导支持，突出专业发展的递推性

在工作环境中，组织制度、直接领导是员工获取信息的主要来源。与员工的意义建构相对，领导和组织往往是重要的意义给予主体①，如果乡村教师在专业发展中得到领导的积极支持，将会产生积极的工作态度和工作行为。

（一）强化领导者的支持性行为，帮助乡村教师丰富专业情意

员工与直接上级——领导之间的联系在时间和空间上是非常紧密、频繁的。在日常工作中，领导扮演着传达组织命令、见证员工实时工作进程和表现的角色，也是给予员工绩效评估和反馈的践行者。在这个过程中，如果领导能够给予员工足够的支持，下属员工的自信心会得到进一步的增强，员工积极主动参与工作的成就感也会随之提高。然而，信心和成就感正是自我效能感的核心，自我效能又是教师专业情感的重要组成部分。学校领导者拥有许多资源，例如，授权、培训机会、与工作相关的信息、反馈、知识和经验等，因此领导者应该开诚布公，主动与教师分享和讨论，让教师拥有被领导支持的感觉。此外，领导者应该表现出支持的一系列行为，与教师建立良性互动关系。例如，领导者主动倾听教师的个人需求、考虑他们的想法、鼓励教师发展和成长，并采取行动来指导、解决教师提出的问题，充分利用大数据智能云平台了解教师的发展需求，并及时给予其帮助。相关部门也可以针对管理层组织一系列与领导力相关的培训，帮助管理者意识到领导的行为方式对于下属工作的重要性，促使领导者表现出支持性的行为方式，促使教师逐步建立起信心和情感。

（二）引进高学历高层次人才，持续更新乡村教师的专业知识

本研究结果显示，乡村学校校长领导力的提升对于乡村教师的工作满意度提升具有正向促进作用。有研究表明，重复性的工作容易让员工产生厌烦情绪，工

---

① Sandberg J, Tsoukas H. 2015. Making sense of the sensemaking perspective: Its constituents, limitations, and opportunities for further development. Journal of Organizational Behavior，（S1）: S6-S32.

作投入水平较低，工作的积极性和乐趣也会较低。[①]只有当乡村教师对自身的工作满意时，才愿意接受各种知识能力培训，进而得到发展。首先，乡村学校应持续引进高学历高层次人才，为乡村教师队伍注入新鲜血液，激发教师的奋进学习意识。其次，学校管理者要考虑到教师的个人诉求，与高学历、高层次人才协作，设计出符合不同阶段教师发展的工作任务、目标等，避免低效的重复性工作，引导乡村教师更加主动地投入到工作中。最后，教师要意识到自身的职责所在，不断提高自身的工作胜任力，探索专业发展新路径。

（三）打造和谐的学校内部关系，共同绘制专业能力发展蓝图

有研究表明，领导与员工的关系越好，员工的工作热情越高。[②]此外，当领导与被领导关系逐渐转向一种相互信任、互相尊重的高质量关系时，员工更有可能实现积极的能力改变，从而激发员工积极主动地追寻能力提升，对组织产生更强的认同感。因此，学校领导应根据学校发展的特点，适当调整教师管理制度，建立健康有序的竞争机制，侧重对教师专业能力的评价。同时，要完善绩效考核激励制度，加强对乡村教师专业知识能力的考评，也要加强对教师心理素质的培养，帮助教师掌握自我调控压力的方法，提高其对压力的承受能力。

（四）针对乡村教师的不同发展需求，提供专业行为上的帮助

根据工作-个人匹配理论，当个体的工作负荷、报酬、价值观与组织环境的契合程度较高时，个体的工作投入水平也会较高。领导越支持教师的工作行为，教师的工作投入水平越高，对教师职业的认同度也会提升。如今，各种教师工作坊层出不穷，比如，有学校通过"新星教师工作坊"提升新任教师思维的条理性；通过"种子教师工作坊"提升潜力教师思维的系统性；通过"学术委员工作坊"提升优秀教师思维的创造性，为不同发展阶段的教师思维品质的提升提供上升的阶梯，促使他们实现另一层面上的生命蜕变。在乡村学校中，校长可以借鉴这些方式，帮助处于不同发展阶段的乡村教师找到自身的定位；鼓励教师走出课

---

① 姚垚. 2016. 新生代员工工作生活质量、工作投入与工作绩效的关系研究. 燕山大学.

② Tierney P，Farmer S M，Graen G B. 1999. An examination of leadership and employee creativity：The relevance of traits and relationships. Personnel Psychology，（3）：591-620.

堂，多参与"全国教师信息化教学大赛""晒课"等活动，并进行信息化活动自主建档，以在活动中不断提升自身的技术应用水平与教学反思能力。[1]同时，学校还要引导乡村教师深入研究探索，培养其创造行为。创造型教师的成长是主体与环境相互作用的结果，学校应为教师的成长提供良好的人文环境，用人性化的关怀激励教师潜心探索，创造民主、平等的和谐氛围，让教师的创造思维有生长的空间。学校还要尊重教师的首创精神，使其能够在包容中发挥想象力，通过教师的反思性实践，转识成智，寻求教学创新中的突破点，在教学研究中释放他们的教改激情，在坚持不懈的教学改革中书写属于他们自己的人生华章。

---

① 何文涛，庞兴会，朱悦，等. 2022. 人工智能时代中小学教师信息化教学能力发展现状与提升策略. 现代教育技术，（3）：92-101.

第七章

工作环境优化中的乡村
教师专业发展实践考察

在工作环境优化的背景下，乡村教师的专业发展实践考察显得尤为关键。乡村教育作为教育体系的重要组成部分，工作环境和教师素质直接影响着农村教育质量和学生的未来发展。因此，通过实践考察，深入了解乡村教师专业发展的现状与需求，对于优化乡村教师的工作环境、提升教育质量具有重要意义。在实践考察中，我们发现乡村教师在专业发展上展现出了坚韧不拔的精神和对教育事业的深厚情感。他们面临着教学资源有限、学生背景多样等挑战，但始终保持着对教育的热情和对学生未来发展的责任感。通过参加各类教育培训、开展教学研讨、进行教学实践等方式，乡村教师不断提升自己的专业素养和教学能力，努力为学生提供更加优质的教育服务。同时，实践考察也揭示了乡村教师在专业发展过程中面临的困境和问题。针对这些问题，我们需要采取一系列措施来优化乡村教师的工作环境，促进他们的专业发展。

第一节　实践考察之案例一

一、实践背景

2022 年 4 月,《新时代基础教育强师计划》出台,要求"加强高水平教师教育体系建设,培养造就高素质专业化创新型中小学教师队伍,着力构建优质均衡的基本公共教育服务体系,推动教育高质量发展"。要使乡村教育实现高质量发展,必须使乡村教师实现良性的专业发展。为推动乡村教师良性循环发展,需要了解乡村教师专业发展的内外部环境。因此,笔者开展了乡村学校个案调查,通过对乡村学校校长、教师及当地社区人员的访谈,以行政管理者、发展主体对象、外部社区人员三种视角了解乡村学校教师生存的真实情况,试图从侧面回答近年来乡村教师工作环境的改善情况如何这一问题,分析乡村学校内外部工作环境对乡村教师专业发展的影响,为决策者提供进一步的参考。

(一)实践学校基本情况介绍

Y 校始建于 1974 年,是 S 县 P 镇一所高寒边远农村学校,冬寒夏凉,距离城区 30 余公里。近年来,S 县经济高速发展,2018 年实现脱贫摘帽,2019 年成为中国西部百强县市,2022 年上榜中国旅游百强县市。S 县以农业为第一产业,工业为第二产业,大力发展生态环境和旅游业,GDP 持续保持高速增长。S 县一共有学校 408 所(包括教学点),其中,普通中学 45 所,小学 276 所。P 镇经济在所有乡镇中处于偏下水平,下辖 2 个社区、8 个行政村,有幼儿园 2 所,中心校 1 所,小学 2 所。Y 校是 P 镇下辖行政村 Q 村的一所非寄宿制小学。截止到 2021 年,该校有教职工 55 人,有 17 个教学班,学生 700 余人。学校所处地理位置海拔较高,以"飞出大山"为办学理念,办学水平在当地乡村学校中处于中等水平。学校的科技劳技室、音乐室、图书阅览室、网络教室、多媒体教室等功能室一应俱全。

（二）乡村教师专业发展实践前期准备

1. 抽样方法

本研究通过质性研究方法，采用非概率抽样中的目的性抽样。非概率抽样是指按照非概率标准进行抽样的方式，目的性抽样是指按照研究的目的抽取能够为研究问题提供最大信息量的研究对象。Y 校距县城 30 余公里，非城区学校及城区周围学校，满足"乡村学校"的定位。另外，该校办学近 50 年，办学时间较长，在学校多年的变革和发展过程中，学校客观工作环境和学校各项管理制度都有一定的改进，且经历了所属县从贫困县到百强县的发展，更能突出地反映近年来乡村学校的真实发展情况，以及乡村学校教师支持计划一系列政策的落实情况。

2. 访谈形式

本研究收集材料的方式是访谈法、非正式交谈和观察法。访谈法用于深入挖掘研究对象行为背后的力量和心理动机，非正式交谈是人们在非正式场合进行的交流活动，观察法能帮助研究者感知研究对象的行动。在访谈前，笔者已根据研究问题并结合学校实际情况设计访谈提纲，分别与该校校长、教师、社区人员进行直接访谈，即分别与访谈对象进行面对面的交谈，每次访谈时间大约为 40 分钟。在访谈过程中，笔者根据访谈的具体情况对访谈的实际程序和内容进行了灵活调整。每次访谈前，在征求访谈者同意后对访谈对话进行录音，结束后对访谈内容进行文字整理。在文字呈现的内容中，将与校长的访谈命名为"访谈一"，与教师的访谈命名为"访谈二"，与社区人员的访谈命名为"访谈三"。

3. 访谈对象基本情况

本次调查对 Y 校校长、教师、社区人员进行全方位访谈，力求了解真实情况。该校 C 校长为正校长，参与制定学校各项规章制度，全面负责各项教学活动。D 教师有 33 年教龄，从小在 Y 校所处的乡长大，于 1988 年入伍，从中等师范学校英语专业毕业，后自学获得大学文凭，毕业后即分配到 Y 校参加教学工作，了解 Y 校的发展历程。社区人员 J 是 Y 校所处乡的群众，熟悉当地的文化风俗、社会发展状况等。

4. 访谈提纲设计

根据相关文献资料，依据工作环境的影响因素，笔者将访谈提纲设计为三大部分,分别是客观工作环境,涉及的题项包括信息环境、劳动报酬、工作时间等维度;主观心理环境,涉及的题项包括职业认同、自我效能感、工作压力等维度;客观组织环境,涉及的维度包括工作自主性、领导支持。

二、Y 校乡村教师客观工作环境现状

(一)信息环境

针对信息环境维度,我们首先进行了实地调查,在学生周中上下课期间走入各间教室观察信息设备配备情况,发现每个年级信息教学设备的配备情况不同。在大概记录后,我们对该校教育工作人员进行了访谈,向教师提出"信息化教学设备数量是否能满足需求?"这一问题,以期询问目前的教学设备是否能满足日常信息化教学的需求。然后,向校长提出"目前,学校的信息化教学设备是否达标?"这一问题,了解该校设备达标情况,以及每个年级设施配备不同的原因。

访谈一:

访谈者:目前,学校的信息化教学设备是否达标?

C 校长:验收是达标了,老式班班通都有,电子黑白板只有部分年级的部分教室有。现代教学设备的引入需要一定的资金支持。资金首先由各地区进行划拨,随后这些资金会进一步被分配到每所学校。然而,由于地区间及学校间的差异,每所学校分得的资金额度不尽相同。因此,部分学校可能面临资金不足的情况,难以配备充足的教学设备。这种情况在很大程度上导致了教室信息化教学设备的短缺问题,凸显了资金支持的重要性。

访谈二:

访谈者:信息化教学设备数量是否能满足需求?

D 教师:目前,教室里已经有一些信息化教学设备,但还在争取使每间教室都成为数字化教室。现在的数字化教室很方便,可以下载资源,可以看课件,包括评讲卷子可以直接改,很方便,不用粉笔来写。因为学校在办学特色这方面比较突出,还在申请这方面的资金,目前只有几间教室是一台电脑、一台设备,所以还是需要再改进,数字化教学还没有实施。

通过对 Y 校进行实地观察,我们发现 Y 校的信息化教学设备有待补充。虽然

每间教室都安装了班班通，但是只有个别高年级教室安装了交互式电子白板。针对现代教学设备短缺的问题，我们进一步了解了教学设备的短缺对教师日常教学的影响程度。我们通过与 D 教师交谈发现，现代教学设备短缺的教室，教师上课效率降低，日常教学活动的开展缺乏一定的便利性。这种情况不仅降低了课堂教学效率，而且对于提升乡村教师信息教学素养产生了一定的阻碍，乡村教师就算学习了一些现代教育技术技能，也难有实践的机会，难以真正将学习的信息技术运用到日常教学之中。另外，就算满足信息化教学设备条件的教室，也只是教师更加便利开展教学的工具，还没有实现真正的现代信息教学。追究信息教学设备短缺的主要原因，C 校长认为，主要是因为资金短缺。虽然资金拨款相较于以前已向乡村学校倾斜，但要使所有班级都配备现代化信息教学设备，还需要一定的资金支持。

（二）劳动报酬

教师工资薪金是劳动报酬的重要组成部分，且国家早已出台提升教师待遇的政策，明确提出"教师工资不低于当地公务员水平"。为了了解政策在当地的落实情况，我们分别对 Y 校校长、教师、社区人员进行了访谈。在访谈一中，我们向校长提出"您的学校有没有做到教师工资不低于当地公务员水平？""您觉得现在的乡村教师对工资福利待遇满不满意？"两个问题，以期从管理者的视角更全面地了解该校教师的薪金待遇情况。在访谈二中，我们向教师提出"您的经济收入和社会地位与当地公务员相比是怎样的？""您对乡村教师补助额度是否满意？"两个问题，以了解教师个体对工资的真实看法，更具代表性，同时与校长的回答进行相关性检验，相互佐证，验证其真实性。在访谈三中，我们向社区人员提出"您认为当地乡村教师与公务员相比待遇如何？""您倾向于让自己的孩子选择教师还是公务员职业？""您会不会认为城里教师的地位比乡村教师高？"三个问题，以了解群众对乡村教师的薪金及社会地位的看法。

访谈一：

访谈者：您的学校有没有做到教师工资不低于当地公务员水平？

C 校长：做到了，在教师福利待遇、绩效工资这方面落实了相关政策。

访谈者：您觉得现在的乡村教师对工资福利待遇满不满意？

C 校长：我不清楚年轻教师是否满意，但是像"60 后""70 后"教师应该是满意的。

访谈二：

访谈者：您的经济收入和社会地位与当地公务员相比是怎样的？

D 教师：与公务员相比，某些方面虽然差一点，但是近几年对教师比较重视，报酬也还可以，毕竟教师有寒暑假，生活作息规律。相对于公务员来说，基本工资是不低，因为公务员还有很多其他任务，还要下乡。从社会地位来看，公务员履行职责有些权力，我们不能与其相比。老师虽然辛苦，但是感觉自己是在做有意义的事情，是人类的工程师，做的是培养人的工作。

访谈者：您对乡村教师补助额度是否满意？

D 教师：我们是农村出来的，与头朝黄土背朝天的农民相比，也满足了。

访谈三：

访谈者：您认为当地乡村教师与公务员相比待遇如何？

J 社区人员：都不错，都是有房、有车的了。乡村教师与公务员比，各有优势。老师的工作清闲一些，公务员的工作琐碎一些。

访谈者：您倾向于让自己的孩子选择教师还是公务员职业？

J 社区人员：先考老师，不行就考公务员。人类的发展，世世代代都离不开老师，老师的工作更纯洁一些。但是，从社会地位来看，可能还是公务员的地位高，但教师也是可以发展得很好的。

访谈者：您会不会认为城里教师的地位比乡村教师高？

J 社区人员：岗位都一样，各有优点，乡村学校补贴多，压力小一些。如果不是因为带娃儿，我宁愿在乡村，乡村教师有偏远地区补贴，同样级别的教师比城里教师的工资还高一些。

我们通过对校长、教师、社区人员的访谈可以发现，自大力将福利政策倾向于乡村教师以来，国家推出了许多增加教师福利待遇的政策，比如，教师工资不低于当地公务员水平、根据偏远程度评级对乡村教师进行额外补助等，均在 Y 校有所体现。D 教师认为，国家对乡村教师的补贴、政策支持都有一定的倾斜，并体现在自己的身上。同级别下，D 教师的工资还会比在县城里工作的小学教师补贴更高。原因是偏远地区教师补贴制度，在一定程度上提升了乡村教师的生活质量。该县城也是严格按照国家政策将乡村学校按偏远程度划分层级，依据不同层级为乡村教师发放补贴和津贴。在 S 县，与以前的待遇相比，乡村教师的薪金水平已得到提高，一系列国家政策文件在这里得以落实。我们通过对社区人员进行访谈了解到，身边许多乡村教师从乡镇调到县城后，同职称条件下，工资不升反降，这也从侧面反映出了国家福利待遇政策向乡村教师的倾斜。

（三）工作时间

针对工作时间维度，我们主要是对教师的客观工作时长进行调查。为了保证真实性，我们选择对真正在一线进行教学的 D 教师进行访谈，提出"您每天有几节课？"这一问题，了解教师的课时量，以及正常上课外的其他事务情况。

访谈者：您每天有几节课？

D 教师：三四节左右的样子，现在上的英语、乒乓球课，还要管理阅览室。学校要求坐班，上下班要打卡，早上八点前打卡，下午六点后打卡。很多乡村教师就是在学校坐班，因为很多人周五要回城里，周日再回来。剩下的大部分教师住在乡镇的中心位置，学校离乡镇中心有两公里，距离有点远，所以中午休息都是在学校，白天基本都是在学校坐班。

经过与 D 教师交谈，我们了解到乡村教师基本都在学校里坐班，早上八点上班打卡，下午六点下班打卡，中间有两小时的午休时间，在校时间大约 8 小时。另外，部分教师的家并未在乡镇上，很大一部分教师的家在县城，衣食住行几乎都在学校里解决，这部分教师几乎每天都在学校。但对于家就在乡镇的教师而言，在日常上班时间内，若没有课或者教学任务，还是能获得一些休息时间的，只是因为学校与家有一段距离，加上要上下班要打卡，他们一般都在学校坐班。

三、Y 校乡村教师主观心理环境现状

（一）职业认同

职业认同包括职业价值观、角色价值观、职业归属感、职业行为倾向。我们通过向 D 教师提"您认为乡村教师与其他职业有何不同？"这一问题，了解教师对自己职业的看法，分析其职业归属感；通过提"您日常与学生的关系如何？"这一问题，了解师生关系；通过教师的回答，了解教师与学生的日常相处情况，

以及教师是否认为自己与学生的师生关系对学生发展十分重要，从侧面反映其角色价值观及职业认同度。

访谈者：您认为乡村教师与其他职业有何不同？

D 教师：很多人认为乡村教师工作辛苦，待遇不高，但通过几十年的教学，我也有很多收获。看到一届一届的孩子成才后回来看老师，也是一种欣慰。虽然报酬不是很高，但是我们从事的是最光荣的职业，也是一种奉献。

访谈者：您日常与学生的关系如何？

D 教师：信其道，必先亲其师。如果学生都不喜欢你，肯定不行，所以我会与学生形成朋友关系，关系必须亲密，即使他犯了错误被惩罚之后，也要抚慰他，老师一定要关心爱护学生。特别是对于有特殊情况的学生，一定要特别地关心和照顾他们。当然，要把握好与学生之间的关系的度，也就是要严而有度。家庭困难的儿童，你给他买一些书本、衣服，他也会感激你。特别是对于农村留守儿童、单亲家庭孩子，对他们要更加关心。平常，学生也喜欢我，我会跟他们一起打乒乓球，要求他们全面发展。我不但教英语课，还是乒乓球教练，我是自学的乒乓球，学生看我乒乓球打得好，也尊敬我。

在与 D 教师的访谈中，"奉献"一词在不同时间被反复提到，如"我们从事的是最光荣的职业，也是一种奉献""我觉得当老师跟做生意还是有区别的，老师必须要有奉献精神""老师虽然清贫、辛苦，但是感觉是在做有意义的事情"。从访谈的情境和语义层面来看，我们将"有意义"归属于"奉献"的范围，体现了 D 教师对乡村教师职业的高度认同。D 教师因长期扎根于乡村，愿意为乡村学生付出，不仅是进行知识扶贫，也会进行真正的物质扶贫。D 教师的一系列行为都体现了他对乡土的奉献，能扎根于乡村，乡土情怀浓厚。看到学生尊重自己，他也会心生喜悦，体现了其对乡村教师这份职业有较高的认同。

（二）自我效能感

自我效能感维度分为结果预期和效能预期。首先，我们向 D 教师提问："您还在担任乒乓球教练，那您以前有专门学习过乒乓球吗？""学校有没有给您的专业发展提供支持？"通过这两个问题了解教师自身的知识技能储备情况及学校的外部支持情况。其次，我们向 D 教师提问："如果在工作中遇到一些困难，您一般会寻求谁的帮助？""您认为专业发展是否有外部阻力？"通过这两个问题了解教师的自我效能感结果预期，即通过教师的回答挖掘教师日常面对困难时的态度、处理方式方法及处理事件的信心。

访谈者：您还在担任乒乓球教练，那您以前有专门学习过乒乓球吗？

D 教师：没有专门学习过，但是自己会用心钻研。我以前喜欢打乒乓球，但是我不是专业的教练，所以平时就会买书，看一些视频，提升打乒乓球的水平，我喜欢它，必定会随时钻研。这些学生在接受我的指导后进步都很快，包括一些体育老师没有钻研过这些，都没有我教得好，每年学校都有我指导的学生出去参加比赛获奖的，我也获得过"优秀教练"的称号。

访谈者：学校有没有给您的专业发展提供支持？

D 教师：有的。比如，学校给我评奖，平时也会给我精神鼓励。但是，我觉得当老师跟做生意还是有区别的，老师必须要有奉献精神。老师上完课后，课下也会花一些时间教学生，不会计较报酬，是因为想跟学生建立感情，如果一个人热爱教师工作，就不会计较这些。

访谈者：如果在工作中遇到一些困难，您一般会寻求谁的帮助？

D 教师：困难是存在的，比如，英语本身不是学生的母语，学生记不住单词，老师就会采取一些措施，课后带着学生一起巩固。现在学校对教师培训的力度在加大，随时有培训，英语有教研组，随时会开教研会，有什么问题就会共同来处理，所以工作中遇到的问题一般都能解决。

访谈者：您认为专业发展是否有外部阻力？

D 教师：应该不是问题。因为专业发展和成长主要还是要看自身的主动性，如果你想去钻研，地域的限制不是问题。

在此个案中，D 教师也与许多乡村教师一样承担多门课程的教学任务，在教学科课程以外，还担任学校的乒乓球教练。他虽然没有进行过专业的乒乓球训练，但是并没有认为自己教不好乒乓球课程，而是自己买专业书籍，通过互联网看一些视频，加强练习，琢磨方法和技巧。D 教师并未因乒乓球的专业性强而畏惧此项教学任务，他认为要想把乒乓球课教好，只要付出相应的努力，就会战胜教学中的困难。当被问到乒乓球教学的成果时，D 教师说取得了一些成就，每年学校都有自己指导的学生出去比赛能获奖，自己也获得过"优秀教练"称号。当被问到教师是否会因为地理位置偏远而限制自身对教学能力的提升时，D 教师认为地理位置偏远并不会限制自身的专业发展，他相信在教学过程中遇到的困难最终都能得到解决。

（三）组织认同

组织认同会影响组织成员在行为与观念诸多方面与其所加入的组织的一致性，觉得自己在组织中既有理性的契约和责任感，也有非理性的归属和依赖感，以及在这种心理基础上表现出的对组织活动尽心尽力的行为结果。受访教师认为，乡村教师的社会地位较高，并且学校的管理比较民主。这说明在学校里，每名教师都有一定的话语权，能让教师感受到民主、平等、关爱，教师对组织的认同度较高，学校各方面的制度也较为人性化。

访谈者：您认为学校还有没有其他让您比较满意的地方？

D教师：学校的管理还是比较民主的。

访谈者：那您觉得乡村教师的社会地位如何？

D教师：社会认同程度还可以。

访谈中，D教师认为学校在管理制度、评价制度、教师专业发展等方面能够尊重教师的意愿，使乡村教师有较高的组织认同感，乡村教师的地位得到社会成员的肯定。正是这种较高组织认同感对D教师的心理环境和职业认同产生了一定的影响，使其愿意扎根于乡村。

（四）组织归属感

组织归属感的强弱关乎教师从业的稳定性。我们对校长和教师分别进行访谈，从校长视角了解该校教师的组织归属感的总体情况，从教师视角向D教师提出"如果有机会去城里，您是否会去？"这一问题。

访谈者：如果有机会去城里，您是否会去？

D教师：一般都是年轻人想去城里，像我这种年龄的人基本上没有这种想法。年龄大了，在这里生活久了，还是有一种乡村情怀。

在组织归属感的问题上，针对教师和校长的访谈获得的信息不同，但是教师的回答在一定程度上印证了校长回答的真实性。年轻教师追求更好的生活品质和社会环境，大部分新生代乡村教师在乡村教学更多的是无奈之举，一旦有"逃离"机会，他们便会离开，因此组织归属感较弱。还有小部分新生代乡村教师认为乡村教师的工作压力小于城镇教师，自愿做一个生活在城镇、工作在乡村的"游离人"。由此可见，组织归属感与教师在主观上是否想扎根于乡村有一定的联系，会影响教师从业的稳定性。

通过与校长和教师的对话，我们试图分析不同年代乡村教师稳定性的代际差异原因。20 世纪 80 年代以来，随着国家经济的跨越式发展，乡村社会发生了前所未有的结构性变化，乡村学校植根的乡土文化也出现了变化。虽然一部分新生代乡村教师出身于乡村，但他们接受了本科教育，其中的大部分学习时间都是在城市度过的，因此相对缺乏乡土文化的深入熏陶，致使他们身上的乡土气息逐渐淡化。随着城镇化的迅速推进，这些新生代乡村教师不得不以"走教"的方式服务于乡村教育，而日常生活则主要在城镇，从而形成了既非城镇也非乡村的"候鸟型"身份状态。同时，在经济全球一体化的浪潮下，"90 后"和"00 后"一代普遍享有更高的教育水平，但他们的价值观与前代有着显著的差异。他们从小生活在较为优越的环境中，未曾经历过物质匮乏的"缺吃少穿"时期，因此对生活质量有着更高的追求，更加注重职业的舒适度和个人发展的空间。这种价值观的转变使得部分年轻人面临着工作和生活分别在乡村和城市两地的"两地分居"情况。D 教师说道："很多乡村教师都是周末回县城，周中再回学校上课。"非新生代乡村教师大多从小出生在乡村、长在乡村、成人后反哺于乡村，早已习惯乡村的生活方式，其"工作"与"生活"已经能融于一地，更重要的是驻扎在乡村的D 教师有较强烈的乡土情怀，真正希望能够使乡村孩子有收获，切实通过自身的力量帮助贫困的乡村孩子提升生活质量。D教师在受访时表示，"即使有机会去城镇，也会选择留在乡村继续任教"。可见，不同年代教师的乡土情怀代际差异较大，这也导致不同年代教师的组织归属感存在差异。

（五）工作压力

工作压力可分为挑战性压力和阻碍性压力两方面。挑战性压力主要是了解教师是否认为在教学过程中承担的责任比较多、时间比较紧迫，阻碍性压力主要是了解教师是否在日常生活中被安排了许多与教学无关的工作以及完成工作是否需要大量的烦琐程序。对于此问题，在对 D 教师进行访谈前，已进行一系列非正式访谈，故再对 C 校长进行访谈，以寻求进一步的验证。

访谈者：教师的非教学性事务多不多？

C 校长：比较多，只要是有文件要求的都要做，还要扶贫。这样进行教学和研究的时间就会变少。

我们在对 D 教师进行非正式访谈时了解到，教师的非教学性事务非常多，各类文件下达到学校，学校再下达给教师，教师必须完成。这些非教学性事务对于自身的专业能力提升不仅没有帮助，而且占据了教师的专业发展时间，是教师将自己从各类繁杂事务中解放出来的"绊脚石"。另外，教师还要进行教育扶贫，会让教师感到身上的责任过重。据了解，教师对学生的扶贫也仅仅停留在一些微薄的资金物品的支持上，真正扶贫的效果微乎其微，但还是要花费大量的心思去完成。一系列繁杂的事务导致教师在学校更多地将时间放在应对要求完成的各类文件上，并没有时间和精力进行教学方式及教学成绩的反思。D 教师身兼英语教师、乒乓球教练，还要担任管理阅览室的任务，每天上完课之后都要进行图书的管理、摆放，在学校的时间几乎都被琐事占用，真正用到钻研教学的时间少之又少。

为了了解教师非教学性事务的真实情况，我们进一步向 C 校长咨询。C 校长也坦言，此类非教学性事务确实多，很多都是硬性要求，是必须完成的。虽然自己也知晓这会占用教师的日常工作时间，但都是必须完成的工作，就算想让教师从烦琐的事务中解脱出来，也是有心无力。

C 校长认为，乡村社会普遍存在的散漫慵懒氛围往往会对长期在乡村任教的教师产生同化作用，使他们置身于一种缺乏外部压力和挑战的工作环境。长此以往，可能会削弱教师追求专业发展的积极性和动力。更为复杂的是，乡村学校普遍面临着留守儿童比例较高和生源流失严重的问题。其根源在于城镇化的加速发展，农民工大量涌入城市寻求工作机会，导致乡村学生向城镇学校单向流动，乡村社会的教育资源逐渐萎缩与衰弱，进而也影响了家长对乡村学校教学质量的期待和要求。

当乡村教师明确设定了某一目标，并认为有必要去实现它时，他们的工作积极性才会显著提升，进而会采取行动并努力实现这一目标。然而，乡村教师面临的真实挑战是，家长往往并未对学生提出较高的学习期望，这种外部环境让教师默认为学生没有迫切提升知识水平的需要。因此，乡村教师可能缺乏动力去积极寻求自身的专业发展，以满足这种并不显著的外部期望。首先，从外部环境来看，就读于村小的学生家长对教师没有像城市教师那样严格的要求，一名该乡镇社区人员兼学生家长说道："老师把孩子管好，不出事就行了，学习全凭自觉，平常也没向老师问过孩子的学习情况。"这体现出了家长对孩子的学习期望不高。其次，从组织内部工作氛围来看，C校长说道："大部分教师把工作看成'铁饭碗'，没有危机意识。"当大部分乡村教师都出现专业发展的惰性时，在一定程度上可能会对存在于该组织内的其他组织人员产生影响。根据群体压力理论，当个体发现自己的行为和观点与群体中大多数成员不一致时，往往会产生心理紧张，感受到一种心理上的压力，这便是所谓的"群体压力"。在乡村教师群体中，尽管有一部分教师仍渴望专业发展，但在充斥着惰性和松散氛围的工作环境中，他们可能会感受到强烈的"群体压力"。这种压力可能导致他们原本积极的专业发展行为因外部环境的压力而被迫中断，进而逐渐被同化，改变自己的行为以符合群体标准，从而寻求"合群"并释放内心的压力。因此，乡村教师所处的外部社会环境氛围的松散性，无疑对他们的专业发展构成了挑战。

（六）工作满意度

工作满意维度包含的内容是多样的，既有基于教师自身认为这份职业对自身学习有帮助，有利于自身的发展和成长的职业认同，又包含着教师对一份工作的期望，对教师主观心理环境有一定的影响。我们向调查对象D教师提出了"您对工作环境是否满意？""您对教学工作量满意吗？""您对乡村教师的职业前景是否满意？"三个问题，前两个问题是对乡村教师职业满意度的试探，第三个问题是对乡村教师职业前景看法的调查。然后，我们向C校长提出"您认为学校大部分教师有较高的职业期望吗？"这一问题，以期从管理者的直观感受上整体了解乡村教师对乡村教师职业的发展期望的满意度。

访谈者：您对工作环境是否满意？

D教师：因为我们工作在镇上，硬件条件还可以。

访谈者：您对教学工作量满意吗？

D教师：教学工作量比较合适。

访谈者：您对乡村教师的职业前景是否满意？

D 教师：我这个年龄的人已经经历过年轻时候的职业初期发展。我刚开始当老师的时候，肯定对工作还是有很高的期望的，目前来说，职称也升不上去了，能顺顺利利过完学校生活，完成学校安排的教学任务，放假的时候能够放松身心，就已经满足了。对于在职业上的发展，我更多还是鼓励年轻人去努力，年轻人是有冲劲的，未来获得更大发展的可能性很大。

D 教师认为年龄稍大的乡村教师，职业发展已经到了一个瓶颈期，没有更多职业上的追求和规划。这些教龄长的教师在职称到达一定级别之后，职业怠倦会增加，职业期望也会随之降低。

访谈者：您认为学校大部分教师有较高的职业期望吗？

C 校长：我感觉没有。凡是进入体制内的教师，要先看爱不爱这行，现在"90 后""00 后"对职业的热爱这方面较为欠缺。比如，国家规定一周上 12 课时，你给他多安排 1 课时，他都不愿意，他觉得不能加班，不能多上课，多派给他任务就是影响了他的正常生活。其中一些人认为工作只是一种谋生的手段。虽然很多人都是大学本科毕业，但是一些领导都觉得他们不成熟，需要磨炼。另外，这个年代的价值观、消费观对他们的影响也很大。

在与 C 校长的深入交谈中，我们了解到他对当前乡村年轻教师的职业态度有着独到的见解。他认为，多数乡村年轻教师将教师职业视为一种谋生手段，而非出于热爱。他们往往将工作与个人生活严格区分，不愿因工作而影响日常生活。在这批新生代教师中，很少有人展现出对职业发展的热忱与进取心。对于追求生活舒适度的他们来说，乡村相对于城市更为艰苦的生活环境无疑在一定程度上削弱了他们的专业热情和积极性，同时也影响了他们的工作满意度。

四、Y 校乡村教师客观组织环境现状

（一）工作自主性

对于乡村教师而言，是否能根据教学实际情况自行调整教学，是否能根据自己的意愿决定由谁和自己搭班，是否能根据精力安排自己的工作和休息时间，都是工作自主性的体现。在正式访谈前，我们与 D 教师进行了一系列交流，基本了

解了教师的自主性情况。因此，我们向 C 校长提出"学校的校规校纪是怎样形成的？会有老师参与吗？"这一问题，以进一步了解教师参与各项规章制度制定的情况，以及学校给予教师参与学校各项教学管理权的真实情况。

访谈者：学校的校规校纪是怎样形成的？会有老师参与吗？

C 校长：一般都是有指导性文件，各个方面以教育教学为中心，多年的班级授课制形成了这种格局，在制度上围绕"为党育人、为国育才"进行，没有太大的变化。

经过深入了解，我们发现在实际教学中，每个年级的教学安排都相对固定，教师需要大致按照教学计划进行授课，这使得他们在教学内容上的调整缺乏必要的灵活性，从而限制了教师的自主性。在搭班问题上，由于乡村学校副科教师资源紧缺，往往需要教师进行科目的灵活转变，即使从未接触过该领域的内容，也可能需要临时完成其他科目的教学任务，这进一步削弱了教师的工作自主性。在工作时间和休息时间的安排上，教师通常需要在学校规定的时间完成工作，即使文件的处理需要占用教师的休息时间，也必须在规定时间内完成，这使得教师的休息时间难以得到保障。在休息时间的自主安排方面，教师很大程度上受到外界因素的制约。通过采访学校校长，我们得知教师在参与日常教学管理工作时，往往需要遵循既定的规则，他们的自主性和话语权相对较低。

（二）领导支持

领导支持主要是教师感受到的领导对自身行为和态度的支持。领导关照教师、经常邀请教师参与决策均为行为支持，领导肯定教师的工作能力并给予表扬属于态度支持。前者在于了解领导是否关心学校教师的工作氛围，后者在于了解学校领导为教师提供支持的整体情况。因此，我们提出了"学校的工作氛围如何？"这一问题，

访谈者：学校的工作氛围如何？

D 教师：乡村学校教师的工作氛围是由多种因素构成的，校长的理念先进，待人真诚，老师就更团结，工作就会更顺利，精神面貌就会更好。目前，我比较敬佩这位校长，他学识渊博，组织能力强，待人处世能力很强，并且他说要做好生活中的点点滴滴，来成就教育的大事。作为领导，他比较有前瞻性。

在领导支持维度上，教师在学校能感受到领导的关照、工作能力经常得到领导的肯定和赞赏、对学校领导感到信任，都是领导支持的表现。我们通过访谈了解到，C 教师认为学校还是给予了自己一定的精神支持，认为领导为人处世的方式在很大程度上会影响教师的日常教学行为。校长能关心关爱教师，教师收到一定的情感反馈，也会反作用于自身的工作。

五、Y 校个案总结

（一）客观工作环境

客观工作环境主要包括信息环境状况、劳动报酬及工作时间三个方面。首先，从信息环境方面来看，该校在教学设备的配备上尚显不足，未能提供充足且优质的教学设备以支持教学活动的开展。因此，教学设备环境需要进一步优化，以提升现代乡村教师的信息技术应用能力。其次，在劳动报酬方面，乡村教师的薪酬和福利待遇已经按照国家政策得到了有效的落实。无论是教育管理人员如校长，还是教育实施人员如教师，抑或是社区群众，都对乡村教师的薪金和待遇表示满意。甚至有人认为，在相同级别下，乡村教师的福利待遇要高于县城教师，这充分体现了我国乡村教师支持计划的有效实施和落地。最后，在工作时间方面，该校实行坐班制，教师的工作时间基本与规定的工作时间相符，加班的情况鲜有出现。

（二）主观心理环境

主观心理环境主要体现在教师的职业期望、职业认同、自我效能感上。D 教师认为，主观心理环境在很大程度上受到内生动力的显著影响。D 教师对教师这份职业感到满意，能够享受到培养出优秀学生的自我成就感，并拥有将教育工作做好的自我效能感，这份对职业的期许和期望促使她的职业认同和自我效能感不断提升。对于乡村教师来说，乡村学校里的教师虽然相较于城镇学校的教师学习机会少一些，但是只要能唤醒内生动力，也能进一步提升教师的职业认同和自我效能感。只要自己想将一件事情做好，就会取得源源不断的动力。C 校长说道："之前，我任教的学校里有一名年轻女老师，她来到学校时就说三年内要进入县城内的学校，再从县城学校到市区学校，工作之后才结婚，现在她已经通过自己的努力到了县城学校工作。"D校长说的这个新生代教师虽是个案，但是也具有一定的代表性，职业发展的内生动力在优化乡村教师主观心理环境方面具有一定的调节作用。

（三）客观组织环境

客观组织环境主要体现在工作自主性、教师保留和领导支持上。首先，在工作自主性上，该校的规章制度大多根据文件制定，学校教师进行执行，教师在制度参与上的自主性不高。其次，在教师保留上，该校的老教师保留率高，年轻教师更易于流失到县城，存在代际差异。最后，在领导支持上，该校领导在情感上为教师提供的支持较多，但是从教师的言论来看，教师对领导支持的需求较少。D 教师认为，教师本来就是需要奉献的职业，对领导的行为支持和情感支持需求相对可能较低，更容易对领导支持产生满足感。我们从教师的言论也能看出，一位教师是否认为自己处于良好的组织工作环境，受校长的教学理念、为人处世方式、组织管理、自身学识等多方面的影响。教师只有认同校长的发展理念时，才会认同他的管理方针，才能虚心接受其提出的各项意见，并且将整个学校的工作氛围维持在良好的状态，保持一种适于教师发展的组织工作环境。

六、实践思考

我们可以发现，该校的主观心理环境、客观工作环境、客观组织环境既有一定的特殊性，也有一定的普遍意义。虽然乡村学校与城市学校相比各方面条件有一定差距，但其又不同于城市学校，二者之间的差异决定了农村学校不能走城市学校的发展道路，需要独特的教师工作环境支持。针对这一个案，我们了解了乡村教师专业发展的真实情况，提出优化乡村教师工作环境和心理环境的建议，以从普遍意义上促进对乡村教师专业发展的思考。

（一）乡村教师的幸福感进一步提高

这一个案调查显示，乡村教师的工资薪金、福利待遇、社会地位有了进一步的提高。首先，在工资薪金上，Y 学校所在的 S 县以前为贫困县，教师及群众对乡村教师福利待遇高度认可，表明乡村教师支持计划就算在较为贫困的地区也能顺利实施，体现了国家及当地政府的政策得到了群众的认可。其次，我们通过此次调研也能发现，群众对乡村教师的看法发生了转变，认为乡村教师待遇好、受人尊敬，工作压力相对来说也没有县城里的教师大，这是社会氛围的一大转变。最后，通过对教师的访谈可以发现，老教师对国家一系列支持政策都深有感受，切实体会到了乡村教师福利待遇的稳步提高，离职意愿降低，幸福感逐步提升。

（二）建立有差异的激励制度

我们通过 D 校长的表述可以发现，刚刚步入职场的新生代乡村教师与其他教师的工作价值取向不同，相较物质待遇，其更看重未来的发展。老一代乡村教师则较看重精神性补偿。这提醒教育研究者和工作者在探讨与制定乡村教师支持措施时，应避免采用"一刀切"的简化思维。他们应通过有效的沟通渠道，深入不同群体，细致剖析乡村教师工作价值的结构表征，并比较不同教师工作价值取向的差异性。同时，还需要探寻不同激励形式对不同代际乡村教师的作用强度和方式的差异，从而建立起一套具有差异性的激励制度。这样不仅能够提升乡村教师的获得感，还能有效提高教育资源的利用效率。

（三）引导乡村教师热爱教育事业

与城市学校相比，乡村学校的外在环境条件有限且难以在短时间内有较大改变，这就需要引导乡村教师加强自主学习与内生发展。相关部门要通过外部物质、精神环境的支持，逐步培养其自主学习的意识；通过组建各种学习共同体，增强其组织认同感和归属感，发挥群体文化的积极作用，激发每一位乡村教师的内在发展动力。政府或社会各界应加大对乡村学校学习资源的投入，为乡村教师自主学习提供资源保障，重点搭建基于网络平台的自我导向学习资源库。乡村学校也要充分挖掘本土化的社会资源，建立广泛的资源共享机制，搭建内容丰富、空间开放的教师学习平台。

（四）重构乡村外部文化生态环境

哈格里夫斯（Hargreaves）等曾指出，对教师而言，课堂内的事与课堂外的事有着十分密切的联系，教师的教育风格深深根植于他们的背景和生命史。[1]出生于不同年代的教师的生活背景及生命成长历程有所不同，这对其从事教育职业的理念、课堂教学风格会产生一定的影响。对于乡村教师而言，乡村特定的地域环境和文化生态是影响其专业发展的重要因素。我们应从更广阔的视野来看待乡村教师的专业发展，关注自然环境、文化环境和组织环境对乡村教师专业发展内生动力的影响，关注乡村教师专业背景、专业图景中各要素之间的关系。我们在调查中发现，乡村社会氛围慵懒，所以更应从重构乡村社会的整个文化环境和氛围入手，强调教师职业与其他职业在专业性和知识性方面的不同，要建设"乡村教师"也是知识分子的环境氛围，建立乡村教师荣誉制度，强调教师在推动乡村文化发展方面的艰巨责任，营造乡村教师"乡贤"角色形象；从外部环境入手，提高外部社区人员和学生家长对教师重塑乡土文化生态的期望值，以外部较高的期望值刺激乡村教师内部进取的积极性，明晰自身承担的重任，化外部期望和责任为内部学习动力，通过不断促进自我专业发展和提高学习水平，为乡土社会文化的建构做出贡献。为了促进乡村教师的专业发展和主动担当"乡贤"角色的社会任务，需要重构乡土文化。乡村教师在外部期望的激发下，会产生内生动力，进而推动他们进行持续性的学习。这种学习不仅有助于他们个人的成长，更能反哺乡村，促进乡村社会的进步，构建更加良好的乡村社会氛围。这两者是相辅相成的，共同推动乡村的繁荣与发展。

本次调查对该乡村学校的了解可能还不够深入，分析的角度和视角也存在一些不足。首先，在定性研究中，还涉及一些伦理道德问题。虽然我们在每次访谈前都会向被访者说明会对他们的身份和相关信息严格保密，所得信息仅为研究所用，不会损害被访者的个人利益，但由于本研究涉及学校的真实发展情况，可能会使受访者感到不安，从而漏掉一些关键信息。其次，本次调查的解释性效度有待提升，即研究者了解、理解和表达被研究者对事物赋予的意义的确切程度有待

---

[1] Hargreaves A，Fullan M G. 1992. Understanding teacher development. Teachers College Press，112.

提升。满足这一效度的首要条件是访谈者必须站在被研究者的角度，从他们所说的话和做的事情中推衍出其看待世界及构建意义的方法。因研究者并不是乡村教师或者校长，不能完全理解受访者对问题的态度和心理感受，所以在文本呈现中尽可能地使用他们自己的话语作为分析原始材料的符号，并力图在研究报告中结合访谈实际真实地报告他们所说的意义。为了进一步提升个案调查的真实性，本研究采用了相关检验法，即将同一结论用在不同的方法、不同的时间和情境里，对不同的人进行检验，目的是通过尽可能多的渠道对目前已经得出的结论进行检验。在本次访谈中，针对不同的访谈对象，都有讨论相同的问题，访谈完 C 校长之后，会进一步访谈 D 教师，核实通过两者获得的问题的答案是否具有一致性。从本次访谈结果来看，两者的回答高度相关，在一定程度上表明我们掌握的该校内外部信息具有一定的真实性。虽然本案例不能全面反映所有乡村学校的具体情况，但乡村教师在专业发展上面临的内外部环境与城市教师存在显著差异，这一特点在许多乡村学校具有一定的普遍性。因此，深入了解乡村教师在专业发展中面临的工作环境的真实状况，为他们创造一个有利于学习的乡村外部氛围，进而协助他们实现个人专业成长，不仅是教育研究者的重要职责，更是本书研究的深远意义所在。

第二节　实践考察之案例二

一、实践背景

教育是国之大计、党之大计，教师是立教之本、兴教之源，教育要迅速、有效地发展，离不开教师队伍的建设，因此促进乡村教师专业发展尤为重要。

在乡村地区，良好的工作环境是吸引和留住优秀教师的关键要素，能为教师的自我成长和自我实现提供条件支持，而现实中乡村教师的成就感、效能感与其期望不匹配，致使乡村教师的专业发展受限。现有研究大都在理想情境中讨论工作环境对教师专业发展的可能意义，很少关注现实的复杂工作环境对教师专业发展的影响。本研究采用质性研究方法，分别以教师和学校为主题讨论乡村教师专业发展的现状，探讨工作环境对教师专业发展的影响。

（一）实践学校基本情况介绍

G 小学成立于 20 世纪，地处重庆市经济技术开发区的城郊地带。随着 G 小学所在的镇被纳入经济技术开发区，政府在该区域内兴建了一所集小学和初中于一体的集团化学校。因此，G 小学在规划上面临着被拆迁的风险，这也导致了政府对 G 小学的教育投入明显减少。由于教育投入资金的短缺及代课教师开支的增加，G 小学的教育经费变得捉襟见肘。这种情况不仅阻碍了教师技能的更新，还影响了教学效果，极大地挫伤了教师的工作积极性，并制约了他们的专业发展。G 小学是一所寄宿制学校，现有教职工 44 人，在校学生 441 人，教学班 11 个。该校学生大都是留守儿童，父母在外务工，这在一定程度上增加了教师的压力。在"让责任成为习惯"校训的引领下，该校以"恪尽职守，勇于担当"为办学的核心理念，以"人人负责，行重于言"为校风建设的着力点，学校一直致力于用团队的成长促进教师个人的成长，特色化的教师队伍是我们选择这所学校进行访谈调研的主要原因。在 44 名教职工中，年龄为 20—30 岁的有 4 人，31—40 岁的有 3 人，41—50 岁的有 14 人，50 岁以上的有 23 人，可以看出 40 岁以上的教师占比为 84%。该校的教师队伍呈现出明显的老龄化特征，其中高达 90% 的教师是中专师范毕业生，这一群体在教师队伍中具有一定的代表性。鉴于此，我们特别聚焦于身处这一老龄化教师队伍中的 W 教师，深入探究其个人的专业发展情况。我们采用目的性抽样方法选取 G 小学的 W 教师作为个案进行研究。

调查发现，G 小学的 44 名教职工中 90% 是中专师范毕业生，10% 是自考本科，可交流学习的榜样不足。40 岁以上的教师占比为 84%，后面还将有 5 名教师陆续退休。尽管这类教师有着丰富的阅历和教学经验，但是自身的知识更新，以及对新事物、新理论的接受和学习程度受到极大的限制，成为教师专业发展的阻力。因此，W 教师表示"我们不得不重视年龄偏大带来的问题，反正年龄大的教师对新事物的接受速度比较缓慢，学习也慢，想要改变这种现状，有一定的难度。这也导致学校的整体师资力量不强，在一定程度上制约了学校的发展"。我们通过调查发现，75%的教师任教两门科目，部分教师甚至要担任三门以上课程的教学，全校仅有两名英语教师，一名负责 1—3 年级的教学，另一名负责 4—6 年级的教学。该校教师的数量原本完全能满足学生的需求，但部分年龄较大的教师确实无法胜任某些科目的教学，所以学校只能聘请代课教师。正如 W 教师所说："明年，有好几名教师退休，新教师又进不来，我们只能请代课老师。请代课老师需要经费，学校只能自己解决。"由此可见，本用于教师专业发展的经费不得已用于聘请代课教师，所以该校乡村教师的发展受到了一定程度的限制。

（二）乡村教师专业发展实践前期准备

1. 访谈形式

本研究采用质性研究方法，以重庆市乡村 G 小学为例，主要采用线下访谈，深入班级观察教师上课的实际情况，并对教师进行深度访谈。

2. 访谈实施

首先，通过文献资料、访谈、问卷等多种方法收集诸多关于教师工作环境的信息，通过对工作环境的影响因素等进行深入探讨，制定了访谈提纲。我们线下访谈了一位教师，了解其实际工作现状。访谈前，我们会告知被访谈者本次访谈的目的、持续时间，以及告知被访者本次访谈结果仅用于学术研究，并全程录音，若被访者拒绝，则采用文字记录的方法。访谈时，按照拟定提纲进行访谈，围绕最突出的问题进行深入剖析。访谈完成后，对记录进行整合、归纳与分析，着重整理出三部分内容：一是乡村教师客观工作环境现状；二是乡村教师主观心理环境现状；三是针对如何通过改善乡村教师的工作环境促进教师专业发展提出意见建议。最后，整合采访记录，为解决乡村教师专业发展问题提出应对策略。在归纳整理过程中，要做到观点全面，为本书研究提供强有力的支撑。

3. 访谈提纲设计

根据相关文献资料、工作环境的影响因素，我们将访谈提纲分为四大部分：主观心理环境，涉及的内容包括职业认同、自我效能感、组织工作环境及工作压力等；客观工作环境，涉及的内容包括工作时间、信息设备、组织氛围等；专业发展，主要包括教师工作自主性；乡村教师生活待遇的政策执行，主要包括社会地位与社会环境两大方面。

二、乡村教师的客观工作环境现状

（一）信息环境

在 G 小学，每间教室都配备了多媒体设备，但都是多年以前的设施，存在老化现象。近几年，国家为乡村学校投入大量经费，对设施进行升级，4—6 年级的教室安装了希沃电子白板，1—3 年级仍使用老旧的多媒体设备。由于多媒体设备不足，有的教师不再考虑使用现代教育手段。有的教学内容也只能按照原有上课方式讲授，进行静态的单向教学，影响了课堂效果。还有一些教师表示："在使用的过程中遇到的问题也很多，会遇到一些自己解决不了的故障，是需要维修的，比如，投影仪的灯泡坏了进行维修是需要不少费用的，所以我们不是不想换，而是换不起。"

（二）劳动报酬

乡村教师工资低，乡村学校基础设施较为薄弱，硬件设施和软件设施都有待提高，归根结底还是教育投入保障机制不足。我们通过调查得知，由于 G 小学的地理位置比较特殊，处于城乡交接带，该镇居民大多是从外地来的。近年来，由于教育投入资金的短缺及代课教师开支的增加，不少学校面临经费紧张的困境。这种状况导致了教师技能难以更新、教学效果不佳等一系列问题，极大地挫伤了教师的工作积极性。一些教师因技能提升受限或教学效果不佳，产生了倦怠情绪，对自我价值产生了怀疑，甚至认为在乡村学校难以实现个人价值。为了寻求更好的自我提升机会和教学效果，这些教师开始积极寻求向拥有更好条件和更多学习、培训机会的城区学校流动。归根结底，乡村教育投入保障机制的缺乏导致了这一现象的发生。如 W 教师所言："我们曾经参观过三福小学，它是由地方政府投入资金给学校建场馆，有专门的资金来打造校园文化和开展德育活动。学校有一笔经费，在这一年之内，你必须想尽办法开展各种各样的活动，比如，促进教师的专业成长，学校有一部分资金，怎么去用？怎么去培养人才？如何开展学校的品牌活动及打造校园文化？如何活用资金？校长想的都是这些问题。然而，我们地方的校长是在绞尽脑汁地想办法来解决办公经费不足的问题，所以考虑的问题一点都不一样。他们的平台更广阔一些，教师的专业发展更充分，而我们现在经费严重不足，教师个人的专业发展也受到了限制，所以好学校发展会越来越好，而我们学校的发展却受到了禁锢。"从调查和访谈结果来看，乡村教师投入保障机制的缺乏使得乡村教师待遇低，从而导致教师的工作积极性下降，教师个人专业发展受到限制，一些乡村教师产生了流动的想法。

（三）工作时间

很多人认为，教师这个职业相对轻松，因为他们有时无须"坐班"，并且每年享有两次长假。然而，这种看法并不全面。实际上，由于教师工作的特殊性，他们的工作时间远超人们的想象。我们在调查中发现，G 小学的作息时间是很紧凑的，每节课 40 分钟，课间 10 分钟。班主任 7 点之前就要到班级，并在眼保健操、晨练、课间操、大课间、午饭期间负责学生的看管工作，这也占据了教师的绝大部分时间。W 教师作为 5 年级的班主任，是班集体的组织者、管理者和策划者，是沟通学校、家庭、社会的桥梁，是学校管理的骨干力量，可见班主任责任重大。W 教师既是班主任又是教务处主任，教授语文学科。为了方便，W 教师工作日都在教师宿舍，平常 6 点起床，7 点去教工食堂吃早餐，吃完早餐就马不停蹄地赶往教室指导学生进行扫除。然后，带着学生在教室朗读、背课文，组织收作业等。在早读过程中，W 教师要留在班级看管学生。大课间，W 教师需要跟着学生到操场，维持班级秩序。第一节课之后，W 教师就趁着没课的间隙去操场跑步锻炼 1 小时，第二节课下课后，回到班级查看学生做眼保健操的情况。10：30，W 教师虽然没课，但是她要回到办公室完成领导布置的其他任务，忙得不亦乐乎。我们想"抽空"和 W 教师聊聊天，她虽然热情地回应着，但是手始终停不下来。第四节课下课后，W 教师又赶紧回到班级，带学生们吃饭。午饭之后，W 教师才有真正的个人休息时间。下午还有一节正课，直到上完最后一节延时服务课程，一天才算结束。为了让学生更好地学习，W 教师主动留下来为学生免费辅导晚自习，到 7：20 才离开。她说道："一方面，因为我们要面临抽测，是重庆市抽测，压到我们头上的是几座'大山'，抽测还是要看质量。另一方面，有些家长在上班，有些家长在外务工，一部分学生是留守儿童，学生回去了，家长不具备辅导的能力，所以家长还是比较放心地把孩子交给老师。我会督促他们复习、预习，在学校看一点课外书。回家之后，学生就是锻炼身体和休息。"

可以看出，W 教师的一天被排得满满当当，没有什么"太闲"的时间。早上 7 点到晚上 8 点一直处于工作状态，除去平时的必要休息时间，工作时长也要达到 9 小时之久。在问到 W 教师对于工作时间的感受时，她说："表面看起来，我们一周工作 5 天，每一周都休息 2 天的，但每一天的工作时间很长，很多老师是 5 点多就起床，到学校不到 7 点，一直要到下午放学吃完晚饭才能回去。实际上，我们花在非教育性教学任务上的时间更多。"由此可以看出，真正留给教师自我学习、自我探索的时间少之又少，教师要实现专业发展存在很大的困难。

三、乡村教师的主观心理环境现状

（一）职业认同

在与 W 教师的交谈中，我们强烈地感受到了她对自身职业的认同感。这种认同感一方面源自学校常年开设的乡村"少年宫"活动，包含口风琴、二胡、竹琴、华容道、飞碟杯、魔方等课程，教师需要自主学习后去授课，乡村少年宫成了发展农村孩子特长爱好、丰富文体娱乐活动的精神家园。在不断学习的过程中，不但学生受益，还搭建了教师专业发展的平台。W 教师感叹道："在教这门课程的过程中，自身也在不断提升，还学会了竹琴这种新乐器，我感觉自己的心态年轻了不少。我常常和竹琴老师交流，每次我有问题，那个老师都很耐心地给我讲解，所以我也在不断进步。我通过学习传递给学生书本之外的知识，我和学生都在进步，我感到特别自豪。"另一方面源自学生未来发展的成就感。具有 25 年小学语文教学经历的 W 教师在谈到自己的工作时说道："教了 25 年的小学语文，看着自己的学生长大，很自豪。许多学生找到了很好的工作，有的成为教书育人的教师，有的成为救死扶伤的医生，有的当了兵。教书蛮有意思的，就是工资低了点（笑了）。"教师职业发展的内驱力更多源于教师的职业认同，职业认同程度高的教师觉得作为一名教师有光荣感，即使工资、福利待遇尚且比较低，但仍然无悔地付出，积极接受新的教育思想，尝试新的教学方法。

（二）自我效能感

首先，受到自身能力水平和知识结构的限制，乡村教师很少有机会系统接受科研能力的培训，能熟练运用科研方法做研究的人不多，辨别真问题的能力不足，很多教师对教育科研没有信心。正如 W 教师所说："现在老师的论文也很重要，与评奖有关。但是，一些老师确实不具备科研能力，很多老师从事最基本的教学是游刃有余，让他写个教学案例、教育故事也是可以的，如果要提高到学术层面，确实存在困难。"其次，农村教师做科研的时间有限。目前，我国乡村中小学教师的大部分时间都用在备课、讲课、教研、辅导学生和与家长沟通、组织各种活动等方面，剩余的时间非常少。乡村中小学教师用于科研的时间更是有限，可以说普遍缺乏必要的教育研究时间。最后，自身的内驱力缺乏。我国部分乡村教师内心深处缺乏对科研的热爱，他们一般不会主动去申请科研项目，但为了评职称还是会去申请的，但是申请下来的项目都是应付完成，缺乏热情。正如 W 教师所说："现在评职称要看各种获奖和论文成果，都是网上收集资料，确实没有进行深入研究。"加之缺乏教学反思能力，没有及时发现教学过程中存在的问题，只是年复一年地重复教学过程，没有创新，自身的专业发展陷入了困境。

（三）组织归属感

调查研究发现，G 校大部分教师的组织归属感比较强，原因有两方面：其一是人文关怀。W 教师表示该校每年都免费给教师安排一次健康体检，在教师获得一些教育教学荣誉时，也会给予额外的物质奖励。该校还把教师的业务培训作为一项福利，将"请进来"与"走出去"相结合。其二是校园文化。W 教师说道："在这里扎根二十余年，真的舍不得离开这里，校园文化是学校在办学过程中逐步形成的，是全体教职员工认同并遵守的，具有本校特点的使命、愿景、宗旨、精神、价值观和教育教学理念，主要表现形式是校风、教风、学风、道德行为风气及其制度文化。它不仅仅是写在墙上、印在纸上、挂在嘴上，更多的是弥散于校园的空气中，在师生的口耳相传中得到传承，它是永远无法被复制的。"

（四）工作压力

当前，乡村学校的教育教学水平、师资队伍、硬件设施与城市相比还存在较大的差距。乡村教师需要基于学生个体差异，挖掘学生的兴趣，培养学生的动手实践能力、想象力、创造力、知识理解能力，尽可能地缩小与城市学生的差距。G 小学的少年宫活动课程正是出于学科实践活动课程理念开设的，为学生发展特长提供了一个平台。同时，乡村教师在学校扮演着多重角色，如学生父母的代理人、知识的传授者、未来生活的设计者、课堂纪律的管理者、班集体的领导者、人际关系的协调者、心理健康的维护者等，这无形中给教师增加了许多压力。正如 W 教师所说："你不仅仅是一名老师，是一名班主任，小学老师扮演的是一个全方位的角色，要当学生的爸爸或妈妈管学生，到学校后，对学生的状态、情绪都要关注，在学生出现消极情绪后，要去开导他。学生生病，老师要扮演医生的角色。所以我们既是保姆，也是老师、父母，要想扮演好多重角色，也很累。"

在实现乡村振兴的过程中，乡村教师要承担起文化人的使命，营造和谐互助的良好风尚。W 教师始终致力于扶贫工作，她不仅亲自带领年轻教师为距离学校较远的建档立卡贫困学生提供学业辅导，而且经常在节假日期间到学生家中，与家长面对面交流，了解学生的学习状况和成长历程，同时耐心指导家长如何教育孩子。当得知贫困户刘某家中尚未通电时，W 教师立即联系工人，并利用暑假值班的时间，亲自监督将刘某家的电路全部安装完成，确保他们正常用电。面对 70 多岁、孤身一人的贫困户李某，W 教师更是心怀关切，多次上门探望，不仅给予物质上的帮助，如送钱送物，还在精神上给予关怀，嘱咐她保重身体，好好生活。在扶贫的道路上，W 教师始终不懈努力，她不仅帮助贫困家庭解决实际问题，还特别关注残疾儿童的成长，为他们提供全方位的支持与帮助。

我们在与 W 教师的交谈中了解到，其实教师的非教学性事务是远远多于教育教学事务的，在本就应接不暇的一天里还要扮演好各种角色，极大地减少了教师用于专业发展的时间。

（五）工作满意度

调查研究发现，大部分乡村教师对自己的工作比较满意，小部分教师不满意的原因主要在于职称评定和工作环境上。教师一辈子为两张纸忙碌：一是各种获奖证书；二是职称证书。教师拼命地取得各种证书，也是为了在评职称的时候能够脱颖而出。近年来，与城市相比，乡村教师的职称名额普遍较少，且部分学校内部的职称分配机制不尽合理。G 小学的情况尤为特殊，由于高龄教师占比较大，且学校本身已超编制，导致大部分教师难以获得职称评定机会。这种情况无疑会严重打击教师的工作积极性。正如 W 教师所言："职称的晋升方式非常老套，很难激发教师的工作积极性。职称评聘从原本的激励教师政策变成了引发教师不满的利益冲突。另外，评职称需要看各方面的综合成绩，如优质课、论文、单位评价、教师资历、综合奖励等。"在 G 小学，大多数教师确实缺乏一定的学术科研能力，在论文、赛课等方面没有取得太大的造诣，而年龄偏大的乡村教师一直以来处于明显的劣势，在聊到这个主题时，另一位教师在旁边遗憾地说道："我 6 月就退休了，一直在农村学校工作了 40 年，但仍然是中级职称。想晋升还是有很多条条框框的束缚，也是满满的辛酸泪。"

四、乡村教师客观组织环境

（一）工作自主性

W 教师认为老教师在工作上确实比较懈怠。他说道："有些教师年龄大了，眼睛也不太好，长期对着电脑下载课件或者自己制作课件还是存在一定的困难，我们也能理解，但这也没办法。"这导致一些教师的工作自主性较低。另外，4—6 年级的教室安装了最新设备，但是由于部分老教师缺乏相关的使用指导和培训，信息技术水平较低，对一些办公系统运用不熟练，使教学设备闲置。W 教师表示，年轻教师的工作自主性要高一些，刚进来的几名教师一直在坚持学习，会做很多教学笔记，如怎样进行教学设计、如何统筹安排教材，很多心得体会，他们都会写下来。

（二）领导支持

在领导支持方面，W 教师表示："我觉得学校给教师成长层面的帮助太少了，每学期应多安排一些教研活动。但是，现在的教研对教师的专业成长帮助不是很大，亲自参与的人可能会有一定的收获，但是对多数教师来说帮助不是特别大，这样他们就会产生倦怠，每次参加活动的积极性不高。我觉得还是应该把大家拉出去多见一下外面的世界。"由此可见，在 G 小学，领导支持不是很高。

五、工作环境对乡村教师专业发展的影响

（一）劳动报酬：教师薪资待遇低，工作强度大

在访谈中，W 教师表示："许多乡村教师就是因为工资低选择考调进城。我工作 20 多年了，基本工资也就 3000 多元，加上年终奖及其他福利待遇，也就 4000 多元。本来以前有乡村教师补贴，现在也取消了，所以我们的工资是越来越低了，各个方面都比不上城里的教师。"当被问及在节假日是否有发福利时，W 教师微微一笑说："我们节假日从来没有发过礼物，中秋节也没有月饼吃，钱都拿去请代课老师了，怎么可能还有这些福利待遇呢？"由此可见，薪资福利待遇是影响教师工作环境的重要因素之一。当前，政策要求扩大乡村教师队伍，提高教育质量，而留住乡村教师的重要条件之一就是提高薪资福利待遇。不少教师提到了所在学校很多教师对收入的满意度较低，可见薪资待遇是影响教师工作环境的重要因素之一

我们通过调查发现，许多乡村教师不仅要教授主科，还要承担副科的教学，出现了教师所学非所教的现象。W 教师表示："我不仅要承担 3 年级语文科目的教学，还要上几个班的书法课，还有道德与法治课，加上早晚自习，我每周的课都有 35 节了。"作为教导主任，在教学任务这么重的情况下，还要统领整个学校的教学安排，工作量确实很大。其实这也是没办法，教师数量是多，但年龄偏大的教师无法承担过重的教学任务，只能将这些任务交给代课教师和年轻教师。我们通过调查还发现，该校仅有两名英语教师，一名承担 1—3 年级的课程教学，另

一名承担 4—6 年级的课程教学,都是无编制乡村中小学教师。因为 G 小学没有能够胜任英语科目教学的乡村教师,英语老师表示刚开始来的时候真的有点承受不了,太忙了,每天需要备 3 个年级的课,做 3 个年级的教学课件,还要批改 6 个班的英语作业。以上两位教师仅仅代表了跨年级、跨学科的教师的心声,这种跨学科交叉现象严重违背了教学规律。从事教学工作的人深知"隔行如隔山"的道理。当语文教师被要求从事体育教学时,由于学科间的本质差异,教师往往缺乏体育教学的专业知识和理念,从而难以设定准确的教学目标。即便是在同一学科内,如果一位教师需要跨年级教授英语课,如同时带三个不同年级的课程,这也是不科学的。跨年级教学意味着教师每天需要面对不同年级的教学内容和需求,备课、上课、批改作业等常规工作都会有所不同,这无疑会大大地增加教师的工作负担,消耗大量精力。因此,跨学科、跨年级的教学方式不仅会影响教学效果,还会增加乡村中小学教师的工作量,进而阻碍他们的专业发展。

(二)职业前景:基层教师的发展空间小,晋升机会少

自《乡村教师支持计划(2015—2020 年)》颁布以来,各级政府不断加大乡村教师队伍建设的力度。我们通过调查访谈发现,相关部门对乡村教师发展的重视程度不够,缩小了基层乡村教师的发展空间。W 教师说道:"我们学习信息技术课程时,需要登录一个特定的账号,每日进行打卡。课程安排通常是在一个时间段内进行几次,之后便是实践考核。然而,这种学习方式往往过于应试,我们真正能够掌握的技术和知识相对有限,能力并没有得到显著提升。学校对我们的学习情况也并未过多关注,只要我们能完成规定的任务即可。这种模式导致我们学习的深度和广度都有所欠缺。"对于职后进修,W 教师说道:"我们每次去学习名额都是很少的,并以年轻老师为主,到市级高校学习的机会十分难得,大部分高龄教师是得不到培训机会的。"另外一些高龄教师表示:"平时挺忙的,有比赛、培训,也不太愿意去参加。县里每年都有各种培训,但是说实话,培训的内容和咱们农村的教学工作不能说脱节,反正有点不一样的地方,也说不好。外出交流,我是没赶上过。据我所知,我们学校近几年好像没有出去学习的,即使是市里统一组织的,也只能选几名老师去,但是全县那么多乡镇,也不一定能选到

我。"我们通过调查了解到，该校定期进行的专业培训还是比较多的，但一些培训都是综合性的，即面向各个学科的教师，缺乏针对性，而且针对乡村教师专业发展的现状、困境、职责使命的培训少之又少。因此，乡村中小学教师的岗位培训机会更少、发展空间小，培训内容缺乏针对性，职业前景是影响乡村中小学教师专业发展的因素之一。

经过访谈调研，我们发现一些乡村中小学教师面临着晋升机会匮乏的困境。在一些乡村中小学中，公正性不足，导致教师晋升压力显著。由于职称评定往往与教龄紧密相关，对于那些高龄教师占比较大的 G 小学来说，尤其是已经超编制的学校，大部分教师难以获得职称评定，这无疑加剧了他们在晋升和职称评定方面的压力。W 教师说道："我从事教育工作已经 20 多年，作为乡村基层教师，深知晋升之路的艰难。在学校，我的主要工作就是教学，而教学之外的机会相当有限。目前，我们学校已有 3 位老师评上了高级职称，这使得中级职称的教师难以晋升，同时中级职称的名额也未能空出。此外，学校还有 30 多名初级职称的教师竞争中级职称的评定，竞争异常激烈。面对这样的环境，我对于未来的职业成就并没有过高的期望。"另一位年轻教师表示，职称评定过程往往倾向于老教师或者内部已有意向的人选。其中，不乏一些领导的亲戚在评职称时受到"特殊关照"，而有些人则凭借出色的社交能力，善于与各方建立联系，甚至一些所谓的"学科带头人"也因其广泛的人脉而备受瞩目。通过访谈调查，我们了解到中小学教师普遍面临职称比例限制的困境，这犹如一块事业发展的天花板，使许多年轻教师的职业发展停滞不前，多年来难有突破。部分教师因缺乏公平公正的晋升机会而感到沮丧。根据亚当斯（Adams）的公平理论，当个体在工作中感受到不公平时，会产生负面或正面的不公正感，并倾向于通过采取措施来平衡这种不公平感。因此，当教师在工作中遭遇不公平待遇时，他们可能会对工作产生倦怠感，失去专业发展的内在动力，并减少实际工作的投入，以此来缓解内心的不公平感，这无疑限制了他们的专业发展。

（三）专业发展：教师的自我效能感低，精力不足

教师专业发展需要投入大量的时间，需要利用课余时间来提升自身的教育教

学能力。W 教师说道："我们多数乡村教师既要完成教育教学任务，又要完成领导交予的其他工作任务，如撰写工作总结、报送各类资料等。我们都知道，教师自身的专业发展十分重要，但是这一天手头全是事儿，感觉分身乏术啊！我一边得负责上好课，还得管好学生，另一边还得写论文，根本忙不过来。除工作时间外，很难利用课余时间研究个人的专业发展，实属无奈。"在访谈中，一些教师认为，自己的时间不够用，周一至周五在学校上课，还要负责一些教务工作，因工作压力大，周末回家只想休息放松，无法安心地进行自我提升。因此，课余时间少是导致乡村教师专业发展受限的一个重要原因。同时，G 小学的教师普遍年龄偏大，对于新事物的接受速度较慢，这导致他们在面对科研和自我提升学习时感到力不从心。因此，一些教师难以跟上整体的教育发展步伐，其专业发展的效果也不尽如人意。在繁重的教学任务和时间压力下，教师往往只能勉强完成学校的教学任务，对于自身的专业发展则难以顾及。多数乡村教师因工作繁忙而难以专注于学术研究，缺乏进行专业发展的主动性和积极性。

（四）职业期望：教师的认同程度高，内在动力强

我们通过访谈发现，G 小学的教师对自身职业的认同感比较高。正如 W 教师所认为的，这可能源自学校常年开设的乡村少年宫活动，教师需要自主学习后去授课。在教这门课程的过程中，教师也在不断提升，还学会了竹琴这种乐器，感觉心态年轻了很多。G 小学学生的父母大都在外打工，根本顾不上子女的教育，虽然这在一定程度上增加了教师的工作压力，但也体现了一位乡村教师的无上光荣与责任，使得教师感觉自己扮演的是一个有社会意义的角色。另外，在 G 小学，许多乡村教师的身份已经历了从农村户口到城市户口的转变，他们成了城镇居民。在身份认同上，他们更倾向于将自己视为城市人，而非传统意义上融入乡村的乡村教师。同时，他们的居住地点也不再局限于学校周边，打破了以校为家的传统居住模式。

在我们的访谈中，一个令人欣喜的发现是，乡村教师的教育功效感普遍较高，他们充满自信，坚信教育对教师个体发展具有正面影响。在面对具体教育情境时，他们往往能给出自信的回答。例如，当谈及"对难以管理的学生常感束手

无策"的问题时，W 教师表示并不认同这一观点，她坚信通过家校合作、沟通交流等方式能够有效应对这类学生。这些反馈充分展现了乡村教师在教育功效感上的自信。内生动力是教师专业发展的核心驱动力，是推动教师持续自我提升的不竭源泉。然而，我们的调研也发现，尽管部分乡村教师对专业发展抱有高度热情，但这种动力却可能因乡村教育资源的匮乏、教师薪酬待遇的不足及国家政策的不完善等因素而逐渐减弱。这表明，内生动力需要得到外部因素和内部因素的共同支持，缺乏这些支持，教师的专业发展动力便难以持久。

综上所述，乡村教师专业发展受到工作环境等多种因素的调节与制约，教育部门及学校需要找到乡村教师工作环境和教师专业发展中的可控因素，制定相应的政策，促进教师的专业发展。

第八章

乡村教师工作环境与专业
发展研究的设想与展望

　　全面建设社会主义现代化国家，比较艰巨、繁重的任务仍然在农村。乡村教师是办好乡村教育的基础支撑，工作环境的全面改善是教师队伍建设有序推进的重要前提。可见，研究乡村教师工作环境与教师专业发展的内在关系和作用机制，提出有利于改善工作环境、促进教师专业发展的建议，对于促进乡村教师队伍持续发展壮大和乡村振兴全面推进具有重要意义。本书对中国乡村教师工作环境与专业发展研究的设想与展望包括：深化研究内容，彰显研究价值；拓宽研究视野，强调研究创新；凝聚研究共同体，丰富研究内涵；结合实证与规范，扩展研究方法。

第一节　深化研究内容，彰显研究价值

　　有关工作环境与乡村教师专业发展的研究仍存在较大空间，后续研究需要基于已有成果，聚焦更微观的主题。其一，顺应时代发展，厘清客观心理环境、主观心理环境、客观组织环境与乡村教师专业发展的关系。除在宏观层面进行乡村教师专业发展现状调查研究，还应从客观工作环境、客观组织环境和主观心理环境维度切入，深入挖掘乡村教师的职业认同、领导支持等特征与专业发展的内在关联及其机制，为乡村教师队伍的建设提出更多对策与途径，同时还可以帮助教师从多角度审视自身，最终形成乡村教师自觉发展、终身发展的格局。其二，通过系统同类异类比较研究和纵向横向比较研究，构建相应的工作环境优化理论框架，对乡村教师专业发展需求进行重构，为教师专业发展提供更大的动力。其三，重视乡村教师教育工作的特殊性，加强本土化研究。在此基础上形成的支持性对策要适应乡村教师专业发展需求的变化，重视具体化和可操作性，不能止步于策略的提出，而是要更加注重策略的实用性和有效性。近年来，关于乡村教育和乡村教师的发展深刻影响着国家整体的教育水平。

第二节　拓宽研究视野，强调研究创新

　　没有创新，教育就会停滞不前。工作环境与乡村教师专业发展的相关研究必须在已有研究基础上顺应新时代发展需求，关注当代乡村教育重点与痛点，以此为切入点，不断提高研究的创新性与适用性。其一，在全党全国各族人民迈上全面建设社会主义现代化国家新征程、向第二个百年奋斗目标进军的时代背景下，研究工作环境对乡村教师专业发展影响的变化趋势，帮助相关政府部门适时改变措施，以此满足乡村教师专业发展的内在需求，有效推动乡村振兴进程。其二，拓宽乡村教师专业发展研究的视角，从文化生态、伦理学、文化资本、复杂性理论、社会资本视角等方面探析乡村教师专业发展问题，有助于人们全面且深入地理解乡村教师专业发展在不同视域下的现状。未来，可以采用多学科交叉的研究方法，以拓宽研究的广度和深度，并吸纳更多领域的理论成果。具体而言，可以利用现象学理论和社会学中的场域理论，深入探索乡村教师专业发展的根本动力、表现特征及内容差异等，以期获得更为全面和深入的见解。其三，在新时代信息技术的推动下，我们可以充分利用信息技术和网络技术，构建起被调查学校的基本信息网络，以便于与其他研究数据及结果进行比对分析。这一举措旨在持续深化和提升研究的科学性和创新性。同时，我们还应积极结合本研究中的客观工作环境与主观心理环境的相关内容，进行再创造和再解读，从而为教师专业发展赋予更符合本领域性质与特点的新内涵。

第三节　凝聚研究共同体，丰富研究内涵

我们应当积极探讨如何通过整合研究者的力量，持续为乡村教师赋能，以激发他们专业发展的内在动力。首先，应完善学校内部管理体制，构建学习型、研究型的教师团队，促进乡村教师与相关领域研究者的紧密合作，共同解决教师发展面临的挑战。其次，相关主体应立足乡村，加强合作，充分利用智慧教育、教育数据库等数字网络平台，丰富理论与实践研究，打造具有较大规模和影响力的研究团队。再次，在课题研究中，我们需要构建循证式的专业发展共同体。这一共同体应基于教师专业发展理念，结合实证研究与价值研究，以乡村教师对工作环境的认知与反馈为出发点，针对教师专业发展中的困境进行深入研究，探究工作环境与教师专业发展之间的关联，最终实现教师专业发展的目标。在这一过程中，我们鼓励教师依据实践证据，开展贴近实际、反映实践的课题研究。最后，通过组建科研团队，引导教育共同体将学习、研究、实践融为一体，促进城乡教师发展共同体的构建，推动城乡教师间的良性互动与共同发展。

第四节　结合实证与规范，扩展研究方法

　　实证研究和规范研究是教育学领域相辅相成的两种研究路径。实证研究注重通过定量分析和归纳的方法揭示"实际是什么"的问题，而规范研究则侧重于定性分析和演绎的方法，探讨"应当是什么"的问题。在教育研究方法中，我们追求的是综合性，这既包括理论研究与实际研究的结合，也涵盖基础理论与应用科学研究的交融，以及定性与定量研究的相辅相成。在教育研究的实践中，若过度强调实证而忽视规范研究，这样的研究很难从根本上分析和解决教育问题。随着教育科学研究主题的复杂性和综合性日益增强，我们在选择研究方法时，应根据研究目的和研究问题的性质，选择最恰当的方法。在重视每种研究方法独立性的同时，更要关注它们之间的内在联系和互补性。因此，研究者在选择研究方法时，应充分考虑各种方法的结合与互补，以实现研究目的。在未来的工作环境与乡村教师专业发展研究中，我们需要将规范研究与实证研究相结合，既以规范研究为依托开展实证研究，又以实证研究为基础深化规范研究，分析提炼创新研究的各种可能方法和手段，以形成典型的经验和模式。

参 考 文 献

何昭红，赖林，吕兆华，等. 2016. 边境地区中小学教师职业认同与职业倦怠：心理资本的调节
 与中介作用. 广西师范学院学报（哲学社会科学版），（1）：78-82.

林高标，林燕真. 2013. 动机的自我决定理论及其对教师专业发展的启示. 教育发展研究，
 （4）：24-28.

吴康宁. 1998. 教育社会学. 北京：人民教育出版社.

杨沙沙. 2016. 领导支持感问卷的编制及应用. 浙江师范大学.

张宁俊，周灿，张家瑞. 2011. 服务企业主管支持感与员工工作满意度关系调查. 经济纵横，
 （7）：109-112.

Allgood C，O'Rourke K，van Derslice J，et al. 2000. Job satisfaction among nursing staff in a military
 health care facility. Military Medicine，（10）：757-761.

Bamberger P. 2008. Beyond contextualization：Using context theories to narrow the micro-macro gap
 in management research. Academy of Management Journal，（5）：839-846.

Barkhuizen G. 2009. Topics，aims，and constraints in English teacher research：A Chinese case study.
 Tesol Quarterly，（1）：113-125.

Eisenberger R，Huntington R，Hutchison S，et al. 1986. Perceived organizational support. Journal of
 Applied Psychology，（3）：500-507.

Fullan M，Hargreaves A. 1992. Teacher Development and Educational Change. London：The Falmer
 Press.

Inbal N，Melanic M H，Sandy L. 2014. Supervisor support：Does supervisor support buffer or
 exacerbate the adverse effects of supervisor undermining. Journal of Applied Psychology，（3）：

484-503.

Karatepe O M, Kilic H. 2007. Relationships of supervisor support and conflicts in the work-family interface with the selected job outcomes of frontline employees. Tourism Management, (1): 238-252.

Newman K K, Burden P R, Applegate J H. 1980. Helping teachers examine their long-range development. The Teacher Educator, (4): 7-14.

Panatik S A, O'Driscoll M P, Anderson M H. 2011. Job demands and work-related psychological responses among Malaysian technical workers: The moderating effects of self-efficacy. Work & Stress, (4): 355-370.

Susskind A M, Kacmar K M, Borchgrevink C P. 2003. Customer service providers' attitudes relating to customer service and customer satisfaction in the customer-server exchange. Journal of Applied Psychology, (1): 179-187.

Turner A T, Lawrence P R. 1976. Industrial jobs and the worker: An investigation of response to task attributes. The Journal of Human Resources, (2): 267-269.

Wei X D, Weng D D, Liu Y N, et al. 2015. Teaching based on augmented reality for a technical creative design course. Computers & Education, 81: 221-234.